MICHEL BANNIARD
Europa
Von der Spätantike bis zum frühen Mittelalter

MICHEL BANNIARD

Europa

Von der Spätantike bis zum frühen Mittelalter

Mit einem Vorwort von Pierre Bonnassie
Aus dem Französischen von Chris E. Paschold

List Verlag
München · Leipzig

Die Originalausgabe erschien unter dem Titel
Genèse culturelle de l'Europe – Vᶜ–VIIIᶜ siècle
1989 im Verlag Editions du Seuil, Paris.

Die Karten auf den Seiten 10, 226 und 227 sind entnommen aus:
Pierre Riché: Education et Culture dans l'Occident barbare.
Editions du Seuil, Paris, 1962.

ISBN 3-471-77176-X

VORWORT

Wenn er in Stimmung ist, versteht es Michel Banniard großartig, traditionelle Literaturgeschichte zu schreiben. Sein Kapitel V (»Literarische Vermittler«) ist dafür ein gutes Beispiel: Auf
etwa fünfzig Seiten, die ungewöhnlich klar und konzis sind,
stellt er uns Leben und Werk der neun größten Schriftsteller im
untersuchten Zeitraum vor: drei Autoren der Spätantike (der
heilige Augustinus, Boethius, Cassiodor), drei Zeugen der
Übergangszeit (Gregor von Tours, Gregor der Große, Isidor
von Sevilla) und schließlich ein Vorläufer (Beda) und zwei Re-
präsentanten (Alkuin, Paulus Diaconus) der Karolingischen
Renaissance. Ein Student, der es eilig hat, kann hier ohne über-
mäßige Anstrengung Kenntnisse erwerben, mit denen er selbst
den anspruchsvollen Prüfer zufriedenstellen wird.

Aber darum geht es Michel Banniard nicht. Er will weder
eine Autopsie an einer toten Kultur vornehmen noch ihre
berühmtesten Vertreter einbalsamieren: Er will das lebendige
Wort wiederfinden. *Viva voce:* So hatte er schon seine Habili-
tationsschrift betitelt, die die Beziehungen zwischen mündlicher und schriftlicher Kommunikation im lateinischen Abendland vom vierten bis zum neunten Jahrhundert analysiert. Hier
untersucht er für die gleiche Periode, wie sich die Komplizenschaft zwischen einer Gesellschaft und ihrer Sprache entwickelt. Es handelt sich um eine Beziehung, die eng und lei-
denschaftlich sein kann (dann ist sie in kultureller Hinsicht
fruchtbar), sie kann sich aber auch soweit lockern, daß es zur
Scheidung kommt. Was hat sich dann verändert? Die Gesellschaft? Die Sprache? Oder beide? Wann vollzog sich der
Bruch? Und wie? Und zeigt die Trennung nicht an, daß sich
schon eine neue Verbindung abzeichnet, anders gesagt, daß
eine neue Kultur im Entstehen begriffen ist? Genau das ist das
Problem des Übergangs von der Antike zum Mittelalter, das
hier in seiner literarischen und linguistischen Dimension aufgeworfen wird.

Anfangs ist die Verbindung frei von Konflikten. Im fünften Jahrhundert wird Latein vom Atlantik bis zur Adria und vom Rhein bis Nordafrika überall verstanden und gesprochen. Natürlich gibt es Unterschiede in der Aussprache, aber noch haben sich keine dialektalen Varianten herausgebildet. Im übrigen sorgen die Schulen dafür, daß die Sprachregeln beachtet werden: Immer noch werden Spitzfindigkeiten der Grammatik, Rhetorik und Deklamation gelehrt. Es kann keine Rede davon sein, daß das Niveau sinkt, im Gegenteil, durch die Entwicklung der christlichen Predigt erreicht die *ars dicendi* ein neues Publikum. Die Schrift herrscht unumschränkt in allen Bereichen des öffentlichen und privaten Lebens, und dank technischer Neuerungen nimmt ihre Verbreitung sogar noch zu (häufigere Verwendung von Pergament, Übergang vom *volumen* zum *codex,* schnelleres Schreiben). Das Tardoantico ist keineswegs eine Zeit des Niedergangs: Die umfassende Bildung eines heiligen Augustinus genügt als Beweis für die intellektuelle Vitalität der Epoche.

Dann ziehen die Gewitter auf. Natürlich sieht heute niemand mehr die Völkerwanderung als eine Art Weltuntergang. Aber immerhin ist das Abendland erschüttert worden, und die Ansiedlung der Neuankömmlinge hat die Auswirkungen einer dem Römischen Reich in seiner Endphase inhärenten Entwicklung verstärkt und alarmierende Konsequenzen gehabt: Die urbane Kultur geht zurück, die Unsicherheit nimmt zu, das juristische Verfahren wird extrem verkürzt, die mündliche Verhandlung gewinnt immer mehr an Bedeutung, auf dem Land lebt die alte heidnische Kultur wieder auf ... Überall haben sich neue Volksgruppen festgesetzt, die zahlenmäßig schwach sind, aber fremde Lebensweisen und Sprachen mitbringen; überall setzen sich neue, mitunter sehr rauhe Sitten durch und verdrängen traditionelle Gewohnheiten. Es ist an der Zeit, alles das zu bewahren, was bewahrt werden kann, aber auch originelle Lösungen für neue Probleme zu finden.

Bewahren. Ein besonderes Verdienst des Buches von Michel Banniard ist, daß es uns zeigt, wie »Kulturreserven« entstanden sind. Die reichste und glanzvollste ist Ravenna, unter den Ostgotenkönigen wie auch unter den byzantinischen Exarchen; daneben Rom, das durch Wort und Tat Gregors des Großen wiederbelebt worden ist. Verstärkung erhält Italien, das manche Katastrophe überstanden, aber intellektuell und moralisch wiederaufgerüstet hat, von Spanien: Dort leistet Isidor von Sevilla – um nur diesen einen zu nennen – Gewaltiges bei der Kompilation profanen und geistlichen Wissens und ermöglicht so dem Mittelalter bequemen Zugang zum antiken Erbe. Aber auch an vielen anderen Orten wird dieses Erbe wirksam geschützt: in der Umgebung der Bischöfe, die zugleich Administratoren und geistliche Hirten sind und ihre Verwaltung weiterhin auf die Ausfertigung von Urkunden gründen; und vor allem in Klöstern. Das Mönchtum, das in seinen Anfängen häufig eine asoziale Bewegung darstellt (und soweit es die Einsiedler betrifft, ändert sich daran lange Zeit nichts), wird institutionalisiert, und die Regeln, die sich die Klosterbrüder geben, weisen der Schrift und der Lektüre einen wichtigen Platz zu. Das Latein behauptet sich also, ja es gewinnt sogar an Boden: Irische Mönche und angelsächsische Bischöfe verbreiten es auf den Britischen Inseln. In diesen Ländern, wo das geschriebene Latein nicht durch die gesprochene Sprache kontaminiert wird, bleibt es sogar besonders rein. Bangor, Iona, Lindisfarne, Jarrow, York und Canterbury entwickeln sich zu Zentren der Latinität. Und wenig später auch Fulda in Germanien, das von dem Angelsachsen Winfried, das heißt vom heiligen Bonifatius, gegründet wird.

Erfinden. Es gilt, gewaltige inhaltliche und formale Probleme zu lösen. Das erste wird die Menschen während des gesamten Mittelalters beschäftigen: die Integration des heidnischen Erbes in eine christliche Kultur. Zuerst ist die Versuchung groß, rigoros auszuwählen und ganze Mauern des griechisch-römischen Gebäudes über Bord zu werfen (in erster Linie die gesamte mythologische Literatur). Dann setzt sich eine reflektiertere Haltung durch: Sie wird darin bestehen, eine »Minenräumung« (so der treffende Ausdruck Banniards) in den klassischen Werken vorzunehmen. Augustinus und später Cassiodor entwerfen das Programm und benennen die Methoden für dieses langwierige Unternehmen, das es zuletzt erlauben wird, die profanen und die christlichen Studien zu versöhnen, indem die ersten zur obligatorischen Propädeutik für die letzten gemacht werden. So begibt man sich auf den Weg der großen Synthesen, der von Isidor über Hrabanus Maurus zu Thomas von Aquin führt.

Aber es ist nicht nur der Zeitpunkt, Grundsätze zu definieren. Die Reflexion über das Dogma, die durch die doppelte Notwendigkeit verstärkt wird, dem fortlebenden Heidentum gegenüber wachsam zu bleiben und religiöse Irrlehren (vor allem den Arianismus) zu bekämpfen, absorbiert zwar einen großen Teil der Aktivität der zeitgenössischen Intellektuellen, aber noch dringlicher sind die pädagogischen Aufgaben. Wie soll man sich einer christlichen Bevölkerung verständlich machen, die oft nur oberflächlich christianisiert ist und deren ethnische, soziale und sprachliche Vielfalt immer mehr zunimmt? Es gibt die traditionelle Zielgruppe, die Notabeln der Städte und ihre Klientel. Die Bischöfe, die selbst überwiegend aus dem alten Senatorenstand stammen, wenden sich nur allzuoft ausschließlich an diese Schicht. Das ist ja auch das einfachste: Diese Leute haben Schulen besucht und schätzen eine gepflegte Sprache, den »erhabenen« Stil, den *sermo grandis*. Aber es gibt auch die Sklaven, die immer noch zahlreich sind. Natürlich kann man sich damit begnügen, ihnen mit der Peitsche zu drohen, um ihnen Gottesfurcht einzutrichtern; es ist aber besser, ihnen, wie es Isidor empfiehlt, freundlich zu erklären, daß ihre Leiden dazu beitragen, die Erbsünde zu sühnen, und daß die Sklaverei Teil eines göttlichen Plans ist, die Menschen durch Buße zum Heil zu führen. Und vor allem erwartet die Masse der ungebildeten Bauern im Norden wie im Süden Europas, daß man mit ihnen eine andere Sprache spricht als die Ciceros. Die Umorientierung ist eine Qual: Man muß sich dazu durchringen, die Rhetorik zu vergessen, die man mit größter Mühe erlernt hat und durch die sich ein vornehmer Mann von der Masse abhebt; man muß eine völlig neue Redekunst für die Predigt schaffen, die nur jene – lexikalischen und syntaktischen – Elemente der alten Sprache beibehält, die noch allgemein verstanden werden. Also erfindet man den *sermo humilis,* die schlichte Rede, die dem gesprochenen Spätlatein so ähnlich ist wie nur möglich. Reicht das? Ja, für eine gewisse Zeit. Ja, in den stark romanisierten Gebieten, wo sich die Sprache noch nicht zu weit von den »klassischen« Normen entfernt hat. Aber später, und in anderen Regionen? Man muß noch weitergehen, reinen Tisch machen und sich unwiderruflich für die lebendige Sprache, das heißt für das »unkorrekte« Latein entscheiden. Von da an wird – auch in der Schrift, wenn es nötig ist – die Sprache der Ungebildeten, der *sermo rusticus*, verwendet. So macht Michel Banniard deutlich, wie absurd es ist, ein Latein als dekadent zu beurteilen, das im Gegenteil bemüht ist, lebendig zu bleiben. Barbarismen und Solözismen, die angeblich die Texte verunstalten, entstehen – zumindest in vielen Fällen – nur durch die gewollte Aufnahme allgemein gebräuchlicher sprachlicher Formen.

So wird die Zeit der Metamorphosen vorbereitet, die Zeit, da die romanischen Sprachen aus der lateinischen Puppe schlüpfen. Michel Banniard hat ihre ersten Laute mit größter Aufmerksamkeit belauscht und zeigt, daß ihre Entstehung nicht durch irgendeine schicksalhafte Fügung, sondern durch die Akkumulation von Neuschöpfungen in der Sprachgemeinschaft bedingt ist. Im achten oder neunten Jahrhundert ist auf dem Land, in den einzelnen Regionen zu je verschiedenen Zeitpunkten, erstmals eine neue Sprachform zu vernehmen, die wir bereits Französisch, Okzitanisch oder Spanisch nennen können... Aber es werden noch viel Zeit und Phantasie erforderlich sein, um dieser neuen Sprache schriftliche Form zu geben.

1970 hat Philippe Wolff in seiner Pionierarbeit über die Ursprünge der westeuropäischen Sprachen gezeigt, was die Geschichte – vor allem die Geschichte des vierten bis fünften Jahrhunderts – von den linguistischen Studien zu erwarten hat. »Ein Sprachzustand«, schrieb er, »spiegelt einen ursprünglichen Geisteszustand [...] Das verleiht der Sprachgeschichte ihre Bedeutung für den Historiker: Sie erlaubt es ihm, die Grundlagen der Entwicklung des menschlichen Geistes zu erfassen.« Michel Banniard legt heute eine Sprachgeschichte vor, die zugleich Geschichte des Denkens ist: eine exemplarische und um so bedeutsamere Synthese, als sie eine entscheidende Periode in der Entstehungsgeschichte der europäischen Kultur behandelt.

Pierre Bonnassie

Zentren der Laien- und Kleriker-Kultur um 533

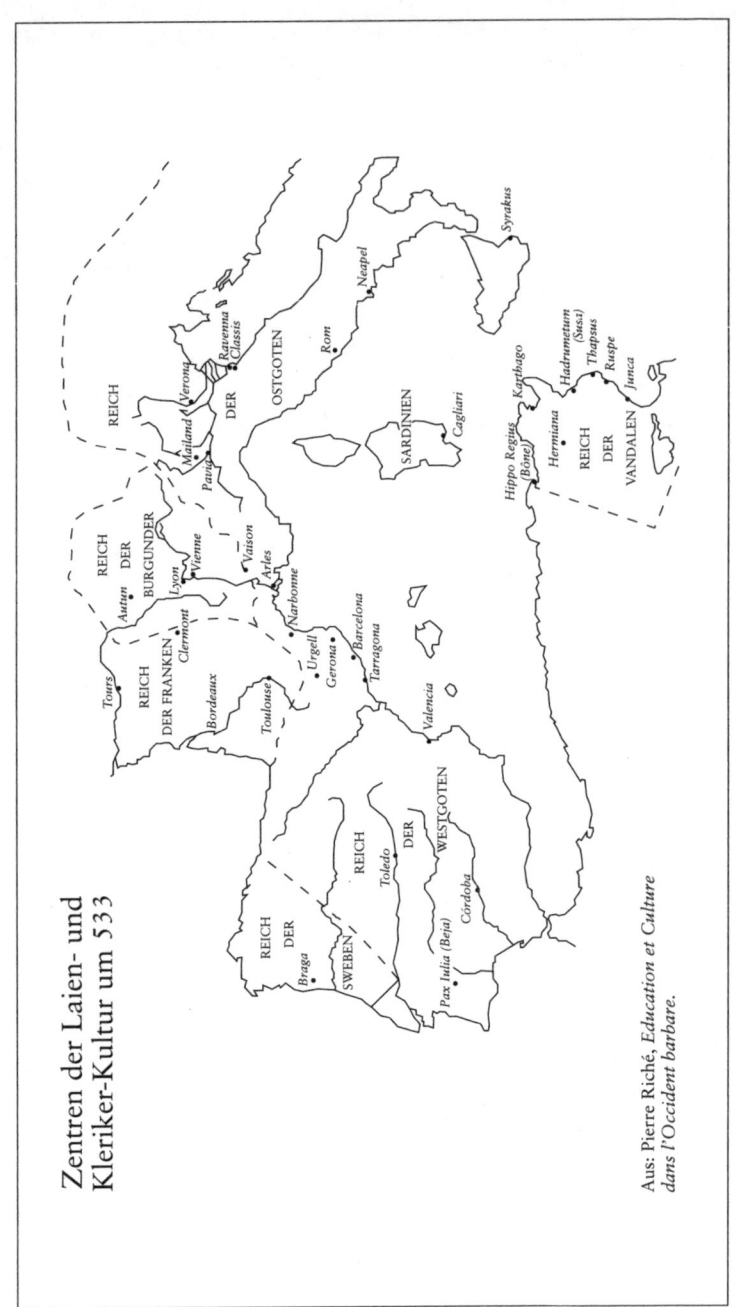

Aus: Pierre Riché, *Education et Culture
dans l'Occident barbare.*

VORBEMERKUNG

*Die Entstehung der europäischen Kultur
(fünftes bis achtes Jahrhundert)*

Titel und Gegenstand dieses Buches mögen den Leser über-
raschen. Es geht um Jahrhunderte, die die traditionelle Peri-
odisierung der Geschichtswissenschaft auf zwei verschiedene
Epochen verteilt hat (einerseits Antike, andererseits Mittelalter). Außerdem handelt es sich um einen Raum, dessen Grenzen nicht unverrückbar feststehen, denn das Römische Imperium, wie es noch zu Beginn des fünften Jahrhunderts existierte,
Europa, wie es sich schon im achten Jahrhundert darstellt, und
vor allem Europa, wie wir es heute verstehen, sind nicht
deckungsgleich, die Koordinaten haben sich hier im Lauf der
Zeit beträchtlich verändert. Schließlich setzt unser Standpunkt
voraus, daß sich zwischen Anfang und Ende der fraglichen
Periode eine bedeutsame Entwicklung vollzieht, an deren Ende
ein beträchtlicher Teil der Wesensmerkmale vorhanden ist,
durch die sich die mittelalterliche Kultur Europas definieren
läßt.

Dennoch schien uns die Themenstellung legitim und interes-
sant. Denn gerade die institutionalisierte Trennung zwischen
antiker und mittelalterlicher Geschichte verstellt dem Spezialisten wie dem interessierten Laien den Blick auf eine Kontinuität, die bedeutsam wird, sobald ein Vergleich zwischen den
sukzessiven Stadien der untersuchten Zivilisation geboten
scheint. Will man die Epocheneinteilung überwinden, dann
muß man auch die räumliche Fragmentierung außer acht lassen, die der Zusammenbruch des Römischen Reiches bewirkt,
und die daraus resultierenden ständigen Grenzverschiebungen.
Ist es etwa illegitim, als historischen Rahmen einen Raum zu
wählen, der nicht durch eine politische, sprachliche oder ethnische Grenze definiert ist? Das Beispiel des zwanzigsten Jahr-

hunderts, da Europa sich als ein vereintes oder wenigstens von identischen Zielvorstellungen beherrschtes Ganzes zu begreifen sucht, veranlaßt dazu, nach seinen Wurzeln zu fragen. Die tiefsten und markantesten Wurzeln aber sind notwendigerweise die kulturellen.

Das vorliegende Buch versucht also, möglichst systematisch darzustellen, welche Wege, welche Komponenten und welche Chronologie die Entwicklung charakterisieren, an deren Ende die antike Kultur zur mittelalterlichen geworden ist. Für den Übergang vom Weströmischen Reich zum christlichen Europa waren das fünfte, sechste, siebte und achte Jahrhundert entscheidend. Deshalb haben wir uns trotz der Schwierigkeiten, die sich aus dem Umfang des Themas und der entsprechend verstreuten Literatur ergeben, um eine wirkliche Synthese bemüht. Sie ist mit Sicherheit unvollständig. Eine lange Vertrautheit mit dem Frühmittelalter*, regelmäßige Lehrveranstaltungen zur hier behandelten Thematik in Limoges und Paris, die Teilnahme an zahlreichen Seminaren in Paris und Toulouse, langjährige Forschungen zur Herausbildung der romanischen Sprachen und Kulturen – all das hat uns ermutigt, das Wagnis einer Publikation einzugehen, deren Kühnheit und deren Mängel durch die wissenschaftliche Neugier entschuldigt werden mögen, die den Anstoß dazu gab.

* frz. *haut Moyen Age*, definiert als die Zeit vom sechsten bis neunten Jahrhundert, wird durchgehend als »Frühmittelalter« wiedergegeben. (A. d. Ü.)

I
BARBARENZEIT ODER GESCHICHTLICHE ÜBERGÄNGE?

1. Einleitung: Eine Schwellenzeit

Vorurteile über die Spätantike und das Frühmittelalter

Sind die Mittelalter-Historiker eher in der Lage als die Spezialisten für die Geschichte der mittelalterlichen Literatur, vorurteilsfrei an eine Periode der europäischen Geschichte heranzugehen, die besser dokumentiert ist, als man annimmt, und zugleich nicht so bekannt, wie sie sein sollte? Das ist nicht sicher, dazu haben seinerzeit, durch die Machtübernahme der revolutionären Intellektuellen im Jahrhundert der Aufklärung, intellektuelle Störenfriede wie Montesquieu mit den *Betrachtungen über die Ursachen von Größe und Untergang der Römer* und Gibbon mit *Geschichte des Verfalls und Untergangs des Römischen Reiches* zu tiefe Spuren in der offiziellen Lehrmeinung hinterlassen. Diese Prägung ist durch die Geschichts»wissenschaftler« des folgenden und auch durch etliche große Namen des zwanzigsten Jahrhunderts nicht ausgelöscht, sondern noch verstärkt worden. Ein Abriß der Kulturgeschichte Europas von 476 bis 774 ist nicht denkbar, ohne daß man zu diesem Problem Stellung bezieht. Denn die Wesenszüge, die man dieser Epoche gewöhnlich zuschreibt – Dekadenz, dunkle Zeiten, Anarchie ... –, sollte man durch die Begriffe Übergangs- und Regenerationszeit, Prolog zur Geburt des Mittelalters im neunten und zehnten Jahrhundert ersetzen.

476 und 774 sind zwei symbolische Daten, durch die die intellektuelle Genese Europas in eine zeitliche Beziehung zur Geschichte Italiens gebracht wird. 476 verliert das Weströmische Reich, das beinahe auf das Territorium zurückgedrängt worden ist, von dem sechs Jahrhunderte vorher seine Expansion ihren Ausgang genommen hatte, seinen letzten Kaiser, Romulus Augustulus. Dessen Absetzung markiert jedoch nur das provisorische Ende des Imperiums im Westen, denn die Restauration von Konstantinopel aus erweckt im sechsten Jahrhundert für kurze Zeit die Vorstellung des *orbis Romanus* wieder zum Leben. 774 zieht der König der Franken auf den Hilferuf von Papst Leo III. hin nach Italien, um den Expansionsdrang des Langobardenreichs zu bremsen, unternimmt aber de facto die Eroberung Norditaliens. Zwischen dem fünften und dem achten Jahrhundert war Italien also nacheinander ostgotisch, byzantinisch, langobardisch und zuletzt fränkisch. Dort läßt sich 476 der Untergang des Imperiums beobachten, 774 steht dessen Restauration bevor. Aber die Grenzen des Imperiums haben sich beträchtlich verschoben: Afrika und Spanien gehören nicht mehr dazu. Andererseits sind zu Gallien die germanischen Gebiete hinzugekommen, die einst von Augustus begehrt, aber nie erobert wurden und jetzt wohl oder übel Bestandteil des christlichen Abendlandes geworden sind.

Kulturelle Tektonik

Diese Flächenverschiebung nach Norden und Osten spiegelt sich frappant in der Kultur- und Sprachgeschichte. Die Zentren der Bewahrung und Vermittlung des Wissens verlagern sich geographisch in Richtung auf eine bogenförmige Linie entlang der alten Grenzen des Imperiums, vom Ärmelkanal bis an die Weser, quer durch die Nordsee. Freilich strahlen der Mittelmeerraum und seine Kultur weiter auf den europäischen Kontinent aus; aber die Wege des Handels und der Macht verlagern sich langsam in Richtung auf die Achse Rhein–Donau, in einer Bewegung, die schon im vierten Jahrhundert beginnt und im achten ihren Höhepunkt erreicht (vielleicht als Folge der islamischen Invasion in Spanien). In einer Parallelbewegung wächst die Zahl der Zentren des Wissens in Britannien, die im sechsten Jahrhundert zuerst entromanisiert, entlatinisiert und dechristianisiert, dann seit dem siebten Jahrhundert durch die römisch-christliche Kultur zurückerobert wurden. Vergleichbare Zentren tauchen erstaunlicherweise in der ersten Hälfte des achten Jahrhunderts auch mitten in Germanien auf. Sie sind vor allem das Resultat der Mission durch den heiligen Bonifatius, den Gründer der Abtei Fulda.

Da die römische Kultur, Sprache und Religion sich von den traditionellen Schwerpunkten in Randgebiete verlagern, werden sie von Völkern angenommen, die zwar indoeuropäischen Ursprungs, aber nicht romanisch sind, und gewinnen dadurch neue Kraft. Nachdem sie ihre Heimatländer verlassen haben, von denen sie ihre Stärke und erste Nahrung empfingen, kehren sie dorthin zurück, um sie von neuem zu bereichern. Eine dreifache Bewegung charakterisiert also diese Epoche: zunächst Rückzug (Verlust Britanniens und der römischen Besitzungen in Afrika und Spanien); dann Rückeroberung oder Eroberung (Irland, Britannien, Germanien); und schließlich Verschiebung (von Süden nach Norden, dann von Norden nach Süden). Diese Verschiebung nach oben und unten führt notwendigerweise immer über Gallien, das jetzt im Mittelpunkt aller kulturellen Bewegungen liegt. So fallen die Manifestation des insularen und das Erscheinen eines germanischen Christentums seit dem achten Jahrhundert sowohl mit einer Renaissance des lateinischen Schrifttums im Westen, der Verschriftlichung der germanischen, der Entstehung der romanischen Sprachen und zuletzt mit ihrer Anerkennung als gleichberechtigte Schriftsprachen zusammen, als neue Volkssprachen der Christenheit.

Für eine Dreiteilung

Wenn man diese Entwicklung überschaut, lassen sich zwei große Abschnitte unterscheiden. Von 400 bis 700, also von der durch Theodosius begründeten Dynastie bis zu den Anfängen der Karolinger, kann man die Kultur- und Sprachgeschichte des Abendlandes als eine Übergangszeit betrachten, in der sich die

Strukturen der Spätantike zunächst langsam und gegen Ende schnell entwickeln. Von 700 bis 900, also vom Aufstieg der Karolinger bis zu ihrem Untergang, erstreckt sich eine entscheidende Periode aufeinanderfolgender neuer Entwicklungen, die das Frühmittelalter beschließen. Nach Abschluß dieses Prozesses beginnt das eigentliche Mittelalter. Aus dieser Chronologie folgt, daß die Zweiteilung der mittelalterlichen Geschichte, in der man zwischen dem Frühmittelalter, das um das Jahr 1000 endet, und dem eigentlichen Mittelalter unterscheidet, das vom elften bis zum fünfzehnten Jahrhundert dauert, nicht unbedingt sinnvoll erscheint. Die Dreiteilung, von der vor allem manche deutsche Historiker ausgehen, scheint einleuchtender. Dabei wären zu unterscheiden:

I ++ Frühmittelalter (6.–9. Jahrhundert)
II ++ eigentliches oder klassisches Mittelalter (10.–13. Jahrhundert)
III ++ Spätmittelalter (14.–15. Jahrhundert)

So würde zum einen die Einzigartigkeit des ersten Zeitabschnitts erkennbar, dessen Anfangsphase der Spätantike entspricht, wie auch die Einzigartigkeit des letzten Abschnitts, der sich gegen Ende zur Renaissance hin öffnet. Die eigentlich mittelalterliche Periode würde gleichfalls an Originalität gewinnen, die Zeit, in der die Hauptmerkmale voll ausgeprägt sind, in der sich die Typologie der mittelalterlichen Kultur mit größter Klarheit abzeichnet. Diese Dreiteilung findet ihre Entsprechung in der Geschichte der römischen Antike:

A ++ archaische Zeit (von den Anfängen bis 200 v. Chr.)
B ++ klassische Zeit (von 200 v. Chr. bis 200 n. Chr.)
C +++ Spätantike (200 n. Chr.–600 n. Chr.)

Eine solche zeitliche Einteilung macht außerdem deutlich, daß die 298 Jahre, die zwischen den Endpunkten der untersuchten Epoche liegen, nicht einem einzigen Universum, dem mittelalterlichen, angehören, sondern vielmehr Bestandteil eines Feldes vielfältiger Interferenzen sind, wo sich die Phase I des Mittelalters und die Phase C der Antike überschneiden.

2. KULTURELLE KRITERIEN

Neue Begriffe: Spätantike und Tardoantico

Diese Überlegungen sind nicht die Frucht eines abstrakten
Spiels mit Begriffen, sondern das Ergebnis der Forschungen der
letzten fünfundzwanzig Jahre. Henri Marrou hat den Weg ge-
wiesen, da er die Spezialisten aufforderte, ihre Sicht der letzten
Jahrhunderte des Römischen Reiches zu überdenken – die man
damals nicht ohne negative Konnotationen die Zeit der Dekadenz nannte –, und gewisse Verbindungen zu den ersten Jahrhunderten des Mittelalters herstellte. Vor allem die Kulturgeschichte hat die Bahn für eine Neubetrachtung des fünften bis
achten Jahrhunderts frei gemacht. Der Begriff Spätantike hat
den der Dekadenz ersetzt; die Vorstellung einer Erneuerung ist
an die Stelle des Zerfallskonzepts getreten. Seitdem hat die Geschichte im engeren Sinn (als Militär-, Institutionen-, Stadt-,
Wirtschafts- oder Ethnohistorie) die Vorstellungen der Spezialisten modifiziert, sofern sie nicht hartnäckige Vorurteile daran
hindern, neue Standpunkte zu alten Fragen einzunehmen. In einem Teilbereich hat sich die diachronische Soziolinguistik seit
etwa zwanzig Jahren den Jahrhunderten zugewandt, die uns
beschäftigen. Sie hat Ergebnisse erzielt, die es den Linguisten
sinnvoll erscheinen lassen, den Zeitpunkt des Verschwindens
der lateinischen Sprache als eines Mittels der allgemeinen
Kommunikation später anzusetzen. Provozierend könnte man
formulieren, daß Europa noch im sechsten Jahrhundert lateinisch sprach. Die Bedeutung dieses Parameters in der Typologie des kulturellen Wandels ist unmittelbar einsichtig.

Linguistischer Prüfstein

Von einem streng philosophischen Standpunkt aus gehören das
fünfte und sechste Jahrhundert ganz und gar zur Spätantike. In
einem späteren Kapitel werden wir diese Fragen im einzelnen
behandeln. Schon jetzt ist hervorzuheben, daß Predigten für
das Volk im sechsten Jahrhundert in der Provence und noch in
der ersten Hälfte des siebten Jahrhunderts in der Region von

Soissons stets auf lateinisch gehalten wurden. Wir sehen uns einer Gesellschaft gegenüber, in der Latein eine gesprochene Sprache ist, die sich gewiß schnell verändert; die romanischen Sprachen aber sind erst im Entstehen begriffen. Am Ende des achten Jahrhunderts ändert sich alles; aber dazu kommen wir am Ende unserer Betrachtungen. Die Folgen einer solchen Neubewertung der Epoche in einer historischen Perspektive, die sich auf die Mentalitätsgeschichte hin öffnet, sind bedeutend. Insbesondere ergibt es sich, daß der Gegensatz zwischen Gelehrtenkultur und Volkskultur weniger scharf ist, als man annehmen würde, oder besser, daß die Isoglossen, die diese mentalen Komplexe trennen, damals eher in begrifflichen Elementen, mentalen Strukturen bestanden als in Kommunikationsweisen.

Kleine Schritte zum Mittelalter

Im wesentlichen bewegt man sich langsam zum Mittelalter hin. Nur die Oberfläche der Ereignisse und die Klagen der Chronisten des fünften Jahrhunderts vermitteln den Eindruck eines brutalen Umschwungs in dieser sogenannten Völkerwanderungszeit. In Wirklichkeit hatte ein großer Teil der unumkehrbaren Auflösungsprozesse des Imperiums, die sich seit 450 spürbar beschleunigen, schon im vierten Jahrhundert begonnen; und umgekehrt gehen die Wesenszüge, die es erlauben, von einer spätantiken Kultur zu sprechen, nicht vor Ende des achten Jahrhunderts endgültig verloren. Es ist zwar legitim, schon im vierten Jahrhundert prämediävale Syndrome in der institutionellen, kulturellen und sozialen Entwicklung des lateinischen Abendlandes ausfindig zu machen, aber es ist nicht statthaft, die Geschichte des Mittelalters 395 oder gar noch früher beginnen zu lassen. Die Diskussionen um die Trennungslinie zwischen zwei Stadien unserer westlichen Kultur sind keineswegs müßig: Es ist eine wichtige intellektuelle Aufgabe und die Pflicht der Wissenschaft, nach Möglichkeit nicht zu vermengen, was geschieden ist, um nicht zu unterscheiden, was gleichgeartet ist, kurz, die Wirklichkeit zu klassifizieren, zu gewichten und zu ordnen.

Unter praktischen Gesichtspunkten ergibt sich jeweils ein ganz anderes Bild, wenn man das fünfte Jahrhundert durch die

Brille des Althistorikers oder aber aus mediävistischer Perspektive betrachtet. Rekapitulieren wir also mit der gebotenen Vorsicht einige signifikante Züge. Das fünfte Jahrhundert ist eine Periode der Zerstückelung. Geographisch: Bis 461 verliert das Römische Reich fast alle seine Provinzen. Institutionell: Parallel dazu vermag die römische Zentralverwaltung ihre Entscheidungen nicht mehr durchzusetzen, ja sie werden nicht einmal mehr zur Kenntnis genommen. Militärisch: Die römischen Landstreitkräfte in den Provinzen stehen unter dem Kommando unabhängiger Befehlshaber, später kommt es oft zur Auflösung. Dynastisch: Mit dem Tod Valentinians III. endet die letzte große Kaiserdynastie, die des Theodosius. Juristisch: Das römische Recht, das bisher für die Gesamtheit der freien Bürger galt, wird nach und nach durch das Gewohnheitsrecht der Barbaren zwar nicht verdrängt, aber dieses hat neben ihm Gültigkeit. Es gibt eine Logik der Zersetzung, dennoch wird das Bestehende nicht völlig zerstört. Materiell: Wichtige Städte (Rom, Trier) leiden unter wiederholten Belagerungen und Plünderungen, deren Spuren die Archäologie noch heute folgt.

Denn die bewahrenden Kräfte gleichen die Verluste aus, schon deshalb, weil die ganz neuen Barbarenreiche, die innerhalb der Romania entstehen, schließlich doch von einer Aristokratie beherrscht werden, die selbst sehr darauf bedacht ist, das römische Erbe zu erhalten und nicht zu vernichten. So tritt vor allem der Verwaltungsapparat (besonders die Finanzverwaltung) in den verschiedenen Regionen nach und nach in den Dienst der Barbarenherrscher: eine wichtige Phase, in der mit einem Schlag das ganze intellektuelle Rüstzeug, das für diese Tätigkeit notwendig ist, vor dem unmittelbaren Verschwinden gerettet wird. Andererseits wurde die Kirche vom Zusammenbruch des Imperiums zwar getroffen, aber nicht desorganisiert; sie funktioniert weiterhin überall und bewahrt die administrativen Strukturen und das sprachliche und kulturelle Erbe um so effektiver, als die Zuwanderer bereits christianisiert sind, mag auch die Kirche ihr Bekenntnis als häretisch betrachten. Schließlich bleibt der städtische Lebensraum trotz gewisser Einschränkungen erhalten: Vor allem die Thermen sind weiterhin in Betrieb; die Aquädukte sind noch intakt; über die großen *viae*, Symbol der römischen Zivilisation, fließt immer noch der Verkehr im ganzen Land.

Außerdem vollziehen sich die Assimilation und Akkulturation der Neuankömmlinge ziemlich schnell. Zuerst erfolgt bekanntlich Ende des fünften Jahrhunderts die besonders spektakuläre direkte Konversion der Franken vom Heidentum zum Katholizismus, die einen entscheidenden Schritt zu ihrer Integration in die römische Welt markiert. Es ist nicht der erste: Schon unter Julian, lange vorher, hatten sie in der römischen Armee gedient. Als zweites erfolgt die Akkulturation der Westgoten, die schon so weit christianisiert sind, daß sie sich von den christologischen Problemen betroffen fühlen; aber nachdem sie mehr als hundert Jahre in Spanien verbracht haben, bekehren sie sich trotz ihrer Bemühungen, ihre Identität zu bewahren, zuletzt zum Katholizismus, ehe sie in der Einheit der Hispania aufgehen. Die Ostgoten, mit Sicherheit die am meisten romanisierten Germanen, hätten die dritten sein können; die Rückeroberung Italiens durch Byzanz läßt keine Zeit für diese Entwicklung. Sie vollzieht sich jedoch ein Jahrhundert später, als die Langobarden, obwohl sie weniger assimiliert sind als ihre Vorgänger, Anfang des siebten Jahrhunderts vom Arianismus zum Katholizismus übertreten. So verschwindet das untergegangene Reich nicht von der Landkarte Europas: Die Schnelligkeit, mit der sich eine neue religiöse Einheit um die römisch-katholische Kirche bildet, vermittelt eine Vorstellung von der Weite und Tiefe der ethnischen Erneuerung, die das alte Reich erfährt, und von dem kulturellen Gärungsprozeß, deren Schauplatz es ist.

Die Kehrtwendung unter Justinian

Stellen die Rückeroberungen und die Restauration Justinians einen zusätzlichen Auflösungsfaktor dar, wie behauptet wurde, oder verlangsamen sie im Gegenteil den Untergang der Antike? Das ist eine offene Frage. Es gilt aber zu bedenken, daß die Rückeroberung Afrikas 533, die die Südküsten des Mittelmeers wieder für die Schiffahrt öffnet, die Rückkehr zu einer gewissen Kontinuität erlaubt, die den Waren-, aber auch den Ideenaustausch begünstigt; um so mehr, als auch die – wenn auch nur partielle – Wiedergewinnung der spanischen Küste zu dieser Öffnung beiträgt. Italien wird wieder so etwas wie eine Drehscheibe zwischen Ost und West, dank der byzantinischen Flotte, die die Seeherrschaft zurückgewonnen hat. Der natürliche Schwerpunkt der antiken Zivilisation, das Binnenmeer, ist wieder eine Realität, Zeichen und Ursache einer prekären, aber unbestreitbaren Kontinuität. Die Verbreitung von Handschriften im sechsten Jahrhundert legt davon Zeugnis ab. Italien ist von zwanzig Jahren Krieg verheert. Die Reorganisation von Byzanz aus ist unzureichend. Aber ist es ein Zufall, daß die Italiener früher und vollständiger als alle anderen Völker des Kontinents wieder eine Kultur von hohem Niveau geschaffen haben? Haben die Anstrengungen Justinians, einen regelmäßigen Lehrbetrieb für Rhetorik und Rechtskunde zu etablieren, nicht mit dazu beigetragen? Andererseits ermöglicht das Exarchat von Ravenna als byzantinischer Riegel lange Zeit einen aktiven Austausch zwischen lateinischer und griechischer Kultur. Kurz, man kann nicht völlig ausschließen, daß die erste Restauration des Römischen Reiches im Westen dazu beigetragen hat, den Verfall des kulturellen Erbes der Antike aufzuhalten.

Themen und diachronische Perspektiven

Die Entstehung des Mittelalters ist in großen Zügen bekannt. Im Rahmen des vorliegenden Buches schien es sinnvoll, thematische und historische Darstellung zu verbinden. Wir wollen zuerst die Strukturen des Tardoantico im fünften Jahrhundert untersuchen, um ein Inventar der kulturellen Einheiten zu dem Zeitpunkt zu erstellen, da das Römische Imperium im Verschwinden begriffen ist. In einem späteren Teil soll versucht werden, die kulturellen Schutzvorrichtungen zu analysieren, das heißt die Strukturen, mittels deren Kultur und Wissen bewahrt und an spätere Zeiten weitergegeben werden. Dann wird der Zeitpunkt gekommen sein, die Phasen der Entwicklung zu definieren, indem man die zeitlichen Schichten Land für Land beschreibt. In einem vierten Schritt werden wir uns auf die Schlüsselfiguren der Epoche konzentrieren, auf die literarischen Vermittler. Anschließend soll als fünftes eine Frage behandelt werden, die gelehrte Abhandlungen im allgemeinen nur streifen: die linguistischen Entwicklungen des Frühmittelalters unter dem Gesichtspunkt der Kommunikation. Eine kurze Synthese soll zuletzt versuchen, deutlich zu machen, in welchem Maße diese Jahrhunderte sowohl kreativ als auch destruktiv waren, in einer Schlußbetrachtung, aus der deutlich wird, daß die Entstehung der mittelalterlichen Literaturen unmittelbar bevorsteht.

II
DIE STRUKTUREN DES TARDOANTICO:
DAS FÜNFTE JAHRHUNDERT

Kultur und Imperium

Kulturell (und sprachlich) gehört das fünfte Jahrhundert ganz und gar zur Spätantike. Es stellt den Ausgangspunkt für die Entwicklung dar, die wir zu verfolgen haben. Die Mentalität, der Blick, die Vorstellungen des lateinischen Abendlandes sind »imperial«; Spiegelung und Ursache dieses Fortbestehens der alten Werte ist die Bindung an das Werk Vergils, das in den Schulen gelesen und kommentiert, aber auch abgeschrieben, auswendig gelernt und nachgeahmt wird. Nun ist bekannt, in wie starkem Maße seine *Aeneis* die Ideologie der Einheit des Imperiums begründet, wenn auch poetisch überhöht und verklärt. Rom wird als Ursprung und Garant der Kultur begriffen. Es hat die Sitten, die Sprachen und die Herzen zu einem *orbis Romanus* vereint, der ein Unterpfand des Friedens geworden ist. Diese teleologische Geschichtsbetrachtung, die in den Gesängen VI und VIII so brillant dargestellt wird, prägt das Denken der Intellektuellen des Imperiums und setzt sich im Abendland mindestens bis zu Sidonius Apollinaris fort. Nur ein so origineller und scharfsinniger Denker wie Augustinus hatte nach den Erschütterungen zu Beginn des Jahrhunderts die Kraft, sich eine christliche Kultur vorzustellen, die außerhalb dieses seit ewigen Zeiten gegebenen Rahmens entstehen könnte. Da die griechisch-römische Tradition nach Bedingungen fortbesteht, die auf die hellenistische Epoche zurückgehen, ist es notwendig, diese zu rekapitulieren, denn sie liefern die entscheidenden Festpunkte, wenn der Sturm erst einmal losgebrochen ist.

Kulturstufen

Wir betrachten die spätantike Kultur aus einer verhältnismäßig begrenzten Perspektive und berücksichtigen nur die Bildung der Aristokraten und *potentes*. Am unteren Ende der Kenntnisskala stehen Grundfertigkeiten wie Schreiben, Lesen, Rechnen. Oben trifft man auf die Eliteausbildung par excellence – die Philosophie. Die Zwischenstufen sind grob gesagt die Kenntnis des Rechts, die Beherrschung der Redekunst und die Fähigkeit, sich in den beiden Sprachen des Reiches auszudrücken: für die Lateiner die Beherrschung des Griechischen und im Osten umgekehrt. Auf den Baum der klassischen Kultur wurde ein neues Reis aufgepfropft, die christliche Lehre. Diese wird schließlich Bestandteil der ursprünglichen Struktur, die sie eher krönt, als daß sie in Konkurrenz zu ihr tritt. Die Symbiose wird im fünften Jahrhundert verwirklicht; wir kommen darauf zurück.

Literacy *und Inschriften*

Die klassische Antike und die Spätantike sind zunächst gekennzeichnet durch ein hohes Maß von *literacy,* wie die Angelsachsen es nennen; man könnte es übersetzen als Beherrschung der schriftlichen Kommunikation. Ihre Bedeutung springt sofort ins Auge, wenn man die den Historikern vertrauten Bände des Corpus der lateinischen Inschriften *(Corpus Inscriptionum Latinarum)* betrachtet. Die Zehntausende von Belegen in diesen Bänden stellen nur einen kleinen Teil des seinerzeit Vorhandenen dar. Wenn man ihre Verteilung auf einer Synchronie-Landkarte darstellt, zeigt sich, daß sie das ganze Imperium abdecken, auch wenn sich bedeutendere Zentren, regionale Schwerpunkte abzeichnen. Die Inschrift ist sicher die auffälligste Veröffentlichungsform, die Anzahl durch Dauerhaftigkeit ersetzt. Sie ist da, um zu informieren und Dinge im Gedächtnis zu bewahren. Der Akt des Lesens ist dabei entscheidend. Ihr Vorhandensein bedeutet, daß – neben dem oder den Auftraggebern – eine Zielgruppe existiert, die sie zu lesen vermag. Daß die Gewohnheit, Botschaften in Stein zu hauen, fortbesteht, bedeutet, daß die Beherrschung der schriftlichen Kommunikation nicht verlorengeht; wenn dagegen die Inschriften seltener werden oder ganz verschwinden, verrät dies ein Absinken des kulturellen Niveaus. Diese Regel ist allgemeingültig, wenn man auch die Daten auf statistisch befriedigende Art gewichten muß und wenn es bisher auch keine Methode gibt, um eine exakte und gesicherte Beziehung zwischen der Zahl der Inschriften einer Region oder Stadt und dem Alphabetisierungsgrad herzustellen.

Christliche Grabinschriften in Rom

Trotz der vieldiskutierten Unsicherheiten steht fest, daß die Spätantike in der Welt schriftlicher Kommunikation verankert ist. Die steigende Zahl von Grabinschriften im vierten Jahrhundert, an denen man die Verdrängung heidnischer Traditionen durch den christlichen Glauben ablesen kann, wäre ausreichend, um uns davon zu überzeugen. Rom wimmelt von schlichten Inschriften, die sich am alten heidnischen Muster orientieren, aber die Konversion des Auftraggebers zum Christentum bezeugen.

Der Katakombenfriedhof Bei den zwei Lorbeerbäumen *(Ad duas lauros)* an der Via Labicana bietet heute noch mehr als 2000 Inschriften, die für zehn Prozent der Gräber den Namen des Bestatteten nennen. Die Vorsorge für die letzte Ruhestätte wird oft unterstrichen: *se biba, se vibo fecit* (»sie hat [ihr Grab] zu Lebzeiten machen lassen, er auch«); *fecit sibi et coniugi suae* (»er hat es für sich und seine Ehefrau machen lassen«). Es ging darum, das Risiko einer erneuten Verwendung des Grabes auszuschließen, vor allem wenn es sich in der Nähe einer heiligen Stätte befindet, etwa bei den *loculi* bestimmter Märtyrer. So findet man sogar Hinweise auf den, der den Erwerb vermittelt hat: *a Pisto fossore se vivo emet* (»er hat [die Grabstätte] zu Lebzeiten vom Totengräber Pistus gekauft«). Die Knappheit der Formulierung verhindert nicht, daß der Verfasser vom Register der gesprochenen Sprache beeinflußt ist: Die kurzen Aufforderungen wenden sich an ein sehr einfaches Publikum.

Aber ihr apotropäischer Wert beruht gerade auf der Effizienz der schriftlichen Kommunikation.

Derart sein Recht auf Gegenwärtigkeit zu demonstrieren ist nicht das einzige Motiv des Auftraggebers. Die Zuneigung zu den Toten wird deutlich: *cuius familia malitia non meminit nullam* (»seine Familie kann sich an keine böse Tat von ihm erinnern«). Natürlich tragen die Grabsteine auch Gebete: *Domine, libera Victorianum, Domine, conserba Calendione in nomine tuo sancto* (»Herr, befreie Victorianus, erhalte Calendion in deinem heiligen Namen«).

Frühmittelalterliche Graffiti

Alle diese versteinerten Texte prägt der Wunsch nach einer Kommunikation, deren Voraussetzungen leicht einsehbar sind. Die Verwendung der Schrift ist kein trügerischer Kunstgriff, den nutzlose, erstarrte Konventionen einem Publikum aufnötigen, das nicht lesen kann. Außerdem ist zu beachten, daß das Fehlen einer Inschrift nicht bedeutet, daß der Verstorbene oder seine Familie Analphabeten waren; sie konnten nur den Steinmetz nicht bezahlen. Wenn man Augen im Kopf hat, wird man nicht umhinkönnen zuzugeben, daß wir hier einen sicheren Beweis für die beschriebene kulturelle Situation vor uns haben. Sie besteht noch nach dem fünften Jahrhundert fort, aber unter anderen Bedingungen. Daß die Inschriften seltener werden, liegt daran, daß der Friedhof nicht mehr benutzt wird; er ist voll, dort wird niemand mehr bestattet. Aber es ist eine Pilgerstätte entstanden, begründet von Damasus und von den späteren Päpsten gepflegt, die kleine Basilika, die ein Jahrhundert früher erbaut wurde zu Ehren der dort begrabenen heiligen Märtyrer (Marcellinus und Petrus).

Bis ihre sterblichen Überreste 827 auf Befehl Einhards geraubt werden, wird das Heiligtum von Reisenden besucht, die die Mauern mit Hunderten von noch lesbaren Graffiti bedeckt haben: Namen von Pilgern, die zeigen wollen, daß sie dort waren. Die Namen stammen jetzt aus einem anderen Milieu: Almund, Anvaldus, Ceolbert, Culpertus, Folcualdus, Luiprandius, Lotarius, Nodbertus, Raubonus. Auch Namen von Geistlichen sind darunter: Sergius, Romanus, und griechische Benennungen: Anastasus, Eustathius. Geistliche, Germanen und Griechen: Alle diese Leute bedienen sich für die schriftliche Kommunikation des Lateinischen, wie die Gebetsformeln in den Graffiti beweisen: *Leo biba in Deo semper cum omnebus suis* (»möge Leo mit den Seinen für immer in Gott leben«). Oder des Griechischen, mit lateinischen Buchstaben geschrieben, wie das folgende Gebet: *mnisthi tou doulou sou, Theos, è elpis mou élééson tou doulou sou* (»erinnere dich an deinen Diener, Gott, erbarme dich meiner, der ich dein Diener bin«). Dieser Ausflug in die Epigraphie sollte zeigen, daß die Kultur des Tardoantico großenteils zu einer Welt gehört, in der die schriftliche Kommunikation eine entscheidende Rolle spielt. Dieser Befund wird durch viele andere Indizien bestätigt.

Christentum und Schriftkultur

Eines davon ist die Ausbreitung einer Religion, die auf einer ganz durch schriftliche Tradition vermittelten Offenbarung gründet. Die religiöse Lehre der Heiden war kaum kodifiziert. Gebräuche und Riten wurden mündlich weitergegeben. Die Sakralformeln, von denen Varro und Cato einige Bruchstücke überlieferten, bildeten ein ziemlich kleines Corpus, das oft im geheimen tradiert wurde. Einige der wichtigsten Kulte des heidnischen Altertums (Bacchus, Bona Dea) oder der Spätzeit (Mithras) waren wesentlich Mysterien. Ganz anders verhielt es sich mit der Verbreitung der christlichen Botschaft, die auf die Multiplikation eines Corpus von Basistexten angewiesen war. Einer der Gründe, warum der *codex* an die Stelle des traditionellen *volumen* trat, war die Notwendigkeit, leichten Zugriff auf die gesuchten Abschnitte zu haben. Die Vermehrung der Kultstätten begünstigte im dritten Jahrhundert eine rasche Verbreitung der heiligen Texte in Abschriften: Jede davon bot eine Gelegenheit, mit der Schrift in Berührung zu kommen. Während der schlimmsten Verfolgungen unter Decius sollten die geistlichen Hirten alle Exemplare der Bibel der Obrigkeit ausliefern, damit sie vernichtet würden. Einige bezahlten ihre Weigerung mit dem Leben; so wurde die Kenntnis der schriftlichen Tradition in einer Kultur verherrlicht, für die ein solches Wissen schon unerläßlich war.

Litteratio

Die alte Schule behält in der Tat ihr ganzes Prestige. Für privilegierte Schüler dauern die Studien von der frühen Kindheit bis zum zwanzigsten Lebensjahr. Die erste Phase der Erziehung ist auch die niedrigste, die Varro und Augustinus – man beachte die Kontinuität – *litteratio* nennen. Man lernt dabei Lesen, Schreiben und Rechnen. Die Schulmeister oder *litteratores* bedienen sich manchmal rüder Methoden, um ihren Schülern diese Kenntnisse einzupauken. Soviel wir wissen, werden sie entweder direkt von den Eltern bezahlt oder beziehen ein städtisches Gehalt. Sie müssen sehr zahlreich sein, denn das Römische Reich ist weitgehend oder vollständig alphabetisiert. Ihr sozialer Status ist sehr niedrig; es können Sklaven oder Freigelassene sein. Ihr geringes Prestige erklärt, warum wir kaum etwas von ihnen wissen. Vor allem durch literarische (Cicero und besonders Quintilian) und autobiographische Zeugnisse (Augustinus) wird gesichert, was sonst nur eine begründete Vermutung wäre. Daran muß man sich erinnern, wenn wir die weitere Entwicklung dieses Teils der antiken Erziehungsstrukturen zu betrachten haben.

Grammatica

Nach dem Elementarunterricht muß sich das Kind mit dem befassen, was damals das »Wissen des freien Mannes« heißt, den *artes liberales*. Diese Phase besteht aus zwei aufeinanderfolgenden Zyklen, zuerst der *grammatica,* dann der *rhetorica*. Obwohl unterschieden, können diese Disziplinen vom selben Lehrer unterrichtet werden. Der *grammaticus* hat eine doppelte Aufgabe: zum einen die lateinische Sprache und ihre Regeln zu vermitteln, zum anderen die großen Schriftsteller zu erklären. Dem Grammatikunterricht liegen eigens dafür abgefaßte Lehrbücher zugrunde. Die berühmtesten (nach Varro, der seit dem letzten Jahrhundert der Republik Vorbild und Meister ist) sind von Charisius, Diomedes, Servius und vor allem Donatus geschrieben. Dieser letzte war der bewunderte Lehrer des heiligen Hieronymus, und sein Werk, das uns unvollständig überliefert ist, hat das westliche Abendland konkurrenzlos beherrscht. Der gelehrteste ist allerdings Priscian, der zu Anfang des sechsten Jahrhunderts in Konstantinopel lehrt. Sein Scharfsinn, der selbst den des Donat übertrifft, macht ihn zum würdigen Nachfolger Varros und gelegentlich zu einem Vorläufer der Linguistik.

Donat

Die pädagogische Konzeption der Handbücher fordert zur Aktivität auf; sie sind in Frage- und Antwortform gehalten (wie schon die *Partitiones oratoriae* Ciceros), was es uns erlaubt, an einer Unterrichtsstunde teilzunehmen. Zahlreiche Definitionen werden gegeben: »Eine Trope ist ein Wort, dessen Sinn in einer übertragenen Bedeutung liegt« *(tropus est dictio translata a propria significatione ad non propriam similitudinem);* »eine Metapher ist eine Übertragung von Wort und Gegenstand« *(metaphora est rerum verborumque translatio).* Die Grundlage der *grammatica* bildet das Studium der acht Redeteile *(octo partes orationis).* Es geht darum, die wichtigsten Wortformen unter wesentlich morphologischem Gesichtspunkt zu betrachten. Beim Nomen werden zunächst die verschiedenen Merkmale beschrieben: Eigennamen / Appellativa; Maskulinum / Femininum / Neutrum; Singular / Plural, usw. Die Verbkonjugation wird methodisch angegangen, und auch dabei lernt man Aktiv / Passiv / Deponentia; *perfectum / imperfectum;* Indikativ / Optativ (die Lateiner nehmen ihn im Anschluß an die griechische Einteilung für sich in Anspruch) / Konjunktiv; Partizip / Gerundivum / Infinitiv zu unterscheiden. So basiert der Erwerb der Regeln auf der vollständigen Beherrschung der tradierten Sprache.

Das Ziel ist, sich so wenig wie möglich von der klassischen Grammatik zu entfernen, wie sie seit fünf Jahrhunderten kodifiziert war, gemäß der berühmten Definition Varros: »Die Latinität ist unverfälschter Gebrauch der römischen Sprache« *(latinitas est incorrupta loquendi observatio secundum Romanam linguam).* Die Forderung nach einer Norm hat Quintilian erneut erhoben; es geht darum, ein Sprachregister abzugrenzen und zu respektieren, das auf der Sprachverwendung der kulturellen Elite beruht: »Folglich bezeichne ich als Sprachgebrauch die Übereinstimmung aller achtbaren Leute.«

Die gleichen Ziele verfolgt auch Donat in seinen Schriften; alle Intellektuellen der Epoche stimmen mit ihnen überein. Hieronymus gesteht, daß ihm das unkorrekte Latein der Bibel in seiner Jugend unlesbar erschien: »Ihre unkultivierte Sprache war wie ein Gestrüpp« *(sermo horrebat incultus).* Augustinus bezieht sich seinerseits häufig auf diese wesentliche Funktion der Grammatik: »Durch diese Kunst erwirbt man sich die Reinheit der Sprache.« Ein Extremist wie der Presbyter Salvianus aus Marseille unternimmt es Mitte des fünften Jahrhunderts, die Laster der römischen Gesellschaft, sogar ihres christlichen Teils, in einer leicht delirierenden Diatribe zu geißeln. Im Gegensatz dazu verherrlicht er die Tugenden der Barbarenvölker. Wider Erwarten sind alle seine Verwünschungen in einem sehr literarischen Latein abgefaßt; die rhetorischen Mittel verdanken ihre Treffsicherheit der konservativsten lateinischen Tradition.

Rein literarische Bezüge

So führen uns die Grammatiklehrbücher und -traktate in die Mentalitätsgeschichte ein. Der spätantike Bürger bemüht sich, seinem Stilideal gerecht zu werden. Das verlangt ständige Aufmerksamkeit, die jede Abweichung, aber auch jeden Wandel ausschließt. Denn neben positiven Werten gibt es das, was man die Negativnorm nennen könnte, eine Liste von Fehlern, die es zu vermeiden gilt, das heißt eine Beschreibung dessen, was Quintilian die *vitia oris* nannte. Allerdings konzentrieren sich die Grammatiker kaum jemals auf die Wesenszüge der gesprochenen Alltagssprache, weil diese sie nicht wirklich interessiert. Man muß bei ihnen lange nach genauen Angaben zum gesprochenen Volkslatein der Spätzeit suchen.

Eher beschäftigten sie sich damit, die verschiedenen Formen danach zu klassifizieren, ob sie zur Sprache der Dichtung oder der Kunstprosa gehören. Die Solözismen und Barbarismen, die Donat am häufigsten beschreibt, sind in Wirklichkeit Ausdrücke poetischer Freiheit, die meist auf Vergil zurückgehen und deren Verwendung der Magister drastisch einschränkt. So findet man bei ihm Barbarismen wie *relliquias Danaum* (Aen. 1,30, das Doppel-*l* ist falsch). Die gesamte Lehre der spätantiken Grammatiker basiert auf dem intelligenten, aber unoriginellen Gebrauch der Autoritäten.

Die Aussprache der Elite

Das heißt nicht, daß das Problem der Aussprache, die nach Sprecher, Zeit und Ort stark variiert, vom *grammaticus* nicht behandelt würde. Schon Cicero empfahl im *Brutus* eine Artikulation, die »nicht den Bauern verrät«, sondern mit der Orthoepie, der urbanen Redeweise der römischen Elite, übereinstimmt. Mit Sicherheit kannte seine Zeit verschiedene Aussprachen des Lateinischen; die italienische Einheit bestand erst seit verhältnismäßig kurzer Zeit. Es sei daran erinnert, daß Vergil von seinem Exil in der Gallia Cisalpina und von seiner Entdeckung Roms berichtet. Wie viele Norditaliener, die in der gleichen Lage wie er, aber weniger gebildet waren, mochten ihren Akzent und ihre sprachlichen Regionalismen mit in die Hauptstadt bringen? Allerdings geht Cicero, der sonst in seinen normativen Beschreibungen sehr pedantisch ist, über Fehler der gesprochenen Sprache schnell hinweg.

Das Schweigen des *grammaticus* überrascht nicht. Er ist weder Dialektologe noch Linguist. Wie sollte man sich auch vorstellen, daß er im Lauf der Jahrhunderte anschauliche Beispiele hätte sammeln können: In der Masse der Negativmuster hätte er den roten Faden seines Unterrichts verloren. Daraus ergibt sich, daß das Aussprachetraining von jeher nur mündlich erfolgt. Die Schüler orientieren sich am Vorbild des Lehrers; er korrigiert eventuelle Fehler, schreibt aber die Grundregeln nicht nieder.

Aussprachenotizen

Allerdings muß durch die wachsende Zahl von Intellektuellen in subalternen Stellungen – verursacht durch die Aufblähung der Bürokratie nach Diokletians Reformen – große Nachfrage in diesem Bereich entstanden sein. Wer einen Posten als Stenograph in der Verwaltung von Antiochia oder Ravenna anstrebt, muß natürlich die Schriftsprache und folglich die Orthographie perfekt beherrschen. Aber es dürfen ihm auch keine durch die regionale Aussprache bedingten Fehler unterlaufen; außerdem verlangt seine Stellung ihm ein Minimum an Sicherheit in mündlicher Rede ab. Es entsteht also eine Zielgruppe, die nur diese praktischen Kenntnisse erwerben will, jenseits hochgestochener philologischer Interessen. Die schulischen Voraussetzungen dieses Publikums sind gewiß äußerst beschränkt. Sie benötigen Gedächtnisstützen, Wortlisten, die die falschen und die richtigen Formen nebeneinanderstellen. Diese Listen gehen nicht aus der angesehenen Schule der Grammatiker hervor und sind zu anspruchslos, um ihre Benutzer zu überleben. Trotzdem sind einige durch Zufall auf uns gekommen. Die berühmteste folgt in der Handschrift auf das Grammatiktraktat des Probus und heißt deshalb die *Appendix Probi*. Sie wurde in Rom, wohl Mitte des fünften Jahrhunderts, von Afrikanern abgeschrieben, zählt gebräuchliche Aussprachevarianten auf und stellt die regelgerechte Aussprache daneben: *saeculum non seclo; baculum non baclo* (der vortonige Vokal schwindet in der gesprochenen lateinischen Umgangssprache der Spätzeit).

Hort der Kultur und konservatives Sprachverständnis

So wird begreiflich, daß die spätantike Schule die sprachliche Entwicklung nachhaltig bremsen kann, nicht weil sie jede Entwicklung hemmt, eher weil sie die Tendenz zu Veränderung und Regionalisierung eindämmt und verdrängt. Sie liefert Vorbilder und funktioniert als Filter in beiden Richtungen (oder mit zwei Öffnungen), so daß zwischen den verschiedenen Sprecherebenen hinreichende Unterschiede der Kompetenz gewährleistet sind und die Spracheinheit nicht verlorengeht. Natürlich kann ein solcher Regulator nur dann funktionieren, wenn er durch eine anerkannte Autorität gestützt wird. Dafür sorgt die Aussicht auf Stellen und Karrieren in der kaiserlichen Administration. Ehrgeizigere können mehr werden als Stenographen oder Buchhalter und auf einen steilen sozialen Aufstieg hoffen. Der zweite Teil der Ausbildung beim *grammaticus* sucht dem Schüler die intellektuellen Voraussetzungen zu vermitteln, die er dafür braucht.

Literarische Texte

Der heranwachsende Schüler studiert die Autoren, die seit langer Zeit als Klassiker gelten. Unter den Dichtern steht zweifellos Vergil an erster Stelle, gelesen wird vor allem seine *Aeneis*. Er wird in allen Schulen erklärt, so daß Augustinus in *De civitate Dei* beklagen kann, daß diese Dichtungen Geist und Herz der Schüler übermäßig mit Geschichten erfüllen, die mit dem christlichen Glauben unvereinbar sind. Natürlich verfügt er selbst trotzdem über genaue Vergil-Kenntnisse, und es läßt sich zeigen, daß Vergil ihm beinahe immer gegenwärtig war. Das andere große Vorbild unter den Dichtern ist Terenz, dessen Stücke immer noch in den Schulen kommentiert werden, wenn man sie auch nicht mehr aufführt. Weiterhin werden Horaz, Ovid, Lukan, Catull und Juvenal gelesen, mitunter die einfacheren Stücke in Auswahl, wie in unseren modernen Schulanthologien.

Klassisch ist auch die Entscheidung für den Meister der Prosa, Cicero. Er ist bei den Gebildeten der Spätantike der beliebteste Autor. Durch das Studium seiner Werke erwirbt sich der Schüler nicht nur die Fähigkeit, tadellose Prosa zu schreiben, sie eröffnet ihm auch den Zugang zur *ars dicendi*, die immer noch, wie schon fünf Jahrhunderte früher, die Königsdisziplin ist. Es werden also die rhetorischen Schriften und dann die Reden gelesen. Das Studium endet gewöhnlich mit einem Streifzug durch die philosophischen Schriften. Der Traum, in dem der heilige Hieronymus sich vorhalten lassen muß, er schätze Cicero höher als Christus, belegt eindeutig die Bindung der christlichen Intellektuellen an diese Tradition. Und als der heilige Augustinus *De doctrina christiana* schreibt, schmückt er das vierte Buch mit wörtlichen Zitaten des Arpinaten aus. Weit seltener als Cicero werden Sallust und Seneca gelesen.

Emendatio

Die Spätantike bleibt in ihrer Methode der Kommentierung einer mehr als achthundertjährigen Tradition treu. Vier Phasen bestimmen diese Tätigkeit. Die erste und die zweite bilden eine Einheit, die Lektüre, die aus der *lectio* (»Lektüre« im engeren Sinn) und der *emendatio* (»Verbesserung«) besteht. Hier sind wir im Zentrum der Überlieferung der antiken Kultur. Denn die schriftliche Tradition basiert auf dem ständigen Abschreiben der Texte. Es gibt ebenso viele Abschriften wie Bücher. Jede Abschrift eines Manuskripts ist einmalig. Anders ausgedrückt, jeder Federstrich des Kopisten ist eine mögliche Fehlerquelle. Jahrhundertelang hat man die Schriften als räumliche Volumen und als zeitliche Einheiten immer wieder reproduziert. Der Lehrer und seine Schüler müssen dabei das Manuskript, mit dem sie arbeiten, kritisch durchsehen und wenn nötig verbessern. Dies geschieht durch Vergleich mit anderen Fassungen, aber ohne philologische Sorgfalt, das Ziel ist eine *ästhetisch* befriedigende Form.

Distinctio

Auch ein gut überlieferter Text ist nicht leicht zu lesen. Es gibt keine Abstände zwischen den Wörtern und faktisch keine Interpunktion. Unter diesen Bedingungen muß der Schüler den Text erst einmal durchlesen, um die Wortgrenzen und die Satzteile zu erkennen und sich die Struktur der Perioden klarzumachen, indem er wenn nötig Zeichen einträgt, die es ihm beim lauten Lesen erleichtern, die Schwierigkeiten zu meistern. Das ist die zweite Phase der Lektüre, die *distinctio* (»diakritische Kennzeichnung«). Außerdem muß der Tonfall dem Sinn des Textes gerecht werden und darf nicht etwa in Widerspruch dazu stehen! Quintilian hat die Schwierigkeit dieser Übung betont und auf die Notwendigkeit hingewiesen, sie sorgfältig auszuführen.

Vier Jahrhunderte später zeigt Augustinus, wie Vorlesungen schon auf der Ebene der Aussprache zu dogmatischen Absurditäten führen können. Wieder zwei Jahrhunderte später, zu Beginn des Frühmittelalters, wird Isidor von Sevilla nachdrücklich darauf aufmerksam machen, wie lächerlich sich die *lectores* machen können, die ihr Vorlesen schlecht präpariert haben; sie setzen sich den Sticheleien der Kenner aus. Noch hundertfünfzig Jahre später wird Alkuin über das Gestammel seiner Mönche aus der Touraine lamentieren, die mangels Unterrichts kein Gespür für die Feinheiten der Interpunktion haben und bei Zusammenkünften die Heilige Schrift erbärmlich vorlesen. Die Kontinuität täuscht nicht: Sie steht in Zusammenhang mit der Prozedur des Übergangs von mündlicher zu schriftlicher Kommunikation in der Antike. Der Fall des Imperiums macht die so notwendigen Studien keineswegs überflüssig. Aber er zwingt die Intellektuellen dazu, die Mängel des kollektiven Systems zu vertuschen. Vom Erfolg oder vom Mißerfolg dieses Unternehmens hängt Untergang oder Fortbestehen einer der wesentlichen Grundlagen des Tardoantico ab.

Enarratio

Der Unterricht erschöpft sich nicht im Technischen: Der Schüler ist aufgefordert, die Texte, die er präpariert hat, literarisch zu kommentieren und ästhetisch zu bewerten. Das ist die *enarratio* (»Beschreibung«), die aus genau festgelegten Schritten besteht: Abriß der Biographie des Autors; Analyse des Werktitels; bei einem Dichter Bestimmung des Versmaßes; Beschreibung des Hauptthemas und zuletzt eine genaue Umfangsangabe. Die Methode erinnert an die Standardeinleitung moderner Ausgaben lateinischer, griechischer oder mittelalterlicher Autoren in wissenschaftlichen Reihen. Dieser allgemeine Vorspann wird ziemlich schnell erledigt, dann geht man dazu über, den Text Wort für Wort zu kommentieren, zur *explanatio,* die die eigentliche Lieblingsbeschäftigung der *grammatici* ist. Schrittweise erläutert werden der Sinn jedes Ausdrucks, seine Stellung in der Architektur des Verses und seine Beziehung zu den rhetorischen Figuren. Das Vorgehen ist absolut analytisch, so daß der Blick des Kommentators nie über einen Kontext von zwei oder drei Versen hinausgeht. Seltene oder schwierige Wörter werden minuziös erläutert, ausgehend von einer Etymologie, die trotz hübscher Einfälle selten wissenschaftlich fundiert ist. Ungewöhnliche oder heikle Konstruktionen werden in Prosa paraphrasiert. Die metrische Gestalt der Verse wird besonders genau analysiert, zumal da das Metrum des Hexameters die lateinische Sprache eigentlich vergewaltigt. Damit ist klar, daß dem untadeligen Vortrag der Dichtungen besondere Aufmerksamkeit gewidmet wird. Oft erleben wir mit, wie Augustinus sich damit beschäftigt. So schärft sich das Gehör des Schülers, und Wort für Wort memoriert er mühsam die traditionelle Lautgestalt von Wörtern, deren Aussprache sich seit den Anfängen des Imperiums beträchtlich weiterentwickelt hat.

Diese Kommentierungsweise ist Allgemeingut der Intellektuellen des Tardoantico, bei Heiden und Christen. Die christliche Exegese in griechischer oder lateinischer Sprache bleibt den Prinzipien und Methoden der *exégesis* und der *enarratio* treu. Es kommt darauf an, die kulturelle Einheit des fünften Jahrhunderts unter dem Gesichtspunkt der *artes* zu erfassen. Die Übereinstimmungen werden auf der höchsten Ebene des antiken Schulwissens, in der *ars dicendi,* noch deutlicher.

3. Fertigkeiten und Kenntnisse der Elite

Das Prestige der Redekunst

Es wäre ein Irrtum anzunehmen, die Redekunst wäre mit der Republik untergegangen. Die Passagen im *Dialogus de oratoribus* des Tacitus, in denen er die Gründe analysiert, die schon in der Blütezeit des Imperiums zu einer Krise der Redekunst geführt haben, dürfen nicht als objektives Urteil eines unparteiischen Historikers, sondern müssen als ästhetisch-ideologische

Stellungnahme gelesen werden. Denn der antiken Tradition ging es noch während der Dekadenz des Römischen Reiches prächtig. Bekanntlich war das eigentliche Tätigkeitsfeld der Anwälte immer das Gericht: Dessen Aktivität ist durch den Übergang zum Prinzipat und später zum Dominat nicht eingeschränkt worden. Die vielen neuen Gesetze des vierten und fünften Jahrhunderts zwangen zur Ausarbeitung einer Synthese, wie sie der *Codex Theodosianus* darstellt. Daß sich das geltende Recht weiterhin schnell verändert, zeigt sich im folgenden Jahrhundert an der Ausarbeitung der *Digestes* in Konstantinopel; der Terminus »juristisch« bewahrt seinen vollen etymologischen Sinn, es geht um »Recht sprechen«.

Die Plädoyers sind jedoch nicht die einzige Gelegenheit, bei der die Intellektuellen ihr Redetalent demonstrieren können. Die Generäle pflegen immer noch zu ihren Truppen zu sprechen. So hält Julian vor seinem Sieg gegen die Alemannen bei Straßburg eine Rede, deren sich Scipio Africanus nicht hätte zu schämen brauchen. Außerdem werden bei den häufigen Pronunciamientos, bei denen »regionale« *duces* die Macht im Reich zu gewinnen suchen, Manifeste veröffentlicht. Und obwohl in den eigentlich politischen Reden schon gegen Ende der Republik keine Konflikte mehr ausgetragen werden, sind an ihre Stelle Prunkreden getreten, die gleichfalls alle Register der klassischen Rhetorik ziehen. So bieten die Thronbesteigung eines Kaisers oder seine Ankunft in einer größeren Provinzstadt erstklassige Gelegenheiten, Eloquenz zu demonstrieren. Die *Panegyrici latini*, die im Lauf des vierten Jahrhunderts abgefaßt wurden, liefern den Beweis.

Ausdrucksform und ideologische Konflikte

Die Macht des Wortes schwindet nicht in den Wirren: Mitte des fünften Jahrhunderts trägt Sidonius Apollinaris im gerade von der burgundischen Besatzung befreiten Lyon ein *carmen* zu Ehren des Majorianus vor, des letzten Kaisers, der gallischen Boden betreten hat. Obendrein schreibt Sidonius in Hexametern, was der Gipfel des Traditionalismus ist! Diese Formen sind nicht inhaltslos oder ohne konkrete Wirkung: 467 hat der Dichter das immer noch ehrenvolle Amt des Stadtpräfekten inne.

Im übrigen unterliegen auch die Stellungnahmen zu ideologischen Streitigkeiten einer Kodifizierung. Als es unter Theodosius zur Auseinandersetzung um den Altar der Victoria kommt, wird Symmachus, der Belesenste in der heidnischen Partei, beauftragt, die Sache der Tradition zu vertreten. Die Replik des Ambrosius ist von gleicher rhetorischer Brillanz geprägt. Zuletzt beendet der Dichter Prudentius den Streit mit einem *carmen,* das bei allem Respekt vor der Bildung des Gegners den Pomp christlicher Rhetorik aufbietet. Denn die christlichen Intellektuellen waren gezwungen, die Waffen ihrer Gegner zu gebrauchen, um Gehör zu finden. Wie sich Lukrez fünf Jahrhunderte früher des Mediums der Dichtung bedienen mußte, die das Publikum, das er mit seinen revolutionären Ideen erreichen wollte, zu verführen vermochte, gießen auch christliche Apologeten und Denker ihre neue Religiosität in erprobte Formen.

Aufgaben des antiken Rhetors

Die Grundlagen der *ars dicendi* gehen auf die Prinzipien zurück, die schon in der Zeit des Isokrates entdeckt und kodifiziert wurden und die die hellenistischen Schulen getreu und geschickt weitergaben. Deren Prestige im zweiten Jahrhundert vor Christus war so groß, daß die römische Rede beim griechischen Logos in die Schule ging. Die Adaptation erforderte eine gewaltige Anstrengung, die im folgenden Jahrhundert zur Eröffnung lateinischer Rhetorenschulen führte. Bekanntlich schloß der perfekte *orator* seine Ausbildung in Rhodos ab und schrieb eine Rede auf griechisch mit gleicher Leichtigkeit wie auf lateinisch – wie auch seine Briefe von vollständiger Zweisprachigkeit zeugen. Die endgültige Kodifikation der *ars dicendi* geht auf Cicero zurück, wie wir noch heute in seinen großen Abhandlungen *(De oratore, Orator, Brutus)* und seinen kleinen Schriften nachlesen können. Sie sind zu allen Zeiten studiert worden, mehr noch als das grundlegende Werk des Quintilian, die *Institutio oratoria.* Dem Lehrer der Kaiser fehlte das Prestige, das dem *homo novus* seine lange und bewegte Rednerkarriere verliehen hat.

Als Augustinus Ende des vierten Jahrhunderts in Karthago Rhetorik lernt und später selbst lehrt, basiert sein ganzer Un-

terricht auf dem ciceronischen Erbe. Seine Prinzipien sind unveränderlich und gründen vor allem auf zahlreichen Klassifikationen. Unterschieden werden besonders:
- drei Arten der Beredsamkeit: epideiktische, beratende und Gerichtsrede;
- fünf Teile der Kunstlehre *(ars)*: *inventio, dispositio, elocutio, actio, memoria;*
- sechs Abschnitte in einer Rede: Einleitung *(exordium),* »Erzählung« *(narratio),* Gliederung des Stoffes *(divisio),* Beweis *(argumentatio),* Exkurs *(digressio),* Schluß *(peroratio);*
- drei Stilebenen: niederer, hoher und mittlerer Stil.

Diese Klassifikationen fächern sich zu einer Reihe von Untergruppen auf, die ziemlich kompliziert zu analysieren sind. Von der bloßen Kenntnis bis zur wirklichen Virtuosität ist es ein weiter Weg. Aber in jeder Zuhörerschaft gibt es genügend Kenner, und man versteht, warum ein Gregor von Nazianz bei seinen ersten Predigten in den entlegensten Provinzen des Oströmischen Reiches eine Rhetorik verwendet, die zwar simpel, aber in der Beherrschung ihrer Mittel genauso sicher ist wie die eines Lysias tausend Jahre vorher.

Propädeutische Übungen

Natürlich läßt sich eine solche Meisterschaft nur durch die Verbindung von Theorie und intensivem Üben erreichen. Die Schulen der Spätantike hallen daher von *declamationes* wider, mit denen die begabtesten Schüler ihre Klassenkameraden zu Beifallsstürmen hinreißen. In Elementarübungen *(progymnasmata)* haben die Schüler des *grammaticus* bereits bestimmte Automatismen verinnerlicht. Sie sind darauf vorbereitet, eine Fabel zu rezitieren, eine Erzählung zu entwickeln, für oder gegen eine Tradition zu argumentieren, einen Gesetzesvorschlag einzubringen oder im Gegenteil die Abschaffung eines Gesetzes zu fordern. Der Schüler muß lernen, in die Rolle einer beliebigen mythischen oder historischen Person zu schlüpfen (das ist die *ethopoiia).* Die genaue Beschreibung eines Gegenstandes (Landschaft, Unwetter, Genrebild) ist ein besonders gefürchteter Gegenstand *(ekphrasis).*

Diese Übungen sind im ganzen Reich in derselben Sprache detailliert kodifiziert. So wird die Phantasie von semantischen Rastern gelenkt, aber auch stimuliert. Die Lobrede auf eine Person *(enkomion)* bekommt so automatisch folgende Gliederung: 1. äußere Qualitäten: a) edle Abstammung, b) glückliche Kindheit, c) besondere Vorzüge; 2. körperliche Qualitäten; 3. geistige Qualitäten: a) Tugenden, b) Verhalten. Die Oberstufe der *progymnasmata* führt den Schüler erstmals zu wirklicher Redepraxis.

Declamationes

Wenn der Augenblick gekommen ist, eine regelrechte Rede vorzutragen, muß man sie redigieren, auswendig lernen und vor den Mitschülern rezitieren: Das ist die *declamatio*. Auch engere Freunde und die Familie können dabeisein. So erwirbt man sich schon früh eine Reputation. Dann kommentiert und korrigiert der Lehrer den Vortrag. Die beiden traditionellen Typen haben sich seit Quintilian und dem älteren Seneca nicht verändert: *suasoriae* und *controversiae*. Die erste Kategorie wählt ein Problem der Moral als Gegenstand und diskutiert es. Die zweite Kategorie gehört zur juristischen Ausbildung. Der Schüler muß in der Lage sein, zu recherchieren und ein Plädoyer zu halten. Die Gegenstände sind nicht lebensnah: Es kommt nur auf das technische Geschick an.

Konservative Kreativität

Die Wirkung dieser Programme ist dreifach. Erstens gewährleisten sie die kontinuierliche Weitergabe der Kenntnisse; es werden Spezialisten für die raffiniertesten Techniken des mündlichen Ausdrucks herangebildet, wie wir heute sagen würden. Man muß unterstreichen, daß der Formalismus der Ausbildung keineswegs Zeichen, Auswirkung oder Quelle einer allgemeinen Sklerose ist, wie oft fälschlich behauptet wurde. Ebensogut könnte man die These vertreten, Solfeggio und Tonleiternüben zerstörten die musikalische Kreativität! Zweites Ergebnis: eine ausreichende gesellschaftliche Verbreitung der literarischen Fähigkeiten, so daß diese Kunst, die mechanischste von allen, im ganzen Reich lebendig bleiben kann. Ihre Liebhaber waren so zahlreich, daß, als das Christentum nach dem Ende der Verfolgungen eine große Zahl von Anhängern gewonnen hatte, die mündliche Unterweisung der Gläubigen mehr und mehr nach den Regeln einer zugleich traditionellen und erneuerten Rhetorik vor sich ging, zumindest wenn sie im Milieu der städtischen Eliten stattfand.

Als drittes Ergebnis muß hervorgehoben werden, daß die so geschaffene kulturelle Masse nicht leicht zerstörbar ist, nicht einmal durch die schlimmsten Erschütterungen der Geschichte. Noch Ende des fünften Jahrhunderts übt sich Ennodius von Pavia in diesen *declamationes*. Auf dem Höhepunkt der ostgotischen Herrschaft im sechsten Jahrhundert leben sie in den römischen Schulen weiter oder hinterlassen ihr Echo in den Schriften Cassiodors. Und das ist nur die Spitze dessen, was man den kulturellen Eisberg nennen könnte.

Artes liberales

Die hier beschriebenen Studien bilden den wesentlichen Teil der antiken Erziehung. Aber die Spätantike beschränkt Wissen und Kultur nicht auf die bisher betrachteten Bereiche. Das Ideal einer wirklichen Bildung, die weit über die strikten gesellschaftlichen Bedürfnisse hinausgeht, hat sie von der klassischen Tradition übernommen, wie sie sich in der Lehre des Sokrates konstituierte (obwohl dieser sich weigerte, die Rhetorik als *ars* einzubeziehen); Geometrie und Musik gehörten bekanntlich zu dem Erziehungsprogramm, das Platon tausend Jahre früher aufgestellt hatte. Die hellenistischen Pädagogen haben diese erste Konzeption eines Universalunterrichts (*enkyklios paideia,* »Enzyklopädie«) modifiziert, vervollständigt und in gewisser Weise systematisiert, woraus eine Art kultureller Vulgata hervorgegangen ist, die den Intellektuellen in der Blütezeit des Kaiserreichs gemeinsam war.

Die *artes liberales* bilden die notwendige Protreptik für die philosophischen Studien. Nur Exzentriker (und Außenseiter) wie Epikureer und Kyniker lehnten dieses Lehrprogramm ab. Bei Cicero waren es Grammatik, Rhetorik, Dialektik, Arithmetik, Geometrie, Musik, Astronomie, Philosophie und Jura. Bei Klemens von Alexandria, der als erster die klassische Kultur für das Christentum adaptiert, findet man: Grammatik, Rhetorik, Dialektik, Arithmetik, Geometrie, Musik, Astronomie, Philosophie. Und schließlich bei Augustinus: Grammatik, Dialektik, Rhetorik, Musik, Arithmetik, Geometrie, Astronomie, Philosophie. Mit anderen Worten: Die sieben Wege, die den mittelalterlichen Kanon ergeben werden, sind schon erkennbar – zum Trivium (Grammatik, Rhetorik, Dialektik) kommt ein Quadrivium hinzu (Geometrie, Arithmetik, Astronomie und Musik).

Kulturelle Masse und Kontinuität

Das Quadrivium repräsentiert eine höhere Stufe der Kultur, die nur einer Elite innerhalb einer Kulturgruppe vorbehalten ist, welche innerhalb der Gesellschaft bereits eine Minderheit bildet. Nur die Begabtesten vermögen sie zu erreichen. Ihre Zahl ist zwar beschränkt, aber keineswegs verschwindend klein. Um ihre Bedeutung zu erfassen, braucht man sich nur die Religionsgeschichte des vierten und fünften Jahrhunderts anzusehen: Die lange Reihe von Konflikten, in denen sich zum einen heidnische Intellektuelle und ihre christlichen Rivalen gegenüberstanden, zum anderen christliche Intellektuelle in endlosen dogmatischen Auseinandersetzungen miteinander stritten, zeugen nicht von kultureller Dekadenz, sondern im Gegenteil von intensiver schöpferischer Aktivität. Der christologische Konflikt des vierten Jahrhunderts, der Streit um die Prädestination und die monophysitischen Kontroversen des sechsten Jahrhunderts bewirkten, daß sich im ganzen Reich so zahlreiche und oft so qualifizierte Stimmen erheben (man denke an Julianus von Aeclanum, den jungen, ernstzunehmenden Gegner des Augustinus) – man muß diese Zeiten als echtes intellektuelles Laboratorium betrachten. Und wie die Senatorenschicht nicht mit dem Untergang des Reiches verschwunden ist –, jüngste prosopographische Arbeiten haben es gezeigt –, sondern in regionalen Aristokratien fortbestand, so konnte auch der mächtige griechisch-römische Kulturapparat nicht vom ersten Sturm hinweggefegt werden.

Intellektuelles Rüstzeug: Das Griechische

Dieser höchste Teilbereich der Kultur basiert jahrhundertelang auf vollständiger Zweisprachigkeit. Seit der Zeit der Scipionen mußte ein römischer Intellektueller die griechische Sprache und Kultur tadellos beherrschen, auch wenn er das in seinen offiziellen Verlautbarungen verbergen mochte. Der Unterricht wurde in beiden Sprachen abgehalten: Der Schüler lernte Homer wie Vergil lesen. Man hat Hefte lateinischsprachiger Schüler gefunden, die sich im Griechischen übten, und umgekehrt. Uns sind ferner lateinisch-griechische Sprachbücher überliefert, die Einführungen in der Art unserer Berlitz-Kurse darstellen (es handelt sich um die *Hermeneumata pseudosithanea*). Die Durchdringung beider Sprachen (die es letztendlich erlaubt, von griechisch-römischer Kultur zu sprechen) ging so weit, daß die Sprache der Anfänge des Christentums in Rom das Griechische war und daß das Griechische bis zum vierten Jahrhundert die Sprache der Liturgie in der Hauptstadt blieb. Autoren wie Tertullian und Apuleius gehörten ganz und gar beiden Kulturen an. Ein Gelehrter wie Hieronymus ebenso. Das geht so weit, daß ein gebürtiger Grieche wie Ammianus Marcellinus seine *Res gestae* in der Sprache Roms abfaßt. Schließlich ist zu beachten, daß das Lateinische bis zur Mitte des sechsten Jahrhunderts die offizielle Sprache des Hofes in Konstantinopel ist, weil Kaiser Justinian sie bevorzugt.

Spaltung zwischen Griechisch und Latein

Aber das alles war gewissermaßen der Schwanengesang der Einheit. In Wirklichkeit haben, wie zu Recht hervorgehoben wurde, die lateinischen Völker die größten Anstrengungen unternommen, um ein kulturelles Netz zu spinnen, das die beiden Teile des Mittelmeerraums verbinden sollte. Die Griechischsprachigen haben sich hier weit weniger hervorgetan: Ihre Haltung wird durch den Stolz auf ihre Vergangenheit und den Reichtum des literarischen Erbes verständlich, aus dem sie nur zu schöpfen brauchten. Außerdem waren die ersten großen Lehrer des Christentums, Klemens von Alexandria und Origenes, die Erben einer ausschließlich griechischen Tradition. Als die ersten lateinischsprachigen christlichen Intellektuellen auftreten, hat die griechische Welt schon alles geschaffen, was sie braucht, und kann in einem Vakuum leben. Die Lateiner ihrerseits hatten sich gleichfalls eine philosophische Kultur geschaffen. Die Anstrengungen Ciceros und Senecas Kreativität hatten den Weg für die radikale Erneuerung bereitet, die das Werk Tertullians bewirkt. Als die Blütezeit des Kaiserreichs endet, kann man schon alles lateinisch ausdrücken. Nach den Erschütterungen des dritten Jahrhunderts, die die Entwicklung einer großen christlichen Literatur im Westen vielleicht verzögert haben, bauen die lateinischsprachigen christlichen Intellektuellen ihr eigenes kulturelles Haus. Ihre Produktion wird so umfangreich, daß sie allein das Interesse ihres Publikums völlig in Anspruch nimmt. Diese gewissermaßen organische Entwicklung wird noch durch die Wirkung zentrifugaler Kräfte verstärkt, die nach und nach eine Spaltung zwischen römischem Westen und byzantinischem Osten erzeugen. Der Prozeß beginnt schon im dritten Jahrhundert und erreicht seinen Kulminationspunkt, als im achten Jahrhundert die Kaiser des Ostreichs ganz auf eine aktive Politik im lateinischen Mittelmeerraum verzichten. Die unmittelbare Folge ist, daß der lateinischsprachige Westen das Griechische vergißt.

Lateinische Theologie

Diese Wandlung wird durch die außerordentliche Ausstrahlung der Werke des Augustinus in gewisser Weise legitimiert und gekrönt. Er erzählt in seinen *Confessiones,* welche Mühe es ihm bereitete, sich rudimentäre Griechischkenntnisse zu erwerben. Heute ist erwiesen, daß er das klassische Griechisch überhaupt nicht verstand, aber im Lauf der Zeit gelernt hatte, die griechische Bibel zu lesen, und am Ende seines Lebens auch die griechischen Kirchenväter, wobei er allerdings oft eine Übersetzung zu Hilfe nahm. Der größte der lateinischen Kirchenväter baut also sein ganzes, gewaltiges Werk auf einer wesentlich lateinischsprachigen Bildung auf. *De trinitate* ist in der Geistesgeschichte des Westens das erste Werk, dessen Autor nicht durch die Schule der griechischen Begriffsbildung gegangen ist. Das theologische Denken des Westens ist von der griechischen Tradition abgeschnitten, aber auch von ihrer Vormundschaft befreit; es baut auf einem Bruch auf. Dieser ist weder gewollt noch wirklich bewußt. Jedenfalls ist Augustinus in seinem Verhältnis zur klassischen Tradition weit eher ein Mann der Erneuerung als ein Mann des Verzichts. Aber ehe wir genauer betrachten, wie dieser entscheidende Übergang zustande kam, müssen wir uns mit dem übrigen Rüstzeug beschäftigen.

4. Schreibgerät und Schreibmaterial

Beschreibstoffe: Papyrus

Sie sind die unabdingbare materielle Grundlage einer Zivilisation, die auf der Schriftkultur basiert. Nachdem wir die Bedeutung der Alphabetisierung und der literarischen Tradition in der Spätantike herausgestellt haben, gilt es nun, die stoffliche Basis dieser Kultur aufzuzeigen. Mindestens neun Zehntel der schriftlichen Produktion der Antike werden einem äußerst schwer zu konservierenden Material anvertraut, dem *papyrus*. Das ganze Reich importiert ihn aus Ägypten; verwendet wird er in Form von Rollen *(volumen)*. Das ist die am weitesten verbreitete und traditionelle Art der Herstellung; sie bestimmt den Kanon der Beschreibstoffe der klassischen und der Spätzeit.

Die Akten, Dokumente, Briefe werden also auf diesem brüchigen Stoff kopiert, der allgemein verwendet wird. Manche westliche Verwaltungen bleiben ihm bis weit in die Zeit des Frühmittelalters hinein treu. Die königliche Kanzlei der Merowinger etwa fertigt bis in die zweite Hälfte des siebten Jahrhunderts Dokumente auf Papyrus aus. In den Amtsstuben von Ravenna wird Papyrus bis ins achte, in der päpstlichen Kanzlei bis ins elfte Jahrhundert gebraucht. Es sei daran erinnert, daß das Etymon des Wortes »Papier« *papyrus* ist (obwohl das archäologisch gesehen falsch ist).

Pergament

Bekanntlich ist der vornehmste Beschreibstoff Pergament, das aus einer besonders gegerbten Tierhaut hergestellt wird, von einer Ziege, einem Schaf oder einem Kalb. Es ist sehr viel widerstandsfähiger, aber auch wesentlich teurer als Papyrus und wird daher seltener gebraucht. Erst in der Spätantike mit ihrer Vorliebe für Luxus nimmt seine Verwendung zu. Eine der schönsten Pergamenthandschriften, die auf uns gekommen sind, ist eine Abschrift der Evangelien, die wahrscheinlich für Theoderich angefertigt wurde, der *Codex argenteus*. Er ist auf einem sogenannten Purpurpergament geschrieben, dessen Qualität eine klare, brillante Kalligraphie mit Gold- oder Silberbuchstaben verlangt. Die schönsten erhaltenen Evangeliare sind auf diese Weise entstanden (Evangeliar des Gottschalk und Krönungsevangeliare der deutschen Kaiser).

Natürlich ist es noch zu früh, um vom Papier zu sprechen, das im achten Jahrhundert von den Arabern aus China importiert wird (Samarkand) und ins islamische Spanien gelangt, wo man es seit dem zwölften Jahrhundert nachweisen kann, ehe es in ganz Europa allgemein gebräuchlich wird.

Auf Papyrus oder Pergament kann man nur mit einem Gerät schreiben, das angespitzt – um einen feinen Strich zu ermöglichen – und biegsam ist, damit es den Beschreibstoff nicht beschädigt. Dieses Gerät kann entweder ein gespaltenes Schilfrohr (daher die Bezeichnung *calamus*) oder eine zurechtgeschnittene Vogelfeder sein; diese letzte Technik bleibt durch die Jahrhunderte hindurch im Gebrauch.

Schreibtafeln

In Altertum und Mittelalter werden durchgehend Wachstafeln verwendet. Sie bestehen aus einer festen Grundlage (Holz- oder Elfenbeinbrettchen), in die eine Vertiefung eingeschnitten wird, die dann mit einer Wachsschicht ausgefüllt wird. Schreiben heißt, etwas mit einer Spitze in das Wachs ritzen; auslöschen, die so gezogenen Furchen wieder tilgen. Das Schreibgerät ist also ein Griffel, der an einem Ende angespitzt, am anderen abgeplattet ist. Die Tafeln werden zu Diptychen, Triptychen oder

Polyptychen verbunden. Sie werden in allen Bereichen benutzt. Man hat Tafeln mit Schreibübungen von Schülern gefunden, aber auch Berechnungen (Tafeln von Vindolanda, in der Hadrian-Mauer, erstes Jahrhundert). Gelegentlich werden auch rustikalere Beschreibstoffe verwendet. Afrikanische Bauern schließen Ende des fünften Jahrhunderts Verträge ab, die auf Brettchen aus Zedernholz festgehalten sind. Andererseits wird seit dem vierten Jahrhundert prachtvoll graviertes Elfenbein für Diptychen mit bildlichen Darstellungen verwendet, die die Konsuln bei Antritt ihres Amtes verschenken. Die Verwendung solcher Tafeln ist auch im Frühmittelalter üblich. Man schreibt darauf Litaneien ab, Schriftsteller konzipieren darauf ihre Werke, Äbte verwenden sie für die Buchhaltung ihres Klosters.

Codex

Die Spätantike gibt zunehmend die traditionelle Form der Überlieferung – und Lagerung – von Texten als Buchrollen auf, die man nur lesen kann, wenn man sie beständig auf- und wieder zusammenrollt *(volumen)*. An ihre Stelle tritt eine neue, unserer Idee eines Buches wesentlich nähere Form, der *codex*. Ausgangspunkt waren die von den Wachstafeln gebildeten Hefte; diese Anordnung wurde sehr früh mit Pergamentblättern nachgeahmt. Im zweiten Jahrhundert haben die Christen in Ägypten *codices* aus Papyrus hergestellt, die eine wesentlich weniger mühsame Anwendung dieser Technik erlaubten. Die Methode verbreitete sich allgemein. Solche Papyrus-Bücher haben sehr unterschiedliche Dimensionen, von einem Doppelblatt bis hin zu mehreren Dutzend Blättern. So wird es möglich, in einem einzigen Heft den kompletten Text eines Evangeliums unterzubringen.

Da die Technik des *codex* im mittelalterlichen Europa bedeutenden Veränderungen unterworfen war, wäre es kompliziert, sie im einzelnen zu beschreiben. Die Vorbereitung besteht gewöhnlich nicht nur aus dem Falten und Zusammenheften der Blätter, es werden auch Linien gezogen, an denen sich der Schreiber orientiert. Löcher markieren den Rahmen dieser Umrißzeichnung. Sehr sorgfältig wird der Satzspiegel festgelegt, der sich im Frühmittelalter leicht verändert. Spezielle Zeichen geben den Platz für die Majuskeln an, die kalligraphisch ausgeführt werden müssen. Die Hefte werden in der linken unteren Ecke der ersten Seite numeriert, vor dem fünften Jahrhundert mit Ziffern, dann mit Buchstaben. Dieser Usus des lateinischen Westens entwickelt sich zum Mittelalter hin ebenfalls spürbar.

Zwecke

Die *codices* dienen vielfältigen Zwecken, die unterschiedliche Formate erfordern. Die größten unter den uns erhaltenen sind prunkvolle Abschriften der Werke von Vergil und Lukan sowie ein Exemplar der *Digestes*. Es gab auch sehr großformatige Exemplare der Bibel (man nannte sie *grandiores* oder *gigantes*), von denen einige wenige die Jahrhunderte überdauert haben.

Aber neben diesen prunkvollen Büchern produziert man auch sehr viel handlichere Werke, so ein auf das fünfte/sechste Jahrhundert datiertes Johannesevangelium, das nur fünf mal vier Zentimeter mißt und nur zwölf Zeilen Text pro Seite enthält. Wir kennen auch irische Evangeliare und Ordensregeln im Taschenformat.

Der Text wird in mehreren Spalten nebeneinander geschrieben. Antike Texte und die Werke der Kirchenväter werden so in den *codices* des vierten und fünften Jahrhunderts zwei- oder dreispaltig wiedergegeben. Seltener und wohl älter sind einspaltige Abschriften, wobei die Spalte aus langen Zeilen besteht. Sehr schwierig ist es, einem Text den zugehörigen Kommentar gegenüberzustellen, wie es zuerst die Entwicklung der Exegese und später das Auftauchen von Glossen immer häufiger erfordern.

Schreiben

Die Geste des Kopisten in der Spätantike spiegelt unverändert Gewohnheiten wider, die seit undenklichen Zeiten bestehen und auch im Frühmittelalter erhalten bleiben. Er schreibt auf den Knien und hält die Feder zwischen drei gestreckten oder leicht gekrümmten Fingern. Da die beiden anderen Finger gekrümmt und untätig sind, ruht das Gewicht der Hand ganz auf dem Zeigefinger. Der Unterarm hat keine Stütze. Das Erlernen dieser Technik ist nicht einfach und ihre Ausübung eine harte Schule, zumal es verschiedene Schriftarten gibt; die beiden wichtigsten sind die Kalligraphie und die Kursive. Die erste kommt bei Werken zur Anwendung, die für spätere Zeiten überliefert werden sollen, die zweite für Gebrauchstexte. Die Kalligraphie setzt starken Druck der Hand voraus und fordert die Verwendung einer breiten Feder, die schreibt, indem sie die Buchstaben deutlich voneinander absetzt, mit unterscheidbarem Auf- und Abstrich, die nicht am Beschreibstoff hängenbleibt und nicht kleckst und eine gewisse Regelmäßigkeit der Proportionen wahrt. Im Gegensatz dazu wird die Kursive flüssig mit leichter Hand geschrieben, mit einer feinen Feder, die den Umriß der Buchstaben zeichnet, ohne abzusetzen.

Capitalis

In der Spätantike ist die kanonische Capitalis die gebräuchlichste Buchschrift. Diese Schrift bleibt fast sechshundert Jahre unverändert im Gebrauch, seit der Blütezeit des Kaiserreichs. Sie kam vor allem in *codices* auf Pergament wie dem *Vergileus mediceus* zur Anwendung, der in den letzten Jahren des fünften Jahrhunderts von Konsul Asterius revidiert wurde. Eine Variante der kanonischen Capitalis, die Capitalis quadrata, wird ebenfalls gebraucht, um die traditionellen Meisterwerke abzuschreiben, vor allem Vergil, aber auch manche große christliche Dichter wie Prudentius. In Kombination mit anderen Schriftformen wie der Unziale findet die Capitalis noch zur Zeit Isidors von Sevilla in Spanien Verwendung.

Kursive

Seit dem dritten Jahrhundert wird die alte römische Kursive durch die jüngere Kursivschrift ersetzt, die dem Bedürfnis entspricht, den Schreibvorgang zu beschleunigen. Diese Kursive hat sich kontinuierlich aus der alten Kursive der Kaiserzeit entwickelt, wie sie seit Nero bezeugt ist. Ihr Hauptmerkmal ist, daß sie aus Kleinbuchstaben besteht. Die Unterscheidung zwischen Capitalis (Großbuchstaben) und Kursive (Kleinbuchstaben) ist damit etabliert und bleibt bis über das Tardoantico hinaus bestehen.

Unziale

Seit dem vierten Jahrhundert kommt ein neuer Schrifttyp in Gebrauch, die Unziale, deren Herausbildung wahrscheinlich auf das Bemühen zurückgeht, die Merkmale der Capitalis und der Kursive in einer Synthese zu vereinigen. Ihre Entwicklung scheint mit der zunehmenden Verwendung von Pergament für Bücher im Westen zusammenzufallen, mit dem Bestreben, eine gesteigerte Nachfrage nach Abschriften, und zwar nach erstklassigen Abschriften, zu befriedigen. In ihrer vollendeten Form wurde die Unziale gebraucht zur Wiedergabe der Werke großer Klassiker und der christlichen Texte in Luxusausgaben.

Seit dem sechsten Jahrhundert verändert sich diese Schrift spürbar, und es beginnt eine Entwicklung, durch die sie ihre anfängliche Reinheit verliert. Die Unzialschrift, die zur Zeit Gregors des Großen von Italien ausgegangen ist, kehrt hundert Jahre später auf den Kontinent zurück und bringt die ganze Feinheit der schönen römischen Unziale wieder mit. So bereitet sie die Reform der Schrift vor, aus der die karolingische Minuskel entstehen wird.

Andere Schriftarten

Neben diesen Haupttypen, die wir sehr summarisch vorgestellt haben, kommen andere Schriftformen vor: die ältere Halbunziale, die jüngere Halbunziale, die kursive Halbunziale und so weiter. Damit haben wir die wichtigsten in der Spätzeit im Westen gebräuchlichen Formen genannt. Die Schriftformen des Ostreichs müssen zumindest erwähnt werden, denn auch in Kontantinopel hat sich die Schreibtechnik weiterentwickelt, und auf dieser – der speziellsten – Ebene geht der Austausch zwischen der griechischen und der lateinischen Welt weiter.

Man darf auch nicht vergessen, daß es neben diesen Schriften noch professionellere Methoden wie die Tachygraphie gibt. Diese Kunst, die in der Antike schon seit früher Zeit bezeugt ist – das bekannteste Beispiel sind die Tironischen Noten –, wurde ständig gelehrt und angewandt. Ihre Bedeutung nimmt nur langsam ab; wir wissen, daß die Predigten des Augustinus mitgeschrieben wurden, und zweihundert Jahre wurden im Rom Gregors des Großen ebenfalls Predigten auf diese Weise festgehalten.

Diese zahlreichen Hinweise erlauben es, sich eine Vorstellung von der Ausdehnung des Kulturmassivs zu machen, das den Raum des Tardoantico ausfüllt. Das Wissen, das dieses kulturelle Rüstzeug birgt, ist vielfältig. Die Zahl der Individuen, die es anwenden, ist schwer zu bestimmen, aber es ist sicher nicht übertrieben, sie auf mehrere Hunderttausend zu schätzen. Wie ein Netz spannen sich ihre Kenntnisse über den ganzen Westen. Die Traditionen und Techniken sind unterschiedlich genug, um sich den Verhältnissen jeweils anzupassen, aber fest genug verwurzelt, um Umwälzungen zu widerstehen.

5. DIE GRIECHISCHE AUCTORITAS

Das Verlangen nach Wissen

Man kann bei solchem kulturellem Reichtum nicht einmal von Erbe sprechen, denn dieses Wort setzt voraus, daß ein Todesfall vorliegt und daß der Besitz des Toten auf seinen Erben übergeht. Das Bild, das manchmal im Zusammenhang mit dem Verschwinden der antiken Kultur beim Zusammenbruch des Römischen Reichs im Westen gebraucht wird, ist nur zum Teil angemessen, in dem Maße nämlich, wie die Gesamtheit der Elemente, die jene Kultur ausmachen, im Tardoantico immer noch lebendig ist. Bringt der Übergang von der klassischen zur Spätantike keine Verluste mit sich? Sicher, denn die Verbreitung des Christentums, das allmählich die beherrschende Stellung erobert, machte tiefgreifende Veränderungen unvermeidlich. Dennoch wäre es ein großer Irrtum anzunehmen, daß die Entwicklung des christlichen Glaubens und der christlichen Kultur den Reichtum der heidnischen Tradition und Lehre geschmälert hätte.

In der Forschung wurde mit vollem Recht festgestellt, daß sich zwar die heidnische Kultur zum christlichen Glauben, aber auch das Christentum zur heidnischen Kultur bekehrt hat. Ohne eine solche Behauptung ins Paradoxe steigern zu wollen, muß man doch sehen, daß der lange Vorgang der Osmose, der schon im zweiten Jahrhundert begonnen hat, als das jüdische Christentum endgültig einem griechischen Christentum gewichen war, im fünften Jahrhundert in der Blüte des lateinischen Christentums gipfelt. Denn das Verlangen nach Wissen, das jeder intellektuellen Anspannung der klassischen Antike zugrunde liegt, wurde mit der christlichen Initiative im Westen gerechtfertigt und überhöht.

Verwurzelung im Griechischen

Es nähme viel Zeit in Anspruch, die Entwicklung zu analysieren, die die christlichen Intellektuellen zu einer solchen Konversion veranlaßt hat. Es sei nur daran erinnert, daß die Verwurzelung des Christentums in der heidnischen Kultur schon im zweiten Jahrhundert von so brillanten Köpfen wie Klemens von Alexandria gerechtfertigt wurde. Als Lehrer an der christlichen Schule von Alexandria hat er seinen Platz im angesehensten Zentrum des intellektuellen Lebens im Reich (nach Rom vielleicht); er bestimmt die Wesenszüge einer christlichen Kultur in einer Serie von Traktaten, *Protreptikos, Paidagogos, Stromateis*. Das Wichtigste steht in den drei Büchern des *Paidagogos*, der sich an bereits konvertierte Erwachsene richtet.

Klemens wendet sich an die kulturelle Elite Ägyptens, das heißt an die griechischsprachige Aristokratie des Reiches, und seine Unterweisung ist im wahrsten Sinne des Wortes umfassend: Verhalten im Alltag, Sexualmoral, Lebenskunst usw. Nun bezieht sich aber sein ganzer Unterricht ständig auf die philosophische Tradition der Antike, vor allem auf den Platonismus und den Stoizismus, deren Lehren – natürlich durch das christliche Denken modifiziert, aber nicht bis zur Unkenntlichkeit verändert – seinen Diskurs speisen. Sein Werk entfaltet bis in die Form hinein das Raffinement und die Ausgewogenheit der hellenistischen Tradition, und es ist seine feste Überzeugung, daß »Erziehung und Kultur die schönsten und vollkommensten Güter sind, die wir im Leben haben«.

Christliche Kultur

Eine solche Erklärung erinnert unweigerlich an die Prinzipien, die einst Platon und Menander verkündeten, und nimmt die Position eines heidnischen Rhetors wie Libanios oder eines christlichen wie des heiligen Gregor von Nazianz vorweg. Die gesamte Morallehre Klemens' beruft sich sowohl auf die Autorität der Heiligen Schrift wie auf die griechischen Klassiker: Platon, Sophokles, Pindar, Aristoteles ... Homer nimmt natürlich den Ehrenplatz ein. Diese psychagogische Haltung spiegelt eine innere Überzeugung wider: Die christlichen Intellektuellen haben sich nicht nolens volens einer Kultur und Literaturformen angepaßt, die mehr schlecht als recht zu ihrer eigenen Bildung nachträglich hinzugekommen wären. Ganz im Gegenteil, ihr Glaube und ihre Kultur haben sich in einer progressiven Interaktion vereinigt, wenn auch ihr Weg hier und da mit Gewissenskonflikten gepflastert war.

Die Form entspricht dem Inhalt: Klemens' Schreibweise ist nicht nur vom biblischen, sondern ebenso vom klassischen Stil geprägt; Literatur und Kultur bewahren ihren traditionellen Sinn. Die Form steht freilich im Dienst der erteilten Lehre. Sie stützt und veranschaulicht sie, wird aber niemals Selbstzweck. Die direkte Kenntnis Homers und Platons war geschärft durch eine grammatische Ausbildung, die, das spürt man ständig, Klemens veranlaßt, die Texte penibel zu analysieren. Sie bringt ihn außerdem dazu, seine griechischen Ausdrücke so zu wählen, daß sie der attizistischen Tradition möglichst nahe kommen, die schon zur Zeit der zweiten Sophistik wieder modern geworden war.

Auf solchen Grundlagen hat sich ein christlicher Hellenismus herausgebildet, der zu einem Goldenen Zeitalter der griechischen Kirchenväter führt und sich in der byzantinischen Tradition fortsetzt. Der Weg war vorgezeichnet, so daß der lateinische Westen die gleiche Haltung – Treue in der Erneuerung – einnehmen konnte.

III
KULTURELLE SCHUTZMÄCHTE

Typologie

Ziehen wir eine erste Bilanz dessen, was die charakteristischen Züge der Zivilisation des Tardoantico, unter einem wesentlich kulturellen Gesichtspunkt, ausmacht. Wir wollen gleich die relevanten sprachlichen Eigenheiten hinzufügen, im Vorgriff auf die Behandlung dieser Fragen im sechsten Kapitel.

Schriftkultur.
Existenz öffentlicher Schulen: *litterator, grammaticus, rhetor.*
Existenz von Privatschulen.
Vorgeschriebener Bildungsweg; typische Übungen in der Schule.
Lektürekanon: Cicero, Vergil.
Öffentliche und private Bibliotheken.
Codices, volumina, tabulae.
Rohrfeder und Griffel.
Sehr umfangreiche Produktion von Gebrauchstexten, die nicht archiviert werden.
Regelmäßige Produktion von Hochliteratur, die der Nachwelt überliefert werden soll.
Wichtige Unterrichts- und Kulturzentren (Rom, Karthago, Córdoba, Lyon ...).
Ständige epigraphische Aktivität in allen Teilen des Reiches.
Eine Verwaltung, die sich der Schrift bedient.
Geschriebenes Recht, Rechtsschulen.
Allgemeine Geltung der Gesetze.
Begriffe Bürgerrecht und *res publica.*
Verbreitete Gelehrtenkultur; Vorrang der Rhetorik.
Fortbestehen der literarischen Tradition.
Prestige der freien Künste.
Prestige der Vergangenheit des Reiches.
Einheit des gesprochenen Lateins (über Dialektgrenzen hinweg).

Interkulturelle Kohärenz des gesprochenen Lateins.
Latein als Sprache der allgemeinen Kommunikation.
Keine *scripta* der Barbarensprachen.

1. LEGITIMATION DES ERBES

Verwurzelung im Lateinischen

Natürlich sind die Gründe für die Bewahrung oder das Verschwinden dieser kulturellen und sprachlichen Struktur widersprüchlich, zahlreich und manchmal schwer zu bestimmen. Aber so, wie der griechischsprachige Teil des Reiches (was schon im Schlußabschnitt des vorangehenden Kapitels, im Zusammenhang mit Klemens von Alexandria, hervorgehoben wurde) sich schon sehr früh die ideologischen Grundlagen zu schaffen wußte, die das lange Nachleben der antiken Kultur bedingten, hat sich der lateinischsprachige Teil nur wenig später auf den gleichen Pfad begeben. Tertullian, Cyprian, Ambrosius, Hieronymus und Prudentius, um nur die Berühmtesten zu nennen, haben durch ihre Schriften bewiesen, daß sie das antike Erbe vollständig akzeptierten. Wenn auch einige, wie Hieronymus, gewisse Schwierigkeiten hatten, Ordnung in das System ihres Denkens zu bringen und Christentum und Ciceronianismus miteinander zu versöhnen, sind ihre Erziehung und Kultur doch über jeden Zweifel erhaben. Sie sind Männer des Tardoantico, das heißt einer Antike, die zwar eine Spätzeit, aber nichtsdestoweniger ihren Werten treu ist.

Augustinischer Paß

Es war jedoch dem Größten unter ihnen, dem letzten in der Literaturgeschichte des Römischen Reiches, vorbehalten, der schönen Literatur den Paß auszustellen, den sie benötigte, damit ihr Geschick sich im positiven Sinn entschied. Freilich glaubt Augustinus nicht, daß die antike Kultur, deren hellsichtiger und entschiedener Erbe er ist, im Begriff sei, den geschichtlichen Sockel zu verlieren, auf dem sie immer gelebt hat. Er macht sich zwar keine Illusionen über die Unvergänglichkeit des Reiches, hat aber auch nicht das Gefühl, daß das Ende kurz bevorstehe. Seine Stellungnahmen gehen von einer Kontinuität aus. Dieser äußere Faktor ist wesentlich, denn wenn der Afrikaner begriffen hätte, daß das jahrhundertealte Schulsystem, wie er es kannte, durch den Untergang des irdischen Staates, der es schützte, in Lebensgefahr geraten würde, hätte er seinen Wunsch, das Wesentliche zu bewahren, mit Sicherheit auf mehr und auf bescheidenere Disziplinen ausgedehnt. Nichtsdestoweniger rechtfertigt sein Glaubensbekenntnis in Sachen Erziehung, die Schrift *De doctrina christiana,* das Bild des Passes, denn sie liefert nicht nur die praktische, sondern auch die theoretische Legitimation für den Erhalt der kulturellen Tradition der Antike.

Verpflichtungen und Ängste des christlichen Rhetors

Alles hängt letztlich von der Wirksamkeit der mündlichen Kommunikation ab. Um Ungläubige zu überzeugen oder Gläubige zu unterrichten, zurechtzuweisen oder ihnen den Weg zu zeigen, bedarf es in der Tat sehr wirksamer Worte. Diese absolute Notwendigkeit hat Augustinus klar und geistreich in einem kleinen Traktat dargelegt, einer Hinführung zu *De doctrina christiana* in nur einem Buch, *De catechizandis rudibus,* das heißt »Über die Unterrichtung der Neophyten«. Es sei daran erinnert, daß im christlichen Sprachgebrauch »Neophyten« jene bezeichnet, die dem Glauben zuneigen und einen Elementarunterricht, eine Katechese, besuchen, der sie auf die Aufnahme in die Gemeinschaft der Getauften vorbereitet. Nun erfahren wir, daß ein Priester aus Karthago mit dem hübschen Namen Deogratias sich an Augustinus mit einem Problem gewandt hat, das ihm zu schaffen macht: Er hat das Gefühl, daß seine Reden nicht die notwendige Überzeugungskraft haben, wenn er im Rahmen der Katechese zu seinen Zuhörern spricht.

In seiner Antwort gesteht Augustinus zunächst ein, daß er selbst unbefriedigt und unsicher ist, wenn er seinen eigenen Worten zuhört. Auch er hat den Eindruck, daß er unfähig sei, seinem Auditorium alles begreiflich zu machen, was er denkt, und seinen Worten genau die Form seines Denkens zu geben. Nachdem er den Bittsteller so teilweise beruhigt hat, entspricht Augustinus der Bitte und analysiert ausführlich die verschiedenen Ursachen, die bei den Zuhörern Langeweile hervorrufen können, bietet dann verschiedene Methoden an, um dies zu vermeiden. Er schließt mit dem Entwurf zweier Redeschemata über das gleiche Thema, für eine lange und eine kurze Predigt.

Auf dem Weg zu einer christlichen Kulturtheorie

Diese Überlegungen gehören zu der Tätigkeit, für die Augustinus ausgebildet worden ist, dem Unterrichten, denn bis zum Zeitpunkt seiner Konversion war er Rhetorikprofessor. Seine ganze Erfahrung als heidnischer (genauer gesagt, neuplatonischer) Pädagoge geht in seine Darlegungen über den Unterricht der Christen ein. Sie drückt sich vollständiger in langwierigen Reflexionen aus, die dreißig Jahre seines Lebens in Anspruch nahmen, von 396 bis 427. Er schuf dabei die Fundamente für eine wirklich christliche Erziehung, in den vier Büchern von *De doctrina christiana*. Das ganze Werk besteht aus zwei Teilen: Zunächst geht es darum, wie man christliches Wissen erwirbt (Bücher I bis III); dann darum, wie man es weitergibt (Buch IV). Ohne das spezifisch Christliche dieser Lehre zu vernachlässigen, konnte man zeigen, in wie starkem Maße sie auf der Anwendung der antiken Lehren beruht.

Die ersten drei Bücher preisen die Kenntnis und das Studium des Buchs der Bücher als Grundlage der christlichen Kultur und bestimmen die Möglichkeiten, dieses Vorhaben zu verwirklichen. Auf jeder Seite erkennt man die Methoden, die dem *grammaticus* am Herzen lagen. Ausgehend von der Erkenntnis, daß die Bibel ein spiritueller, aber nichtsdestoweniger literarischer Text ist, läßt Augustinus beim Erwerb eines Bibelwissens, das zur Exegese des heiligen Textes führt, die ganz traditionellen Etappen von *lectio, emendatio* und *enarratio* aufeinander folgen.

Techniken des grammaticus

So muß man zuerst lernen, den heiligen Text korrekt zu lesen, und dazu muß man in der Lage sein, ihn mit Interpunktionszeichen zu versehen *(distinguere)* und laut vorzulesen *(pronuntiatio)*, verständlich und übereinstimmend mit dem Glauben. Außerdem gibt es viele Bibelhandschriften, und sie geben manchmal widersprüchliche Lesarten: Man muß sich bemühen, den bestmöglichen Text zu erstellen (hier treten ethische Überlegungen an die Stelle der alten, ästhetischen Kriterien). Das ist die traditionelle Aufgabe der *emendatio*. Sie setzt vor allem die Kenntnis wenigstens der beiden Sprachen voraus, auf denen die klassische Tradition basierte, denn die lateinische Version, über die Augustinus verfügt, muß mit dem griechischen Original verglichen werden, damit Zweideutigkeiten beseitigt werden. In dieser Hinsicht legt der Bischof verglichen mit Hieronymus eine sehr konservative Haltung an den Tag, denn er hatte kühn die griechische Zwischenstufe des Alten Testaments beiseite gelassen und auf das hebräische Original zurückgegriffen.

Schließlich muß der so hergestellte und auf jenem ersten Niveau verstandene Text kommentiert und erklärt werden: Der Schüler darf sich an die *explanatio* wagen. In dieser dritten Phase sind zuerst die Hilfsmittel der grammatikalischen Analyse vonnöten: Das Geschlecht eines Wortes, die Konjugation eines Verbs, der Kasus eines Pronomens werden bestimmt. Die Übereinstimmung von klassischer Texterklärung und christlicher Exegese geht noch weiter. Denn ein Teil des lateinischen Texts muß nicht nur im wörtlichen *(ad litteram)*, sondern auch im übertragenen Sinne *(translatum)* verstanden werden. Die Beschäftigung mit den rhetorischen Figuren aber gehört zur Tätigkeit der Intellektuellen, die seit Jahrhunderten an das Studium der »Tropen« gewöhnt sind.

Minenräumung bei den Klassikern

Diese rationale Ausnutzung der heidnischen Wissenschaft wird von einer geistigen Revolution begleitet, die Augustinus Gelegenheit zu einer echten Minenräumung im Feld der klassischen

Tradition gibt. Denn die ersten christlichen Apologeten hatten die heidnischen Glaubensvorstellungen hartnäckig und voll Abscheu bekämpfen müssen. Dadurch, daß sie in der Literatur vorkamen, waren sie schon mehr als verdächtig, und die christlichen Intellektuellen des Westens waren immer hin und her gerissen zwischen ihrer Bildung und ihrem Glauben. Mitunter wurde der Konflikt durch radikale Entscheidungen gelöst: Im Orient wie im Okzident entwickelte sich ein christlicher Extremismus, der es ablehnte, sich mit den klassischen Traditionen einzulassen. Das Quasi-Analphabetentum mancher Anachoreten war die radikalste Form dieser Haltung.

In der Lehre des Augustinus verschwindet die Dramatik dieses Konflikts, die noch im Denken des Hieronymus spürbar ist. Augustinus banalisiert die heidnische Religion und ihre Glaubensvorstellungen, indem er zeigt, daß sie ein reines Produkt menschlichen Handelns sind. Er entkleidet manche Haltungen ihres sakralen Gehalts; da sie nichts Heiliges mehr bedeuten, können sie in die christliche Lebensform integriert werden: Die Ohrringe der Frauen, die von den (heidnischen wie christlichen!) Asketen als magische Symbole geschmäht werden, finden Gnade vor den Augen des Geistlichen, wenn sie nur noch menschliches Streben nach Schönheit bedeuten.

Orator christianus

So schafft Augustinus die ideologischen Grundlagen, die das Überleben der klassisch-antiken Kultur legitimieren. Die christliche Lehre, die ganz auf dem Bibelstudium basiert, geht eine osmotische Verbindung mit den Methoden der heidnischen Exegese ein. Aber Augustinus weiß auch genau, wie notwendig und schwierig es ist, diese Lehre zu verbreiten. Er hatte schon Gelegenheit, auf die Ängste eines (immerhin begabten) Katecheten, Deogratias, zu reagieren. Nur eine geeignete Technik gibt dem geistlichen Hirten die richtigen gedanklichen, literarischen und psychologischen Mittel an die Hand, um sich von solchen Nöten zu befreien.

So beschließt das vierte Buch – es wurde fast zwanzig Jahre nach dem dritten verfaßt – die Schrift *De doctrina christiana* mit einer Darstellung der Art und Weise, wie man das christliche Wissen lehren soll *(De rebus exprimendis)*. Der Leser wird darauf hingewiesen, daß er keinen Kurs in profaner Rhetorik zu erwarten hat, denn diese *ars* muß man in besonderen Schulen lernen, das heißt bei den *rhetores,* in jungen Jahren, wie es sich gehört. Damit ist der klassischen Schule ihr legitimer Platz zugewiesen: Der Redner, der durch sie gebildet, geformt und vorbereitet wird, verfügt, wenn er sie verläßt, über die Voraussetzungen, um sein Talent im Rahmen seines Glaubens zu entfalten.

Waffen der Überredung

Der christliche Redner darf seinen Gegnern nicht unbewaffnet gegenübertreten: Dazu verfügen sie über viel zu starke Mittel der Überredung. Augustinus hat sich in den langen Kämpfen, die er innerhalb der christlichen Gesellschaft gegen Manichäer, Donatisten und Pelagianer, aber auch gegen die Rückkehr des Heidentums führen mußte (es sei nur an *De civitate Dei* erinnert), davon überzeugen können. Bis ins hohe Alter muß der Bischof von Hippo seine ganze Schulweisheit einsetzen, wenn er gezwungen ist, sich mit Julian, dem jungen, gelehrten Bischof von Aeclanum, zu messen.

Augustinus beteuert, daß die Tugend dem Wort überlegen ist und daß sich die christliche Beredsamkeit in den Dienst der Wahrheit stellen muß. Diese ethische Entscheidung, die der Form einen untergeordneten Rang zuweist, veranlaßt den Bischof jedoch nicht dazu, die Schätze der Eloquenz zu vernachlässigen, die in den heiligen Texten enthalten sind. Das Studium dieser Texte wird nicht nur den Glauben, sondern auch die rhetorischen Fähigkeiten des geistlichen Hirten stärken. Augustinus führt eine Reihe stilistischer Analysen durch, die die literarischen und rhetorischen Qualitäten ausgewählter Passagen der Bibel zeigen.

Solche Treue ist wohlbegründet. Im letzten Teil des Buches faßt Augustinus die Aufgaben der christlichen Beredsamkeit zusammen und erklärt, sie müsse die Zuhörer »belehren, unterhalten und überzeugen«. Das sind genau die Worte aus Ciceros rhetorischen Schriften *(docere / delectare / flectere)*, die so mitten im fünften Jahrhundert wiederauftauchen, in einem gesellschaftlichen, kulturellen und sprachlichen Umfeld, das keinen Zweifel zuläßt, daß es für diesen Rückgriff durchaus konkrete Gründe gibt. Eine eingehende Analyse von Stellen aus den Schriften des heiligen Paulus veranschaulicht die klassische Regel, die so eine Art Taufe empfängt.

Die drei Funktionen der Rede werden mit drei Stilkategorien verknüpft, die Augustinus aufzählt: Der christliche Redner soll den niederen Stil *(sermo submissus)* verwenden, um zu belehren, den mittleren *(sermo moderatus)*, um zu unterhalten, und den erhabenen *(sermo grandis)*, um zu überzeugen. So finden sich die drei Ebenen der Redekunst, wie sie Cicero versteht, der neuen Situation angepaßt und verklärt in den drei Ebenen der christlichen Redekunst wieder.

Biblische und patristische Rhetorik

Augustinus kommt auf die Evangelien und auf Paulus zurück und zeigt, wie der Apostel die drei Stilregister verwendet. Dann wählt er Beispiele aus den neueren Werken der Kirchenväter, um seinem Publikum deutlich zu machen, wie lebendig und wirksam diese Vorschriften dort geblieben sind. Auf ein Beispiel für den niederen Stil bei Cyprian folgt eine Probe aus einem Werk des Ambrosius; für den mittleren Stil verfährt er ebenso. Zuletzt führt er Proben des erhabenen Stils bei beiden Autoren an.

So definiert und im Rahmen des traditionellen literarischen Denkens veranschaulicht, bieten die Stilarten Anlaß für eine Reihe von praktischen Ratschlägen: Der Lehrer fordert den christlichen Rhetor auf, eines der beliebtesten Verfahren der antiken Rhetorik, die *variatio,* zu benutzen. Der Geistliche soll bemüht sein, möglichst oft zwischen den Stilebenen zu wechseln, um die Aufmerksamkeit seines Publikums lebendig zu erhalten. Vor allem darf er den Gebrauch des erhabenen Registers nicht übertreiben; es soll nur ausnahmsweise vorkommen, wenn es einem dramatischen Gegenstand oder dramatischen Umständen angemessen ist.

Fundament

Das Denken des Augustinus umfaßt die christliche Mentalität in der Zeit des Tardoantico nicht vollständig. Seine starke Persönlichkeit, seine umfassende Bildung und seine Schöpferkraft machen ihn zu einer singulären Erscheinung. Aber das Ansehen seines Werkes im Westen ist so groß, daß es in der kulturellen Entwicklung der folgenden Jahrhunderte eine entscheidende Rolle spielt. Er ist für die Kultur, was Donat für die Grammatik ist, aber darüber hinaus hat er als Kirchenlehrer so viel Einfluß, daß seine Entscheidungen sich am Ende durchsetzen. Zum Teil ist er seiner Zeit voraus. Denn erst seit dem achten Jahrhundert, genauer gesagt dank der Karolingischen Renaissance, akzeptieren Männer wie Alkuin, Theodulf oder Paulus Diaconus, später dann Lupus von Ferrières und Smaragdus von Saint-Mihiel das kulturelle Erbe der Antike im Ganzen.

Aber zwischenzeitlich hat Augustinus die Fundamente gelegt, auf denen weitergebaut werden kann; er bestärkt einen Teil der christlichen Intellektuellen in ihren Anstrengungen, das antike Erbe zu retten, den Erhalt und die Vervielfältigung der heidnischen Werke sicherzustellen. Trotzdem werden die Umwälzungen der zweiten Hälfte des fünften Jahrhunderts und die Wirren des folgenden Jahrhunderts von oft widersprüchlichen Entscheidungen hinsichtlich der antiken Kultur und des Erziehungswesens begleitet sein. Welches waren die zerstörerischen, bewahrenden und verändernden Faktoren der antiken Kultur zu Beginn des Frühmittelalters?

2. AUFLÖSUNGSFAKTOREN

Zentrifugale Kräfte: Auswirkungen der Invasionen

Die ethnische Mischung, die im vierten Jahrhundert mit dem Eindringen der Germanen beginnt, stellt einen wesentlichen Faktor nicht nur der gesellschaftlichen, sondern auch der kulturellen Auflösung dar. Die Muttersprache der Neuankömmlinge gehört nicht zum *orbis Romanus*. Ihre Erziehungs- und Bildungsweisen haben faktisch nichts mit der römischen Kultur gemeinsam. Tacitus, Ammianus Marcellinus, Salvianus und Gregor von Tours haben diesen Unterschied genau bestimmt, und die archäologische Forschung hat ihre Sichtweise weitgehend bestätigt. Daß der Einfall von Westgoten, Vandalen, Ostgoten, Franken und Langobarden die antike Welt erschüttert, ist eine Binsenweisheit. Man braucht nicht das etwas starre Schema anzuwenden, laut dem die kulturellen Superstrukturen ganz von den sozialen Infrastrukturen abhängig sind; jedenfalls stört die aufdringliche Präsenz der germanischen Barbaren die kulturelle Kontinuität des Westens.

Den Einfluß der Eindringlinge, die, wie die Hunnen, bloß durchzogen und möglicherweise nur Trümmer hinter sich zurückließen, wollen wir beiseite lassen: Die Wirkung dieser Reiterhorden ist nicht meßbar, außer in der Literatur! Eine der uneingeschränkt positiven Konsequenzen dieser Invasion ist übrigens, daß sie die wechselseitige Durchdringung der römischen und der westgotischen Kultur beschleunigt hat. Auch über die ersten Normanneneinfälle wollen wir nichts sagen: Sie streifen Gallien Ende des achten Jahrhunderts, und eine wirkliche Gefahr stellen sie erst im folgenden Jahrhundert dar, nach der hier behandelten Periode. Eine andere Rolle spielt die islamische Invasion: In der Geschichte des Abendlandes ist sie spät und peripher; wir werden sie im Zusammenhang mit Spanien behandeln.

Sitten und Gebräuche der Barbaren

Es sei auf einige besonders spürbare Unterschiede hingewiesen. Von der anderen Sprache einmal abgesehen, handelt es sich wesentlich um entwurzelte Völker: Sie sind an lange Wanderungen gewöhnt und verfügen über eine beträchtliche Fähigkeit, sich an andere Lebensräume anzupassen. Dagegen sind die Menschenmassen im Reich entweder in den großen Städten oder (so die Kolonisten) auf dem Land fest verwurzelt. Außerdem sind die Eindringenden freie Völker: Ihre Sozialstruktur ist in der Vertikalen wenig differenziert, es besteht im wesentlichen nur der Gegensatz zwischen dem Anführer und seinen Untergebenen (die ihn wählen, zumindest in der Theorie). Es gibt eine tiefe Kluft zwischen ihnen und der römischen Gesellschaft, die zwischen *potentes* und *humiliores* unterscheidet, Millionen von Sklaven hält und bemüht ist, selbst die Freien erblichen Verpflichtungen zu unterwerfen (Korporationen, Kurien).

Die Barbarenvölker, das sind kampferprobte Individuen, die selbstbewußt ihre Waffen tragen. Das bezeugen ihre Gräber: Die Krieger lassen sich mit ihren Waffen beisetzen. Die Hochschätzung des persönlichen Muts verbindet sich mit der Aufwertung der Körperkraft und paramilitärischen sportlichen Aktivitäten jeder Art. Im Römischen Reich dagegen ist das Volksheer lange verschwunden und hat einer Berufsarmee Platz gemacht (dieser Prozeß beginnt schon unter Marius, beschleunigt sich unter Sulla und Cäsar und kommt unter den ersten julisch-claudischen Kaisern zum Abschluß). Daher ist organisierter bewaffneter Widerstand über die in der *notitia dignitatum* (»Offiziersliste«) vorgesehenen Verteidigungsmaßnahmen hinaus selten: Ecdicius, der als Führer einer lokalen Miliz das von den Westgoten unter Eurich belagerte Clermont befreite, ist die Ausnahme.

Ethnisch-juristisches Mosaik

Im übrigen bilden diese Völker kein homogenes Ganzes: Es sind eher Aggregate von Stämmen, die veränderliche, undisziplinierte und wenig zuverlässige Ganzheiten bilden. Die Autorität ihres Herrschers kann immer vom Widerstand eines Stammesführers in Frage gestellt werden. Die Zerbrechlichkeit ihrer Einheit wird durch die unterschiedlichen Sitten noch verstärkt. Und das Recht existiert in ausschließlich mündlicher Form: Die vielleicht berühmteste Tradition der Barbaren, die den juristischen Vergleich über das *wergeld* (Buße für die Tötung eines Mannes) betrifft, gehört zu einer völlig schriftlosen Praxis. Es liegt auf der Hand, daß diese Strukturen der antiken Welt absolut fremd sind. Das römische Recht ist vor allem ein Recht der schriftlichen Tradition. Es ist universell gültig: Alle Bürger des Reiches sind ihm überall unterworfen (auch wenn in der Praxis die Strafen je nach der Standeszugehörigkeit unterschiedlich ausfallen). Und schließlich beruht seine Anwendung auf dem exakten Funktionieren der Gerichte in allen Provinzen. Der Zusammenstoß zwischen römischer Kultur und barbarischer Welt ist vielleicht am spürbarsten auf der Ebene des Gegensatzes zwischen den Kulturen schriftloser Völker und einer Gesellschaft, für die die wichtigsten Werte in der Schrift aufgehoben sind.

Marginales Christentum

Die Vandalen, die Westgoten, Ostgoten und Langobarden sind schon seit langer Zeit christianisierte Völker, aber ihr Christentum ist marginal. Sie sind nämlich Arianer. Der gotische Bischof Wulfila, der vor antiarianischer Verfolgung aus dem Reich geflohen war, überschritt im vierten Jahrhundert die Donau, um ihnen die christliche Lehre in arianischer Form zu bringen. Die starke Persönlichkeit dieses Bischofs hat den Barbaren einen sehr lebendigen christlichen Glauben eingepflanzt, der labile heidnische Vorstellungen ersetzte und jetzt den Konflikt zwischen der römisch-katholischen Kultur und diesen germanisch-arianischen Besetzern zu verschärfen droht.

Es sei daran erinnert, von welcher Feindseligkeit der Gegensatz zwischen Katholiken und Arianern schon anläßlich der berühmten Affäre um die Kathedrale von Mailand geprägt war, die der hartnäckige Widerstand des Ambrosius Ende des vierten Jahrhunderts gegen alle Widrigkeiten für die traditionelle Kirche bewahrte. Freilich war dies eine interne Konfrontation zwischen römischen Bürgern; was soll man also vom Aufeinandertreffen von Gläubigen unterschiedlicher Nationalität erwarten? Das soziale Gewebe des alten Reiches ist somit überall Spannungen ausgesetzt. In Afrika nehmen sie unter vandalischer Herrschaft extreme Formen an, was nicht verwunderlich ist, denn diese Provinz war der Stolz der lateinischen Literatur und Christenheit gewesen; sie übt also passiven Widerstand, der zu Verfolgungen führt.

Oft kommen die Gegensätze nur in gedämpfter Form zum Ausdruck, wie im ostgotischen Italien unter der Herrschaft Theoderichs. Spanien stellt eine Zwischenstufe dar: Hier wechseln Gewaltschübe mit verdecktem Ringen um Einfluß ab.

Räumlicher Zerfall des Reiches

Diese religiösen Turbulenzen gehen einher mit anderen Faktoren, die dem Fortbestand der spätantiken Kultur nicht günstig sind. Denn der hitzige Ideenstreit, der das fünfte Jahrhundert erschüttert, setzt intensiven Verkehr von Menschen und Handschriften voraus. Pelagius kommt aus Irland nach Rom, um seine neue – als häretisch beurteilte – Konzeption der Bestimmung des Christentums darzulegen. Informanten und Abschriften der beanstandeten Texte aus Rom gelangen zu Augustinus. Von Afrika aus kämpft Augustinus mit Traktaten, Briefen und Botschaften, die den Weg zurück auf die Halbinsel nehmen. Tatsächlich ist die ganze christliche Welt, soweit sie Latein spricht, an dem Streit beteiligt.

So etwas ist nur möglich, wenn man schnell von einem Ort zum anderen reisen kann, und das erfordert Sicherheit und ständige Instandhaltung der Straßen, Schiffahrtswege und Häfen, außerdem Gewährleistung einer zuverlässigen Wartung der Transportmittel zu Wasser und zu Land. Die Effektivität der kaiserlichen Post zeigt die Funktionstüchtigkeit der Infrastruktur.

Durch die Regionalisierung der Verwaltung ist die kulturelle Kontinuität bedroht. Die Organisation war ganz vom Willen des Kaisers abhängig. Seit Diokletian war die Verwaltung zentralisiert und bürokratisiert; sie funktionierte dank eines komplexen Systems von Gesetzen und dank eines riesigen Beamtenapparats. Ein konkretes Beispiel: Jede Stadt verfügte über ein juristisches Archiv, das einen hauptamtlichen Leiter hatte, den *defensor civitatis*. Er unterstand der örtlichen Kurie, die ihrerseits dem Präfekten Rechenschaft schuldig war, und so weiter. So ergab sich eine gewisse räumliche und zeitliche Kontinuität, denn letztendlich lief alles auf die Anwendung von Gesetzen hinaus, die von den Hofjuristen redigiert, von den Herrschern verkündet, dann vervielfältigt und an die regionalen Instanzen (vor allem die Diözesen) geschickt wurden.

Das Auseinanderfallen des Reiches im Westen birgt die Gefahr einer vollständigen institutionellen Zersplitterung. Die Masse an schriftlicher Dokumentation, die das reguläre Funktionieren der lokalen Verwaltungsinstanzen gewährleistet, ist plötzlich bedroht, um so mehr, als die Neuankömmlinge, die sich auf eigene Gebräuche stützen, ihren Fortbestand in Frage stellen. Besonders die Aufteilung des Landes unter die traditionellen Großgrundbesitzer und die mächtigen Neuankömmlinge ist ein Anlaß für die vollständige Auflösung des alten Systems.

Risse im Inneren

Natürlich wäre es ein Irrtum anzunehmen, daß die zerstörerischen Kräfte nur von außen wirken. Die spätantike Kultur ist auch Schauplatz innerer Konflikte, die jeweils Risse in ihrer Kontinuität verursachen. Die verhängnisvollen Folgen der sozialen, politischen und dynastischen Spannungen, die eine wichtige Rolle bei der Auflösung und dem Fall des Reiches spielen, müssen hier wenigstens kurz in Erinnerung gerufen werden, denn diese negativen Faktoren sind es, die vor dem Untergang des Reiches wirksam sind und auch noch die spätere Zeit beeinflussen.

Die Errichtung der Barbarenreiche hat die früheren Konflikte nicht durch Zauberei gelöst. Sie war die Folge dieser Konflikte, aber nicht das Heilmittel dafür, jedenfalls nicht kurzfristig.

Der eigentlich kulturelle Bereich erlebte in der antiken Welt eine stürmische Entwicklung. Der Gegensatz zwischen dem triumphierenden Christentum und dem Heidentum, das mehr und mehr an Bedeutung verliert, hat nicht zu einer Verflüchtigung der konservativen Kräfte geführt: Mitte des sechsten Jahrhunderts überhäuft Zosimos, ein Anhänger des neuen Heidentums, Kaiser Julian in seiner Chronik noch mit Lob. Lehren, die mit dem Christentum rivalisieren, vor allem der Neuplatonismus, haben noch längst nicht abgedankt: 539 ist ein Reskript nötig, um von Staats wegen die Philosophenschulen von Athen zu schließen; die Lehrer fliehen nach Persien! Die Christenheit hat noch nicht zur Gelassenheit gefunden. Während das arianische Erbe den Westen spaltet, beginnt im Osten der schreckliche Streit um die monophysitische Lehre, der noch vor dem Bilderstreit dazu beiträgt, dem Reich einen großen Teil seiner Provinzen zu entfremden, genau zu dem Zeitpunkt, da die islamische Bedrohung offensichtlich wird.

Rom gegen Konstantinopel

Die versteckte Rivalität zwischen lateinischer und griechischer Welt darf nicht vergessen werden, die ganz leicht in offene Feindschaft übergehen kann. Denn der Begriff griechisch-römische Kultur ist nicht eindeutig. Griechenland hat nicht vergessen, daß es 168 v. Chr. von Rom unterworfen wurde und während des Aufstands 151 geplündert worden ist (besonders Korinth). Den Römern sind die vormals Besiegten trotz aller Bewunderung für deren Kultur immer noch suspekt.

Diese Spannung zwischen den Völkern verschärft sich am Ende der Kaiserzeit: Einer der letzten Kaiser des Westens, Anthemius, wird zur Zielscheibe des Spotts der römischen Aristokratie. Die Soldaten, die unter dem Kommando des Belisarios Italien zurückerobern sollen, werden von der italienischen Bevölkerung nicht wie Oströmer, sondern eher wie griechische Barbaren empfangen. Die Errichtung der Exarchate im siebten Jahrhundert verstärkt die nationalistischen Gefühle der Lateiner. Die Streitereien um den Primat zwischen dem Heiligen Stuhl in Rom und dem byzantinischen Patriarchat, die schon im sechsten Jahrhundert ausbrechen, sind ein Vorspiel zu den Zwistigkeiten des neunten Jahrhunderts, wo dieser Antagonismus unverhüllt zutage tritt. In gewisser Hinsicht stellt die Eroberung Konstantinopels durch die Lateiner (1204) eine späte Rache für die byzantinische Überlegenheit in den Notzeiten der einstigen römischen Größe (sechstes bis achtes Jahrhundert) dar.

3. VEKTOREN DER KONTINUITÄT

Beharrende Kräfte: Integration der Barbaren

Jedoch üben andere Kräfte eine starke konservative Wirkung aus. Das gilt für Bereiche, die außerhalb der hier behandelten Fragestellung liegen, aber auch für bereits angesprochene Aspekte. Zunächst einmal haben die zugewanderten Barbarenvölker seit langem eine Präassimilation erfahren. Die Goten standen seit dem dritten Jahrhundert mit den östlichen Grenzländern des Reiches in Kontakt (Pannonia, Moesia, Dacia). Andere Völker, die damals weniger wichtig waren, siedelten in den berühmten germanischen Wäldern. Vor allem die Franken trieben von der rechten Rheinseite aus Handel mit den Lagern am *limes,* und so weiter. Einzelne Franken waren schon recht früh in die römische Armee eingetreten, und die Besten von ihnen waren, manchmal in der zweiten oder dritten Generation, als loyale Diener des Kaisers bis zum General aufgestiegen. Der berühmteste der germanischen Offiziere war kein Franke, sondern ein Vandale, der Generalissimus Stilicho.

Die Assimilation einzelner ist nicht verwunderlich: Cäsars beste Reiter bei der Eroberung Galliens waren seine germanischen Verbündeten. Mit der individuellen Assimilation ging die Kollektivassimilation einher. Diese begann fast immer mit oft schrecklichen Gewalttaten, wenn die Germanenvölker in die

Romania einfielen. Aber sie setzte sich fort in langen Übergangszeiten, während deren die Barbaren einen legalen juristischen Status innerhalb des Reiches erhielten, in Form eines *foedus*, eines regulären Vertrags zwischen dem Barbarenkönig und dem Kaiser.

Foederati *und Assimilation*

Im allgemeinen werden den Neuankömmlingen ein Siedlungsgebiet und Grundbesitz zugewiesen. Ihnen wird das Recht zuerkannt, sich im Rahmen ihrer traditionellen Rechtsordnung selbst zu verwalten; im Gegenzug gilt für die römischen Bürger weiterhin das römische Recht. So bestehen barbarische und römische Gesetze auf demselben Boden nebeneinander. Andererseits werden den Kriegern bald Polizeiaufgaben innerhalb der Grenzen und manchmal auch der Schutz ebendieser Grenzen aufgetragen. Die Armee, die unter dem Kommando des *magister utriusque militiae* Aetius Attilas Vormarsch bei Troyes stoppt, besteht je zur Hälfte aus römischen Legionären und aus westgotischen Verbündeten, die von ihrem eigenen König angeführt werden; er läßt sein Leben in diesem Kampf.

Natürlich vermögen diese *foedera* nicht zu verhindern, daß der von den Barbaren besetzte und kontrollierte Raum sich ständig ausdehnt auf Kosten des von einer Autorität, die vom Kaiser abhängt, beherrschten Gebiets. Begleitet wird dies von vielen lokalen Konflikten, in denen die Soldaten des Reiches Unruhen unter den Verbündeten unterdrücken müssen. Aber das vollständige Aufgehen des römischen Territoriums im Barbarengebiet nimmt mindestens zwei Generationen, von 400 bis 460/70, in Anspruch. Aus alldem folgt, daß die Verwurzelung der germanischen Völker in der neuen Heimat und ihre Akkulturation schneller vor sich gehen als der Erwerb vollständiger Souveränität. Als die Barbarenreiche an der Wende vom fünften zum sechsten Jahrhundert entstehen, werden sie von Männern beherrscht, die der späten römischen Kultur schon viel weniger fremd gegenüberstehen.

Die Vandalen sind eine Ausnahme, denn sie dringen schnell vor, und sie verfahren bei der Errichtung ihres Reiches in Afrika brutaler als anderswo. Die Persönlichkeit ihres Herrschers, des Freibeuters Geiserich, erklärt diese Besonderheit vielleicht zum Teil. Jedenfalls sind sie nur einige Zehntausend. Diese Zahl ist nicht außergewöhnlich: Alle neueren Forschungen haben erwiesen, daß die Eindringlinge immer nur eine sehr kleine Minderheit darstellen, die selbst in den am stärksten germanisierten Zonen nur fünf Prozent der römischen Bevölkerung ausmacht. Die Franken bringen es vielleicht auf zehn Prozent; sie konzentrieren sich im Norden Galliens, wo später das Reich Chlodwigs entsteht. Selbstverständlich steht die militärische Schlagkraft in keinem Verhältnis zur Zahl der Eindringlinge, da diese alle im Waffenhandwerk geübt sind.

Auf jeden Fall sind die Neuankömmlinge immer deutlich in der Minderheit gegenüber der ansässigen Bevölkerung, die sie nolens volens aufnimmt. Allerdings konzentrieren sie sich in bestimmen Gebieten: die Westgoten mitten in Spanien, bei Toledo; die Vandalen in der *Africa praeconsularis* und in Karthago; die Ostgoten in Norditalien und in Latium, dann die Langobarden in Norditalien (daher der Name Lombardei) und in Benevent.

Osmose

Alle archäologischen und historischen Indizien führen zu dem Schluß, daß das Gesetz der Osmose unvermeidlich zu ihren Ungunsten wirken muß. Dieses physikalische Gesetz besagt, daß ein stärker konzentriertes Milieu die Elemente aus einem weniger konzentrierten Milieu anzieht, sofern beide nicht vollkommen gegeneinander abgeschlossen sind. Genauso verhält es sich mit den Eindringlingen, die ihre Identität nicht lange vollständig zu bewahren vermögen. Am hartnäckigsten sind dabei die Vandalen (aber dieses Volk existiert nur kurze Zeit) und die Westgoten.

Das Phänomen der Präassimilation verstärkt noch den Effekt des Ungleichgewichts, den der zahlenmäßige Unterschied zwischen den Eindringlingen und der römischen Bevölkerung erzeugt hat. Aber der Unterschied der kulturellen Identität ist nicht so groß, daß die Osmose nicht wirksam werden könnte. Sie vollzieht sich im Sinne einer bedeutsamen Akkulturation, nicht im Sinne einer Barbarisierung der Romania, sondern einer Romanisierung der Barbaria. Das schließt keineswegs aus, daß auch die ethnokulturelle Identität der Eindringlinge auf diejenige der anderen Völker eingewirkt hat. Letztere hat sich verändert, sie ist jedoch nicht ausgelöscht worden.

Religiöse Mentalität

Mit Ausnahme der Franken werden die germanischen Völker alle zum Christentum bekehrt. Auch wenn dieser Glaube nicht orthodox ist, beinhaltet er doch gewisse mentale und kulturelle Strukturen, die seit langem mit vollem Recht der Kultur oder Zivilisation angehören, deren Rahmen die Eindringlinge zu sprengen drohen. Das Christentum ist die Religion Roms, seiner Bischöfe, seiner Kaiser, seiner Städte. Christ sein bedeutet damals, in die Kontinuität dieser geistlichen und geistigen Geschichte einzutreten. Außerdem muß, wer sich zum Christentum bekennt, im christologischen Streit Partei ergreifen, das heißt an einer Auseinandersetzung teilnehmen, die nur mit Hilfe des intellektuellen Rüstzeugs zu begreifen ist, das das Römische Reich geschaffen hat. Man braucht Priester, Bücher, Übersetzungen, Synoden und Konzilien ... Dieser ganze Apparat ist außerhalb des mentalen und kulturellen Rahmens des Tardoantico unvorstellbar.

Die Franken sind nur zum Teil eine Ausnahme. Sie sind zwar spät auf römischen Boden vorgedrungen, aber nichtsdestoweniger schon auf die Akkulturation vorbereitet: Hätte eine christliche Aristokratin wie Chlotilde die Bekehrung ihres Mannes so leicht erreichen können, wenn der Mechanismus der kulturellen und mentalen Assimilation nicht auch dort gegriffen hätte?

Auch über die Stammesstruktur der ersten Germanen darf man sich keine Illusionen machen. In ihrer gesellschaftlichen Organisation spielen aristokratische Strukturen, in denen die Anführer ihre Gefolgsleute dominieren, eine große Rolle. Die Mächtigsten unter ihnen stehen auf der gleichen Stufe wie die Senatoren im Reich. Die germanischen Führer haben ihre Entsprechung und in gewisser Hinsicht ihr Vorbild in den *potentes,* den römischen Großgrundbesitzern, denen riesige Ländereien gehören und die selbst Privatmilizen befehligen. Die Vorliebe für territoriale Unabhängigkeit, die die Barbarenführer kennzeichnet, weist gewisse Parallelen zu der neuen Mentalität der mächtigen Familien auf, von denen die Reichseinheit abhängt. Seit der zweiten Hälfte des fünften Jahrhunderts sind die Symptome zu beobachten, deren Anfänge bis ins dritte Jahrhundert zurückreichen: Es zeichnet sich ab, daß ein Teil der römischen *potentes* der kaiserlichen Entscheidungen überdrüssig und zunehmend darauf bedacht ist, die eigene, ausschließlich regionale Macht, zur Not mit Unterstützung der verbündeten Barbaren, auszubauen.

Die Erhebung des Avitus, eines Senators aus der Auvergne, zum Kaiser erfolgt auf Drängen der gallorömischen Aristokratie, die mehr oder weniger mit der burgundischen Diplomatie verbündet ist. Ein Senator wie Aravandus lernt Germanisch (was Sidonius Apollinaris überrascht), um direkt mit den Neuankömmlingen verhandeln zu können – dabei übergeht er dann oft den *praefectus praetorio* für Gallien. Um die Jahrhundertwende beschreibt uns Sidonius den Hof Theoderichs II. in Toulouse so, daß die genannten Übereinstimmungen ins Auge fallen.

Faszination Roms

Der Mentalitätswandel der regionalen römischen Aristokratie, der die spätere Verschmelzung vorbereitet, findet in der Denkweise der germanischen Könige und Führer eine Entsprechung. Die Anziehungskraft des römischen Territoriums hängt zunächst mit dem reinen Überleben zusammen. Habgier ist sicher ein Grund für die Übergriffe, unter denen die beiden Plünderungen Roms am schwersten wiegen. Aber die germanischen Aristokraten interessieren sich auch aus persönlichen und nicht rein materiellen Gründen für das Reich und seine Institutionen. Schon 414 spricht der gotische König Athaulf (er heiratet die Prinzessin Galla Placidia) vom Schutz der römischen Kultur und Tradition und gibt dabei zu erkennen, daß er die Ideologie der Antike ganz in sich aufgenommen hat. Der Herrscher des Königreichs Toulouse, Theoderich II., ist bis 451 ein sehr zuverlässiger Verbündeter des Aetius.

Der am meisten faszinierte und treueste Erbe ist mit Sicherheit der Ostgote Theoderich, der im Italien des sechsten Jahrhunderts die ungebrochene Kontinuität der Antike sicherstellt. Die Rede, die er 500 vor dem Senat in Rom hält, ist in dieser Hinsicht bezeichnend. Die Achtung und das Vertrauen, die er seinem Kanzler Cassiodor, einem herausragenden Mitglied des römischen Patriziats, entgegenbringt, legen gleichfalls beredtes Zeugnis von seiner Einstellung ab. Und selbst in Gallien hängen im sechsten Jahrhundert noch alle an den Vorbildern des Reiches. Man denke nur an die Chlodwig zugestandenen Konsulardiptychen; an die Bewunderung, die ein König wie der Burgunder Gundobald, obwohl Arianer, für einen Gelehrten vom Kaliber des Avitus, des katholischen Bischofs von Vienne, empfand; und schließlich an die Anzeichen – sie sind beweiskräftiger, als (mit unpassender Ironie) behauptet wurde – für die Absicht der Herrscher am Ende des Jahrhunderts, sich mit höfischem Gepränge zu umgeben, dessen Stil offensichtlich auf den römischen oder den byzantinischen Hof zurückgeht.

Administrative Effizienz der Römer

Man kann ohne Übertreibung sagen, daß der kaiserliche Fiskus eines der Glanzstücke der römischen Verwaltung war. Das Kaiserreich der Spätzeit hat eine äußerst komplexe Steuergerichtsbarkeit produziert, die es ihm ermöglicht, seine Untertanen auszupressen, wie es nur geht (es sei an die Sträuße erinnert, die in der modernen Geschichtsschreibung um die Interpretation von Steuerurkunden des vierten Jahrhunderts und um Termini wie *capitatio* und *iugera* ausgefochten wurden). Für diesen

Apparat sind zahlreiche Büros erforderlich, eine Vielzahl von Mittelsmännern und vor allem eine sehr bedeutende schriftlich fixierte Buchführung, deren berühmteste Überbleibsel die Kataster sind (so der aus Orange). Ohne diesen technischen Apparat war die Verbuchung der eingehenden Gelder nicht möglich.

Die germanischen Herrscher hüten sich, das System anzutasten. Im Gegenteil, alle Dokumente zeigen, daß die Steuern immer weniger dazu dienen, die Kassen des Reiches zu füllen, sondern in die Truhen der Barbaren umgeleitet werden, und zwar ohne daß jemand ein schlechtes Gewissen dabei hat – als *foederati* leisten die Germanen dem Reich ja gute Dienste und haben also das Recht, einen Teil der Erträge einzubehalten.

Zu dieser institutionellen Kontinuität tragen zwei Faktoren bei. Erstens verfügt die Kirche über beträchtlichen und stets wachsenden Grundbesitz, der von der Steuer befreit ist. Der königliche Fiskus hätte keine Handhabe gegen kirchliche Steuerpflichtige, denen ihr Wissen zu einer starken Position verhilft, wenn die Behörde nicht ihrerseits über juristische Dossiers verfügen würde. Und die Bekehrung der eingewanderten Völker zum Christentum schränkt die Freiheit ihrer Herrscher ein, offen das Recht zu brechen. Zweitens ist entscheidend, ob man Münzen zu prägen vermag. Der Zusammenbruch des Reiches hat eine Lücke hinterlassen und ein Bedürfnis geschaffen: Die Prägestätten in der Hauptstadt und in Italien werden von lokalen Werkstätten im Dienst der neuen Herrscher abgelöst. So werden die einschlägigen Kenntnisse und die damit verbundene Kultur teilweise bewahrt.

Das kirchliche Relais

Auch andere Strukturen tragen zum Erhalt der Kenntnisse der Spätantike bei. Die neuen Herren des Reichsgebiets übernehmen, wie bereits ausgeführt, ein technisches und administratives Erbe. Die anderen Elemente, die die Bewahrung des Wissens begünstigen, haben ihren Ursprung innerhalb einer der bedeutendsten Komponenten der römischen Kultur, der Kirche nämlich: Sie hat eine innere Entwicklung erlebt, die sie veranlaßt hat, zu Beginn ihrer Geschichte, vom ersten bis zum fünften Jahrhundert, eine glaubenslose Kultur zu bekämpfen; dann aber, seit dem sechsten Jahrhundert, sieht sie sich genötigt, dem kulturlosen Glauben den Kampf anzusagen. So wird die kirchliche Gesellschaft zum wichtigsten Zentrum für die Bewahrung der antiken Tradition. Drei Gründe spielen dabei eine entscheidende Rolle.

Erstens ist das Geschick der Kirche nicht organisch mit dem des Reiches verknüpft; zweitens liegt es im eigenen Interesse der Kirche, den Fortbestand des antiken Wissens sicherzustellen; und schließlich schränkt die Bekehrung der Eindringlinge zum Christentum deren destruktive Tendenzen ein. Außerdem ist die kirchliche Gesellschaft in der Lage, in stürmischen Zeiten neue Lebensformen zu erfinden, die ihr Überleben sichern: Das zeigen Entstehung und Entwicklung des Mönchtums im Westen.

Civitas ecclesiastica

Diese Fähigkeit zur Anpassung, zur Erneuerung und gleichzeitig zu Bewahrung und Treue sich selbst gegenüber ist eine wichtige Größe in der Geschichte der Christenheit. Sie bildet sich auf der jüdisch-christlichen kulturellen Grundlage, nimmt dann die Form des Griechentums, ihres direkten Nachbarn, an und endet als eine lateinisch-christliche Kultur, als die unsere nämlich. Diese langsame Wanderung vom Ost- zum Westreich, verbunden mit gewaltigen Restrukturierungsarbeiten, hat der Christenheit das Gefühl für ihre Identität, Dauerhaftigkeit und auch partielle Unabhängigkeit gegeben, die ihr Autonomie und Freiheit im Verhältnis zu den vorgefundenen gesellschaftlichen Strukturen verschafft.

Auch der Status, den das Christentum und seine Kirche im Reich haben, trägt dazu bei. Es ist wirklich nicht übertrieben zu sagen, das Christentum sei – wenn auch gegen seinen Willen – zu Anfang eine Religion gegen den Staat und die Kirche eine asoziale Institution gewesen. Beim Übergang von der Blüte zur Spätzeit des Kaiserreichs nun hat sich diese Situation radikal verändert, denn das Christentum wurde schließlich Staatsreligion und die Kirche eine ganz offizielle Institution (was heftige Konflikte mit der Reichsverwaltung noch nicht ausschließt). Das historische Bewußtsein, dessen Träger die christlichen Intellektuellen sind, muß dieser Instabilität Rechnung tragen: Die Kirche ist im Reich zu Hause; aber sie ist weder ein Ersatz für das Reich, noch ist sie dessen Produkt. Der Bereich der Kirche ist ein autonomer Raum.

Autonomie und Kontinuität

Auch hier legt der heilige Augustinus die theoretischen Fundamente für die Entwicklung. Die Autonomie, die vor der Aussöhnung von Staat und Kirche Gefahren in sich barg, garantiert Kontinuität, sobald das Reich keine Kontinuität mehr gewährleisten kann. Es ist längst erwiesen, daß der Zusammenbruch des militärisch-administrativen Systems mit einem erstaunlichen Aufstieg des Episkopats einhergeht. Diese Entwicklung ist vor allem in Gallien offenkundig, wo Persönlichkeiten wie Caesarius von Arles oder Gregor von Tours den Wandel ausgezeichnet repräsentieren. Der Aufstieg des Episkopats ist in unserem Zusammenhang deshalb von wesentlichem Interesse, weil der *cursus ecclesiasticus* (die geistliche Laufbahn) den großen Familien des Senatorenstandes seit dem fünften Jahrhundert die Möglichkeit bietet, ihre Fähigkeiten in Funktionen zur Geltung zu bringen, wie sie ihnen die weltliche Gesellschaft in immer geringerem Maße offeriert.

Zum Zeitpunkt des Untergangs des Reiches wird also ein bedeutender Teil der Bischofssitze im Westen ganz selbstverständlich von Persönlichkeiten eingenommen, für die die kulturelle Tradition mit ihrer eigenen Familientradition verbunden ist. Die Autonomie der kirchlichen Hierarchie und Verwaltung im Verhältnis zu ihren weltlichen Entsprechungen eröffnet die Möglichkeit einer wirklichen Kontinuität, weil sie eine gewisse gesellschaftliche Stabilität gewährleistet. Wenn man weiß, daß das Bemühen um eine umfassende Ausbildung für die christlichen Intellektuellen im Gefolge von *De doctrina christiana* selbstverständlich geworden ist, und man sich vergegenwärtigt, daß das Bildungsniveau nirgends so hoch gewesen sein dürfte wie im Senatorenstand, dann versteht man, warum die kirchliche Autonomie des vierten und fünften Jahrhunderts Voraussetzung für die kulturelle Kontinuität des sechsten und siebten Jahrhunderts ist.

So hat man kürzlich die Grabinschriften von Bischöfen der Merowingerzeit untersucht. Es hat sich gezeigt, daß die Formeln, mit denen ihre *virtutes* beschrieben werden, genau den Ausdrücken nachgebildet sind, mit denen zur Zeit des Theodosius gewöhnlich der Mitglieder der Senatorenaristokratie gedacht wird. Diese Ausdrücke der Spätantike nun sind ihrerseits der traditionellen *laudatio maiorum* (»Lob der Vorfahren«) verpflichtet, die auf die republikanische Zeit zurückgeht. Ergänzungen wie das Lob der asketischen Tugenden – die freilich großenteils in den stoischen Tugenden der Antike angelegt sind – modifizieren diese Entwicklungslinie, aber sie bleibt erkennbar. Es überrascht nicht, daß manche hervorragende Mitglieder des merowingischen Episkopats, die in dieser Form gepriesen werden, von vornehmen römischen Familien abstammen.

Eine ähnliche Entwicklung vollzieht sich in Norditalien, wo sich die kultische Verehrung der örtlichen Bischöfe, die auf die Anfänge des Christentums zurückgeht, seit der Mitte des sechsten Jahrhunderts weiter ausbreitet. Zu diesem Zeitpunkt wird die antike Vorschrift, daß die Toten außerhalb der Stadt zu begraben seien, nicht mehr beachtet, und es kommen die ersten Beerdigungen *intra muros* vor. Seit dem siebten Jahrhundert wird diese revolutionäre Neuerung zur Regel. Zur selben Zeit beginnt der Kult der Erinnerung an den verstorbenen Bischof. Jede große Stadt (Ravenna, Mailand, Pavia) gibt sich so einen Schutzheiligen als würdigen Nachfolger der antiken Beschützer: Der Bischof wird zum Patron der ganzen Stadt.

Asoziale Tendenzen

Die Auswirkungen des Auflösungsprozesses, der im letzten Jahrhundert des Römischen Reiches den gesellschaftlichen Rahmen zersetzt, werden durch all dies gemildert, und die Institution Kirche erhält die verantwortungsvolle Aufgabe, die kulturellen Strukturen der Antike im Dickicht der frühmittelalterlichen Veränderungen zu bewahren. Sie übernimmt eine etwas widersprüchliche Doppelrolle als Motor und Bremse der geschichtlichen Entwicklung. Dabei beeinflussen andere Kräfte die Christenheit im Sinn der Auflösung der kulturellen Kontinuität.

In dem Maße, wie sich die Kirche in der Welt einrichtet, entwickeln sich entgegengesetzte Kräfte, die zur Weltverneinung führen. Es beginnt im Orient, der wie immer dem Westen voraus ist. Schon im vierten Jahrhundert werden gleichzeitig die Phänomene des Anachoreten-, Eremiten- und Mönchtums sichtbar. Außerhalb jeder Kirchenorganisation traten in der ägyptischen Wüste Persönlichkeiten auf, die ebenso urwüchsig und vorbildlich waren, was die christlichen Tugenden betraf, wie ihre gelehrte Bildung zu wünschen übrigließ. Denn der »Vater des Mönchtums«, der heilige Antonius, ein ägyptischer Bauer von sehr bescheidener Herkunft, war faktisch Analphabet. Dem einsamen Leben fern von den Menschen entsprach die Beschränkung auf eine individuelle Kultur, deren Grundlagen die mündliche Überlieferung, das Gebet und strengste Askese waren. Es ist paradox, daß der Ruhm des Antonius der Propagandaschrift eines der größten Gelehrten der Zeit, des heiligen Hieronymus, zu verdanken war.

Von den kellia in die Wälder

So stellte Ägypten ein paradoxes Modell für die Christenheit dar. Seit dem vierten Jahrhundert siedeln sich – für mehrere Jahrhunderte, denn sie überstehen die Eroberung des Landes durch die Araber und verschwinden erst im achten Jahrhundert – Klöster in der Wüste an, die von koptischen Mönchen bevölkert sind und mit dem griechischen Wort *kellia* (Zelle) bezeichnet werden.

Alle Hinweise, die uns die Schriften der Zeitgenossen *(Vita sancti Antonii, Historia lausiaca)* geben, aber auch die Ausgrabungen an den Standorten der Klöster deuten darauf hin, daß der Bruch mit der kulturellen Tradition der Antike sehr tief gewesen sein muß: Einfachheit im materiellen Bereich und kulturelle Armut gehen Hand in Hand. Es besteht also die reale Gefahr, daß das Christentum in einen primitiven Zustand zurückfällt. Solche Tendenzen sind auch gelegentlich im Westen zu beobachten. Merkwürdige Persönlichkeiten ziehen sich in die Wälder zurück, die zur Entsprechung der ägyptischen Wüste werden. Aus den *Dialogi* Papst Gregors des Großen wissen wir, daß es im sechsten Jahrhundert in Italien Eremiten gab, die Analphabeten waren und in äußerster Abgeschiedenheit lebten. Er spricht voll Zuneigung von einem gewissen Sanctulus (»der kleine Heilige«!), den er persönlich kennt und der kaum lesen kann (man fragt sich sogar, ob das nicht ein Euphemismus ist). Aber das sind Ausnahmeerscheinungen. Sie stehen in absolutem Gegensatz zur Christenheit des Westens, selbst zu den Randgruppen. Denn der römische Geist hat die Einbürgerung des Mönchtums auf lateinischem Boden geprägt: Die leicht realitätsferne Mystik und die manchmal engelhafte Askese der Orientalen befriedigen die *conversi* nicht. So leicht bringt man die Mentalität von Leuten, die bedeutende Gesetzgeber waren, nicht zum Verschwinden.

Das Mönchtum als bewahrende Kraft

Hier gilt es, die historischen und gesellschaftlichen Funktionen des Mönchtums im Westen zu betrachten. In gewisser Weise stellte es eine Form des Widerstandes gegen den Zusammenbruch des antiken Staates dar. Wir haben gesehen, wie der Episkopat Mitgliedern der vornehmen Familien des Senatorenstandes die Möglichkeit einer Laufbahn bietet, die nicht die Risiken der Politik birgt. Das Zusammentreffen von Weltflucht und Zusammenbruch des Reiches verwandelt die Bischöfe in unfreiwillige, aber äußerst effiziente Ersatzleute für die alte Administration.

Das Mönchtum verstärkt und vervollständigt diese Entwicklung. Natürlich entsprechen seine ursprünglichen Strukturen einer solchen Rolle überhaupt nicht: Es geht nur darum, nach einem vollkommenen Leben zu streben, nicht darum, sich vor den Wirren der unruhigen Menschheitsgeschichte in Sicherheit zu bringen. Die alten Berichte sind sich darin einig, daß Eremitendasein und Mönchtum an sich ein Abenteuer darstellen, aber es ist das Abenteuer des Menschen, der mit seiner Unvollkommenheit ringt. Es geht keineswegs darum, das Böse in der Welt zu bekämpfen oder sich auch nur vor dem Bösen zu schützen.

Das Ergebnis entspricht oft nicht der ursprünglichen Absicht. Der lateinische Westen verschafft sich vom vierten Jahrhundert an eine erstaunliche menschliche und intellektuelle Reserve, die teilweise sogar vor vernichtenden Schlägen geschützt und geeignet ist, eine geistige Pflanzstätte neuen Typs zu werden. Im weiteren Verlauf der Geschichte wird sich dieser privilegierte Raum verändern.

Die Regula magistri

Wir wollen die Anfänge des Mönchtums im Westen beiseite lassen und eingehender zwei der wichtigsten Regeln analysieren, die von Klöstern erarbeitet wurden und die überliefert sind, die *Regula magistri* und die *Regula Benedicti,* vor allem die zweite, da sie zu einer grundlegenden Institution des christlichen Abendlandes geworden ist. Es sei daran erinnert, daß der in Norditalien geborene Begründer des Mönchtums im Westen, Martin, vormals Soldat in Pannonien, schon im vierten Jahrhundert vorgesehen hatte, daß das Abschreiben von Büchern obligatorischer Bestandteil des Lebens in der mönchischen Gemeinschaft sein sollte. Diese Vorschrift findet sich sehr präzise formuliert in einem Text wieder, der lange zu den geheimnisvollsten der Literatur- und Religionsgeschichte gehörte, der *Regula magistri.*

Es handelt sich um ein wichtiges Dokument, denn der Text ist viel umfangreicher als alle anderen Regeln dieser Zeit. Der Verfasser, der sich mit »Meister« anreden läßt und also der Abt der Gemeinschaft war, umgibt sich mit undurchdringlicher

Anonymität. Aber einige Geheimnisse seines Werkes ließen sich entschlüsseln: Man weiß heute mit Sicherheit, daß es älter ist als die Benediktinerregel und dieser als Vorbild diente. Es ist auch erwiesen, daß die Regel im ersten Viertel des sechsten Jahrhunderts abgefaßt wurde, sehr wahrscheinlich südöstlich von Rom, für eine Gemeinschaft von ein paar Dutzend Mönchen.

Disziplin

Der Text besteht aus 95 unterschiedlich langen Kapiteln. Er handelt von den verschiedenen Arten der Mönche (1), vom Abt (2), vom Gehorsam der Jünger (7), vom Schweigen (8), von Speise (26) und Trank (27), vom Fasten (53), von der Sonntagsruhe (75) und von der Wahl eines neuen Abtes (93). Diese Beispiele sollen zeigen, wie hier wirklich Recht kodifiziert wird, nicht in Form von Gesetzesparagraphen im strengen Sinn, sondern durch Vorschriften, die gemäß der lateinischen Tradition formuliert sind. So wird die Gemeinschaft in allen materiellen Dingen, in Raum und Zeit einem Reglement unterworfen. Die räumliche Gliederung trennt die Sphäre der Gemeinschaft scharf von der weltlichen Sphäre und akzentuiert in der dichtgedrängten Anordnung der schlichten Gebäude die enge Verbundenheit der Mitglieder dieser Männergemeinschaft.

Am wichtigsten ist jedoch die Herrschaft über die Zeit, über Jahr und Tag. Denn der Mönch lebt nach einem festgelegten Rhythmus, der die Stunden des Schlafs reduziert, die Stunden des Gebets ausdehnt und für ein Minimum an Handarbeit sorgt. In der Tat ein Minimum, denn die schweren Arbeiten in der Landwirtschaft sind den Mitgliedern der Gemeinschaft untersagt: Die von den Mönchen geforderten Entbehrungen werden als mit derartigem körperlichem Einsatz unvereinbar betrachtet. Und schließlich verlangt der Gesetzgeber ein Maximum an intellektueller Tätigkeit, das heißt an Lektüre und Meditation über die heiligen Schriften.

Über die Rangordnung der Mönche bestimmen die Dauer ihrer Zugehörigkeit zur Gemeinschaft, Tugend und besondere Fähigkeiten, aber auch der Bildungsgrad. So werden die Mönche eingeteilt in Analphabeten, *litterati* (die lesen können) und *psalterati* (die den Psalter können). Nur diese letzten haben das Privileg, an den Tisch des Abtes eingeladen zu werden, und sie allein dürfen auch zu den von der Regel festgesetzten Zeiten an den Vorlesestunden teilnehmen. Die übrigen müssen in dieser Zeit lesen oder den Psalter lernen. Die *lectio* findet im Winter am Anfang, im Sommer am Ende des Tages statt. Es ist eine gemeinschaftliche Aktivität. Man versammelt sich in Gruppen, um einem Vorleser zuzuhören. Jeder liest reihum aus demselben *codex* vor. In dieser Zeit sind anderswo Kinder und Analphabeten damit beschäftigt, sich zu bilden, und die, die es nötig haben, üben Psalmodieren. Diese Arbeit, das *opus spiritale,* ist so wichtig, daß keiner davon befreit wird, nicht einmal ein Durchreisender. Außerdem ersetzt die Lektüre im Krankheitsfall die Handarbeit.

Diese Empfehlungen dürfen nicht als fromme Wünsche betrachtet werden. Der Abt übt seine Autorität in der mönchischen Gemeinschaft effektiv aus, und er wacht darüber, daß die Regel peinlich genau befolgt wird. Unterschiedliche Strafen kommen zur Anwendung. Widerspenstigen Mönchen droht die Exkommunikation, die nur nach strenger Buße aufgehoben wird. Das bedeutet, daß das Kulturprogramm, das den Mönchen vorgezeichnet war, höchstwahrscheinlich auch befolgt wurde.

Die Regula Benedicti

Das westliche und lateinische Mönchtum begibt sich somit auf den Weg der Versöhnung von Gottesdienst, Askese und Pflege der Kultur, aber seine bescheidenen Anfänge und die vor der zweiten Hälfte des sechsten Jahrhunderts verhältnismäßig schwache Verankerung im abendländischen Bewußtsein erlauben ihm nicht, eine entscheidende Rolle in der Kulturgeschichte des Frühmittelalters zu spielen. Grundlegend ändern sich die historischen Gegebenheiten erst mit dem Aufschwung, den die Regeln des heiligen Kolumban am Ende dieses Jahrhunderts und vor allem die zwischen 530 und 560 entstandene Regel des heiligen Benedikt bewirken. Von Norden her bestätigt und erweitert die irische Regel nur das, was die italienische Regel vom Süden her bereits allgemein durchgesetzt hat. Diese wendet sich im Unterschied zur *Regula magistri* an eine bedeutende mönchische Gemeinschaft, die in einem der historischen Zentren des Mönchtums, auf dem Monte Cassino, angesiedelt ist. Sie wurde folglich in Hinblick auf eine sehr viel größere Adressatengruppe abgefaßt, als es die kleine, auserwählte Gemeinschaft war, auf die ihre Vorlage zielte.

Dieser ihrer Bestimmung sollte sie auch gerecht werden; im zweiten Buch der *Dialogi* hat Papst Gregor der Große sie am Ende des Jahrhunderts großartig gewürdigt, als er dem Werk des Gründers den sagenhaften Anstrich gab, der ihm endgültig zum Erfolg in ganz Europa verhalf. Somit gab es äußere Strukturen, Stabilität, Prestige und Verbreitung, von denen die Regel profitierte.

Die wichtigste Aufgabe der Mönche ist natürlich, die Heilige Schrift vorzutragen und den Vortrag anzuhören. Aber die notwendige Voraussetzung dafür ist eine hinreichende Ausbildung.

Präsenz der Schrift in der Gemeinschaft

Einige konkrete Beispiele mögen verdeutlichen, wie streng die verschiedenen geistlichen Übungen eingehalten werden müssen, die auf der Schrift basieren. Die Liturgie wird von Gesang und Lektüre begleitet: »Sonntags erhebt man sich zu den Vigilien früher als sonst. Dabei soll man nicht übertreiben, deshalb werden erst sechs Psalmen und der Versikel gesungen, dann setzen sich alle nach der Rangordnung hin, und es werden vier Lektionen in einem Buch mit den Responsorien gelesen [...]« (XI)
Während der gemeinsamen Mahlzeiten ist wieder Vorlesen Pflicht: »Am Tisch der Brüder darf die Lektüre nicht fehlen [...]. Es soll völliges Schweigen herrschen, so daß man im Raum nur den Vorleser hört, ohne daß jemand flüstert oder laut redet. Von dem, was zum Essen und Trinken nötig ist, sollen sich die

Brüder reihum nehmen, so daß niemand um etwas bitten muß. Wenn aber doch einer etwas benötigt, soll er lieber ein Zeichen geben, als die Stimme zu erheben.« (XXXVIII)

Und auch zur Vesper wird vorgelesen: »Sobald die Brüder vom Abendessen aufgestanden sind, setzen sich alle zusammen, und einer liest die *Collationes* oder die *Vitae patrum* oder etwas anderes, was die Zuhörer erbaut [...]. Wenn es ein Festtag ist, macht man nach der Vesper eine kleine Pause und geht dann zur Lektüre der *Collationes* über. Es sollen acht bis zehn Seiten gelesen werden.« (XLII)

Individuelle Berührung mit der Schrift

Diese ständigen Mahnungen, sich mit literarischen Dingen zu befassen, gilt es zu unterstreichen: Zumal das Psalmensingen ist so organisiert, daß jeder mehrere Stunden täglich zuhören und mitmachen muß. Aber damit ist diese Gemeinschaftsaufgabe noch nicht erledigt. Denn Benedikt schreibt tägliche Handarbeit vor. Es ist auffällig, daß den Mönchen jetzt landwirtschaftliche Tätigkeit erlaubt ist, daß sie sogar dazu ermutigt werden. Zugleich sind die Fastenregeln weniger streng als in der *Regula magistri*. Die Zeiten haben sich geändert: Der Wandel hängt sicher mit der allgemeinen Armut in Italien Mitte des sechsten Jahrhunderts zusammen. Außerdem waren die Mönche jetzt zahlreicher und von niedriger Herkunft. Mit anderen Worten: Es gab mehr Mäuler zu stopfen.

Um so erstaunlicher ist das Gebot individueller Lektüre. Jeder Mönch muß ihr mindestens zwei Stunden täglich widmen, während der Sommermonate (von Ostern bis Oktober) morgens, sonst abends. Im Sommer ist eine Mittagsruhe vorgesehen, und in dieser Zeit ist Lektüre ebenfalls empfohlen, allerdings soll man die Ruhe der anderen nicht stören. In der Fastenzeit werden die Bücher ausgegeben: »Jeder soll aus der Bibliothek ein Buch erhalten, das er dann ganz lesen muß.«

Diese Vorschriften sind keine wirkungslosen allgemeinen Empfehlungen. Die soziale Organisation des Klosters garantiert die strenge Einhaltung der Regeln. Schweigen und Aufmerksamkeit während des Vorlesens sind gefordert, werden überwacht, und Zuwiderhandlungen werden streng bestraft. Damit nicht genug. Für die Lektüre während der Mahlzeiten wird der Vorleser für jeweils eine Woche sorgfältig ausgewählt. Aber es ist nicht nur passive Kompetenz gefordert. Vielmehr ordnet Benedikt an:»Wenn einem beim Vortrag eines Psalms, eines Responsoriums, einer Antiphon oder Lektion ein Irrtum unterläuft, und er gibt nicht auf der Stelle und vor aller Augen demütig Genugtuung, soll er strenger bestraft werden, da er den Fehler, den er aus Nachlässigkeit begangen hat, nicht durch Demut wiedergutmachen wollte. Kinder sollen für eine Verfehlung dieser Art geschlagen werden.« (XLV)

Auch die individuelle Lektüre wird überwacht:»Es sollen ein oder zwei Ältere benannt werden, die zu den Zeiten, da sich die Brüder der Lektüre widmen, im Kloster umhergehen. Sie sollen darauf achten, daß keiner der Brüder von Schwermut *(acedia)* befallen ist, daß keiner untätig ist oder schwatzt, statt zu lesen, und dadurch nicht nur sich selbst schadet, sondern außerdem die anderen ablenkt.« (XLVIII) Immerhin sind Erleichterungen für die Kranken vorgesehen.

Litterae

Zum Abschluß dieser Analyse ist zu fragen, welches die Hauptkomponenten sind, die die Möglichkeit einer kulturellen Kontinuität gewährleisten – trotz der Erschütterungen und Zerstörungen beim Zusammenbruch des Römischen Reiches und der Entstehung der Barbarenherrschaft im Abendland. Zunächst ist die entscheidende Bedeutung der Verbreitung des Christentums zu nennen: Römer und Barbaren sind mit denselben Problemen der Beherrschung eines im wesentlichen schriftlich fixierten gelehrten Buchwissens konfrontiert.

Die zweite Komponente ist der tiefe Eindruck, den Rom bei den Barbarenherrschern hinterlassen hat. Diese sind weit eher daran interessiert, vom Zerfall des Reiches zu profitieren, als daran, die Strukturen des alten Imperiums radikal zu zerstören.

Die dritte Komponente ist gewiß, daß die christlichen Intellektuellen selbst den Weg frei gemacht haben für eine gelehrte, das heißt dem antiken Erbe verpflichtete, christliche Kultur. Das Buch *De doctrina christiana* des Augustinus stellt den krönenden Abschluß dieser Entwicklung dar und bereitet die Revolutionen des Denkens vor, die sich in England im siebten, auf dem Kontinent im achten Jahrhundert vollziehen.

Aber das Schicksal der Kultur des Tardoantico entscheidet sich nicht im fünften und auch noch nicht im sechsten Jahrhundert. Damit eine römisch-barbarische ethnische Verschmelzung stattfinden kann, muß das Abendland ausreichende Lebenskraft bewahren. Die furchtbaren Erschütterungen des fünften und sechsten Jahrhunderts gefährden die kritische Masse, die für eine kulturelle Rückeroberung Europas unabdingbar ist. Paradoxerweise bleibt es den Stätten des Gebets und der Kontemplation vorbehalten, diese Kraftreserven zu bilden, wo das Wissen und die Handschriften oft Zuflucht finden: Das ist die fünfte und letzte Komponente.

Es ist offensichtlich, daß diese Faktoren widersprüchlich sind. Ein Historiker, der die von Pierre Courcelle treffend beschriebenen Konvulsionen der Epoche genau in Augenschein nähme, würde nicht a priori darauf schwören, daß die beharrenden Kräfte sich gegen die unsteten durchsetzen. Wir wissen, wie die Geschichte ausgeht; das soll uns nicht daran hindern, ihre Etappen zu studieren, um die Nahtstellen der Entwicklung vom Desaster zur karolingischen Blütezeit zu erkennen.

IV
FORMEN UND EPOCHEN DER ENTWICKLUNG

Eine Übergangszeit

Zu Beginn des sechsten Jahrhunderts ist es schlichtweg unmöglich, eine begründete Voraussage über die kulturelle und sprachliche Gestaltung Europas am Ende des achten Jahrhunderts abzugeben. Offensichtlich kann das westliche Abendland sein Wissen und seine Traditionen nicht auf einen Schlag verlieren. Es werden Schutzwälle errichtet, und es ist im voraus erkennbar, daß der Weg ins Mittelalter nicht durch ein intellektuelles Niemandsland führen wird. Aber je weiter sich der Historiker von der Periode des Tardoantico entfernt, um so deutlicher wird erkennbar, daß die Entwicklung in den einzelnen Barbarenreichen zwar in mancher Hinsicht ziemlich lange parallel verläuft; andererseits gibt es Unterschiede, weil jedes dieser Reiche auf die historischen Veränderungen anders reagiert. Außerdem passiert gelegentlich Unvorhersehbares: Der Christianisierung Englands steht der Untergang des westgotischen Spanien gegenüber.

Aus diesen Gründen wollen wir nicht die Entwicklung in der fraglichen Zeit insgesamt betrachten, sondern ein Land nach dem anderen behandeln; wir beginnen mit den romanischen Ländern, und hier mit Gallien, das den ersten Ansturm der Germaneninvasion aushalten mußte, danach beschäftigen wir uns mit Spanien, das bis zur Katastrophe von 711 extrem konservativ war, und zuletzt mit Italien, das sich nirgendwo einordnen läßt. Das Schicksal der Kultur außerhalb der Romania, in Ländern, deren linguistische und kulturelle Alchimie ganz eigenständig war, soll daran anschließend abgehandelt werden.

Kontraste in Gallien

Die kulturelle Entwicklung Galliens bietet demjenigen, der sie vom fünften bis zum achten Jahrhundert überschaut, einen extrem kontrastreichen Anblick. Im fünften Jahrhundert scheint Gallien die einzige römische Provinz zu sein, die mit Afrika zu konkurrieren vermag. Der Vergleich wird dadurch hinfällig, daß die Vandalen die nordafrikanische Kultur auslöschen, behält aber immer noch einen gewissen Wert. Im Vergleich mit seinem nördlichen Nachbarn bietet Spanien, obwohl es von den Erschütterungen des fünften Jahrhunderts weniger betroffen war, nur ein verhältnismäßig kraftloses kulturelles Leben. Im sechsten und siebten Jahrhundert kehrt sich die Situation radikal um, denn das Merowingerreich versinkt allmählich in territorialer und kultureller Auflösung. Es ist eine Zeit literarischer Armut, wenn auch die Schriftsteller nicht völlig aussterben; andererseits erstrahlt Spanien im Glanz der Restauration Isidors, und in England entstehen die ersten Heimstätten mönchischer Gelehrsamkeit. Nach diesem Tiefstand steigt im ersten Jahrhundert der Karolingerzeit der Pegel der Wissenschaft und der Kreativität schnell, so daß die Francia für lange Zeit das Zentrum einer ersten europäischen Renaissance wird, deren Anfänge vor 800 liegen. Sie vollendet sich im neunten Jahrhundert und gipfelt in der Gründung von Cluny, wo die Hagiographen wieder Vergilzitate in ihre Erzählungen einflechten.

Das fünfte Jahrhundert ist für Gallien die Zeit der heftigsten Stürme, die damit beginnen, daß die Barbaren 406 den Rhein überschreiten; im Süden enden sie 474, als die Auvergne unter die Herrschaft des Westgoten Eurich kommt, im Norden 486, als die römische Armee unter Syagrius dem fränkischen Heerführer Chlodwig unterliegt. Aber der Ruhm der Schulen und das Prestige der Gelehrten waren im Jahrhundert davor so groß gewesen, daß das Land trotz dieser Unwetter zwischen 400 und 500 einen kulturellen Überfluß zu bieten hat, der der vergangenen Pracht kaum nachsteht und Schriftsteller allererster

Ordnung hervorbringt, vor allem im Vergleich mit den anderen Provinzen.

Das Substrat der Schulen im fünften Jahrhundert

Die heikelste Frage betrifft das Überleben der öffentlichen Schulen: Ihre Geschichte ist noch nicht mit hinreichender Deutlichkeit nachgezeichnet worden. Das gilt im übrigen nicht nur für das fünfte Jahrhundert. Die Wissenschaft hat sich noch nicht wirklich die Mühe gemacht, in diesem Bereich einen Überblick über die Kaiserzeit zu erarbeiten. Es ist daher problematisch, auf einem Gebiet, wo die Methoden selbst strittig sind, eindeutige Lehrmeinungen zu formulieren. Denn die öffentliche Schule, vor allem auf Elementarniveau, ist im antiken Bildungssystem eine Einrichtung von so geringem Anspruch, daß ihre Existenz selten in Dokumenten bezeugt wird. Dagegen sind materielle Spuren auf der Ebene des *grammaticus* und des *rhetor* weniger spärlich.

Freilich rekonstruieren wir immer auf indirekte Weise und bauen auf einem induktiven Schluß auf: Die Beschreibungen des *cursus* bei den großen Autoren (Cicero, Quintilian, Augustinus, Ausonius) lassen zunächst die Folgerung zu, daß das Schulsystem allgemein verbreitet war. Da die römische Gesellschaft und ihre Institutionen auf einem bestimmten kulturellen Fundament unverändert weiterfunktionieren, nimmt man zudem an, daß die antike Schule kontinuierlich bis ins fünfte Jahrhundert existiert hat. Verstreute Zeugnisse (Inschriften, Dekrete, Anspielungen in Briefen) bestätigen dieses Gesamtbild des Schulwesens.

Die Schule des litterator

Während die induktive Methode für die Zeit vor dem fünften Jahrhundert zu allgemein akzeptierten Gewißheiten führt, verursacht sie in der Folgezeit Debatten ohne Ende. Denn allgemeine Überlegungen spielen eine größere Rolle als die Analyse der Dokumente. Diese sind jedenfalls wenig zahlreich, aber man hat nicht genügend berücksichtigt, daß die Gründe dafür in der Sache selbst liegen. Auch vor 400 gab es nur sporadische Zeugnisse. Man hat oft auf die schweren Zeiten hingewiesen, um Urteile über die Lage der Schule zu begründen, aber hier droht ein Zirkelschluß. Je nachdem, wie ein Forscher die gallische Geschichte im fünften Jahrhundert sieht, reagiert er mehr oder weniger pessimistisch.

Wir haben nur wenige direkte Informationen über die Elementarschule, die Schule des *litterator*. Soll man daraus schließen, daß sie nicht mehr existiert? Das würde bedeuten, daß der Gebrauch der Schrift im Lauf des Jahrhunderts zurückgeht, anders gesagt: daß die von ihr abhängige Kultur im Verschwinden begriffen ist. Davon kann aber noch keine Rede sein, ganz und gar nicht. Man sollte vielmehr vorsichtigerweise davon ausgehen, daß die Elementarschulen während des ganzen Jahrhunderts weiterbestehen, aber mit der Zeit immer weniger werden. Vermutlich verschwinden sie zuerst in den am stärksten in Mitleidenschaft gezogenen kleineren Städten und überleben nur in privilegierten urbanen Zentren, aber es ist sehr schwer, das genau zu sagen.

Zweite und dritte Ebene des Schulsystems

Die Zahl der Grammatik- und Rhetorikschulen ist ihrem höheren Rang im Erziehungssystem und den größeren Ansprüchen, die sie stellen, entsprechend geringer. Sie tauchen aber in den Quellen öfter auf. In Marseille lebt Mitte des fünften Jahrhunderts ein Rhetor, Claudius Marius Victor, der wohl auch der Verfasser eines Kommentars zur Genesis ist (bezeichnenderweise ist uns sein Name nicht deshalb überliefert, weil er Lehrer, sondern weil er Schriftsteller war). In Arles unterrichtet Ende des fünften Jahrhunderts der Afrikaner Pomerius, ein Dialektiker, Rhetor und hervorragender Grammatiker. In Vienne lehrt Sapaudus Rhetorik, in Narbonne Leo, Minister Eurichs, Jura.

In Lyon gibt es in der zweiten Jahrhunderthälfte eine ganze Schule von Magistern; der berühmteste ist der Rhetor Viventiolus. In Clermont lehrt 468 der Grammatiker Domitius. Lupus unterrichtet Rhetorik in Agen und Périgueux. Ein gewisser

Johannes ist um 470 Professor der Rhetorik in Aquitanien. In Bordeaux schließlich glänzt ebenfalls um 470–480 der Grammatiker und Rhetor Lampridius im Griechischen wie im Lateinischen. Im Norden war der heilige Lupus von Troyes, der 479 starb, seinem Biographen zufolge »der Schule übergeben und gründlich in Rhetorik unterwiesen worden«. Skeptiker bezweifeln dennoch die Existenz eines öffentlichen Schulwesens. Mit Recht?

Ansehen und Praxis der Schule

Die Briefe des Sidonius Apollinaris enthalten Hinweise darauf, daß es »professionelle, von den Städten bezahlte Rhetoren« gab; diese Sätze sind Anspielungen, sie beziehen sich auf etwas, was sich für diesen gebildeten Mann von selbst versteht. Um 500 bietet Avitus, der Bischof von Vienne, ein hochinteressantes Beispiel dafür, daß nach wie vor ein theoretisches und praktisches Interesse am Schulunterricht bestand, sogar im Burgundischen Reich. Bei der Weihe einer Kirche in Lyon hält er die Predigt. Unter den Zuhörern ist ein professioneller Grammatiker, Viventiolus. In einem geistvollen Brief wirft dieser dem Bischof vor, er habe einen Fehler gemacht und einen Vokal kurz ausgesprochen, der nach seiner, Viventiolus', Meinung lang sei.

Der Bischof antwortet mit einer Epistel im gleichen Stil und beruft sich auf die Autorität der Grammatiker und Vergils, um seine Aussprache zu rechtfertigen. Für den Kulturhistoriker ist es bemerkenswert, daß eine solche Debatte zwischen zwei Gebildeten, die die Feinheiten des rhetorischen Vortrags kennen, möglich ist. Nicht nur, daß der Bischof über die Äußerung des Viventiolus nicht überrascht ist – daß der Prediger sich bemüht, gegen Ende des Jahrhunderts die Regeln der guten Aussprache zu beachten, zeigt, daß immer noch ein Publikum von Kennern existiert. Da nun aber die traditionelle Aussprache in der gesprochenen Umgangssprache nicht mehr existiert, stellt sich die Frage, wo diese Kenner ihre Kenntnisse haben erwerben können.

Am gallischen Firmament erstrahlen im fünften Jahrhundert kontinuierlich zahlreiche Namen von Gebildeten. Nach dem Tod von Sulpicius Severus (wahrscheinlich zwischen 400 und 420) verfaßte Sidonius Apollinaris (um 430 bis um 490), der Bischof von Clermont, ein dichterisches und epistolarisches Werk von höchstem Rang. Salvianus, ein Mönch aus Marseille, der sein Pamphlet über die Weltenlenkung Gottes um 440 schrieb, muß um 400 geboren sein und starb um 480. Avitus, der um 520 als Bischof von Vienne starb, hat Homilien, Briefe und die große Dichtung *De spiritalis historiae gestis* verfaßt. Jeder der hier Genannten hinterläßt ein sehr substantielles literarisches Werk.

In der zweiten Reihe stehen bedeutende Persönlichkeiten, die gleichfalls, aber in engerem Rahmen, literarisch tätig waren, wie der heilige Orientius, der Bischof von Auch (gestorben 448), Paulinus von Pella (gestorben um 459), der heilige Vincentius von Lérins (gestorben um 450) oder Ruricius von Limoges (gestorben um 510). Sie alle bewegen sich nach dem Zeugnis ihrer Schriften auf einem hohen kulturellen Niveau.

Und schließlich kann man an den Gedichten, Briefen, Widmungen und Anspielungen aller dieser Autoren erkennen, daß es eine Vielzahl von Persönlichkeiten mit einer erstklassigen Ausbildung gegeben haben muß: Das ist der sichtbare Teil der kulturtragenden Schicht, die der gallische Boden immer noch nährt, von Consentius, einem Dichter aus Narbonne, bis zu Rhetoren wie dem Präfekten Tonantius Ferreolus.

Die Zeit des Fortbestehens: 500–650

Das ganze sechste und die erste Hälfte des siebten Jahrhunderts bedeuten zunächst achtbare Aufrechterhaltung, dann Absinken des Kulturniveaus im Gallien der Merowinger. Wir dürfen uns nicht durch das Alarmsignal täuschen lassen, das Gregor von Tours um 580 gibt, als er seine *Historiae* beginnt: Die von ihm beschriebene Situation, die gegenüber dem fünften Jahrhundert sehr viel schlechter geworden ist, paßt bestens in das von ihm in offenkundig moralisierender Absicht entworfene apokalyptische

Zeitgemälde vom Gallien der Merowinger. Bei der Interpretation muß man berücksichtigen, daß Gregor aus verschiedenen Gründen der Tacitus der Merowinger war. Was würde man wohl über die frühe Kaiserzeit sagen, wenn wir von ihr nur die Grausamkeiten kennen würden, die in den *Annalen* beschrieben sind? Wären wir bereit, uns in unserem Urteil über die neue Staatsform nur auf diesen unerbittlichen Historiker zu verlassen?

Die uns interessierende Periode wird geprägt durch die endgültige fränkische Eroberung Galliens, auf Kosten der Westgoten (Schlacht von Vouillé 507) und der Burgunder (536), was eine zusätzliche Erschütterung der antiken Strukturen bedeutet, die in diesen stark romanisierten Gebieten vielleicht besser bewahrt worden waren; außerdem durch die ständige Teilung Galliens infolge von Erbstreitigkeiten (Austrien, Neustrien, Burgund, Aquitanien); aber auch durch die Rückkehr zur territorialen Einheit für eine Zeitspanne von zehn Jahren (629–639), die begleitet wird von einer institutionellen Festigung dank der starken Hand Dagoberts.

Öffentliche und geistliche Schulen

Von nun an ist es sehr schwierig, die Entwicklung der öffentlichen Schulen zu verfolgen. Die optimistischsten Hypothesen nehmen an, daß sie bis zum siebten Jahrhundert weiterbestehen, aber nur in besonders begünstigten Zentren (Tours, Lyon, Clermont, Orléans, Paris, Metz) und auch dort nur in reduzierter Form. Andere meinen, daß sie im Lauf des sechsten Jahrhunderts ganz verschwinden; zur Zeit neigt man allgemein eher der zweiten Hypothese zu. Wenn sich allerdings die Thesen von Karl Ferdinand Werner über die Kontinuität vom römischen zum merowingischen Gallien durchsetzen, wird man manche Rekonstruktionen überprüfen müssen, denn das Fortleben der juristischen und institutionellen Terminologie, das Werner als Beweis anführt, setzt eine ausgeprägtere Verankerung der schulischen *realia* der Antike im kollektiven Bewußtsein voraus, als bisher angenommen wurde.

Hat die Verringerung der Zahl öffentlicher Lehrstätten zur Folge, daß die Kirche sich zusätzliche Bildungsmöglichkeiten schaffen muß? 529 erläßt ein regionales Konzil in Vaison (Provence) ein Dekret, nach dem die Priester in ländlichen Pfarren Kinder bei sich aufnehmen sollen, um sie die Psalmen, die Heilige Schrift und die Anfangsgründe der Exegese zu lehren. Das Ziel ist, Personal heranzubilden, das dann seinerseits den Dienst in neuen Pfarren versehen kann.

Zwischen Weltlichkeit und Kirche

Bedeutet dieser Entschluß, der Bezug nimmt auf in Italien schon viel früher ergriffene Maßnahmen und auch in Spanien Parallelen hat, daß die öffentliche Schule nicht mehr voll funktionsfähig ist? Das ist keinesfalls sicher, denn die Initiative geht im fünften Jahrhundert von Italien aus, wo die Schulen noch aktiv waren. Außerdem scheint das Dekret ursächlich mit dem Radikalismus zusammenzuhängen, der unter dem Einfluß eines im Kloster ausgebildeten Oberhirten, des Bischofs Caesarius von Arles, im sechsten Jahrhundert in der Provence vorherrscht: Die Schule im Pfarrhaus wird geschaffen, weil er über eine eigene geistliche Lehranstalt verfügen will. Und schließlich muß vielerorten notwendigerweise auf das Selbststudium zurückgegriffen werden, denn man kann annehmen, daß für die mehr oder weniger Gebildeten, die es noch gibt, Positionen in der Stadt- oder Gemeindeverwaltung verlockend sind, und solche Positionen werden in dem Maße aufgewertet, wie die Zahl der Personen abnimmt, die sie besetzen können; entsprechend lukrative Angebote veranlassen die Gebildeten dazu, nicht mehr an Elementarschulen zu unterrichten.

Das gleiche Bemühen, eine stärker geistlich geprägte Ausbildung zu etablieren, spielt auch auf den höheren Stufen des Erziehungssystems eine Rolle. Im Umkreis des Bischofs bildet sich ein »Familien«-Leben im antiken Sinne heraus: Kleriker wirken an den Gottesdiensten des Bistums mit und erhalten gleichzeitig durch ihre Oberhirten eine gründliche Ausbildung. Caesarius von Arles, ein treuer Schüler des heiligen Augustinus, folgt dessen Beispiel als einer der ersten. So entsteht eine bischöfliche Schule; andere Einrichtungen dieser Art bilden sich nach und nach in Gallien und im lateinischen Westen (Spanien, Toledo 527). Dieser Schultyp stellt einen Kompromiß zwischen klösterlicher und weltlicher Lebensform dar.

Natürlich gibt es neben dem quantitativen auch einen qualitativen Rückgang der Kultur. Die Schriftsteller des fünften Jahrhunderts verfügten alle über eine Bildung, die des Tardoantico würdig war. Sie hatten einen vollständigen *cursus* absolvieren können; sie hatten die heidnischen und die christlichen Autoren gelesen; sie waren geprägt von den Kenntnissen, die das Wissen eines Intellektuellen im Römischen Reich ausmachten (Philosophie, Musik, Physik, Mathematik); in den meisten Fällen konnten sie Griechisch lesen; sie beherrschten aktiv alle großen Gattungen der literarischen Tradition. Dieser Teil der Kultur unterliegt seit dem sechsten Jahrhundert bedeutenden inneren Wandlungen.

Zunächst gibt es nicht mehr Intellektuelle als Christen; diese Christen stehen oft im Dienst der Kirche, sobald ihre Bildung ein hohes Niveau erreicht; und die Lehrinhalte orientieren sich an den Bedürfnissen einer spezialisierten geistlichen Ausbildung. Das bedeutet, daß selbst die gebildeten Bischöfe und die Schriftsteller über eine Kultur verfügen, die das mönchische Modell, das seit langem den profanen Inhalten großenteils fremd ist, zur reproduzieren sucht. Die kommentierende Lektüre der Grammatiker, Vergils, Ciceros und der großen klassischen Autoren wird aufgegeben zugunsten des Studiums der Heiligen Schrift und der Kirchenväter.

Persönlichkeiten

Dennoch verfügt Gallien noch über Schriftsteller ersten Ranges: Caesarius von Arles, Gregor von Tours, Venantius Fortunatus aus Ravenna. Der erste, geboren um 470 in Chalon-sur-Saône, erhält im neugegründeten Kloster Lérins eine mönchische Erziehung, ist Schüler des Rhetors Pomerius, wird 503 zum Bischof von Arles gewählt und bleibt bis zu seinem Tod 542 im Amt. Er reorganisiert die Kirche in der Provence, bemüht sich nach Kräften, das Christentum auf dem Land zu verbreiten, und hinterläßt Hunderte von Predigten, die oft von denen des Augustinus inspiriert sind, ein erstaunliches Zeugnis stilistischer Klarheit und pädagogischer Latinität, sowie eine Ordensregel. Er versucht, das gläubige Publikum an den liturgischen Gesängen zu beteiligen, ein interessantes Zeugnis für die Erhaltung des gesprochenen Lateins in der Provence.

Gregor (von dem in Kapitel V ausführlich die Rede sein wird) stammt aus einer Patrizierfamilie und wurde 538 in Clermont geboren; sein Onkel Nicetius aus Lyon erzog ihn, 572 wurde er Bischof in einem der wichtigsten Bistümer Galliens, in Tours. Sein berühmtestes Werk sind die *Decem libri historiarum,* auch *Geschichte der Franken* genannt. Diese Erzählungen sind in einem (vor allem hinsichtlich der Orthographie) unkorrekten, aber äußerst lebendigen Latein geschrieben und gewinnen unter dem Einfluß der *Aeneis* mitunter epischen Charakter; sie machen Gregor zu einem großen Schriftsteller. Er hat auch hagiographische Werke von hohem Rang verfaßt.

Venantius Fortunatus wurde um 530 in Norditalien geboren; er erhielt eine umfassende klassische Ausbildung in Ravenna, von wo er 565 vor dem drohenden Langobardeneinfall nach Metz an den Merowingerhof floh. Dort erhielt er das Amt des Hofdichters; später begab er sich auf Einladung seines Freundes Gregor nach Poitiers, zu seiner Freundin, der Äbtissin Radegundis, und verbrachte hier in Frieden seine letzten Jahre (er muß um 600 gestorben sein). Er hinterließ zahlreiche formvollendete Hofgedichte und eine *Vita Martini* in Hexametern (vier Bücher). Einige seiner Hymnen sind in die liturgische Tradition des Abendlandes eingegangen: *Vexilla regis prodeunt* (»Des Königs Fahne schwebt empor«), *Pange lingua* (»Preise, Zunge«).

Letzte Glanzlichter

Man hat zu wenig berücksichtigt, daß der raffinierte Italiener Venantius Fortunatus sich inmitten der merowingischen Barbaren doch sehr wohl gefühlt hat. Die kulturellen Fähigkeiten der fränkischen Gesellschaft, über die man im Gefolge Gregors von Tours alles erdenkliche Schlechte gesagt hat, sind nämlich durchaus beachtlich. Warum hätte Venantius Fortunatus so lange in diesem Land und bei den von ihm gepflegten literarischen Gattungen bleiben sollen, wenn er kein Publikum gehabt hätte, das ihn zu schätzen und folglich auch zu schützen verstand? Jedenfalls ist er der letzte große Schriftsteller, den Gallien vor der Karolingischen Renaissance zu bieten hat. Noch einige andere Namen zieren die erste Hälfte des siebten Jahrhunderts, zugegebenermaßen vor allem im Süden. Der Patrizier Dynamius aus Marseille steht mit Venantius Fortunatus im Briefwechsel. Felix studiert die klassische Literatur in Marseille. Desiderius lehrt Grammatik in Vienne, seinem Bischofssitz. Der provenzalische Priester Florentius schreibt um 650 eine elegante Vita der heiligen Rusticula. Die Bischöfe von Bourges Sulpicius I. (gestorben 591) und Sulpicius II. (gestorben um 650) haben eine gute Ausbildung in Grammatik, Metrik und Rhetorik genossen. Der künftige Bischof von Clermont, Bonitus, verfügt über solides juristisches Wissen.

Es sieht so aus, als hätte das öffentliche Schulwesen noch hinreichenden Einfluß, um mit der Unterstützung privater Lehranstalten eine signifikante, wenn auch abgeschwächte kulturelle Kontinuität zu gewährleisten.

French Literacy

Dennoch ist auch Nordgallien nicht von der Schriftkultur abgeschnitten. Dieser Landesteil bringt keine herausragenden Persönlichkeiten im literarischen Bereich mehr hervor, aber Spuren einer echten Wirksamkeit der lateinischen Schrift sind dort bezeugt. Zahlreiche Formelbücher werden abgeschrieben, was beweist, daß man sich immer noch hauptsächlich geschriebener Urkunden bedient. Übrigens läßt die merowingische Kursive, die für einen Nichtspezialisten nicht zu entziffern ist, gerade durch die Nachlässigkeit der Schreibweise erkennen, daß der Akt des Schreibens eine Alltäglichkeit ist. Es gibt immer noch die *defensores* und *curatores,* die in den Städten für die Registrierung Sorge tragen und dabei von *curiales* unterstützt werden, die man *boni homines* oder *boni viri* nennt. Die fränkische Aristokratie hat sich schnell die Schriftkenntnisse angeeignet, die zur Ausübung ihrer Macht und zur Verteidigung ihrer Rechte notwendig sind. Von Notaren ausgefertigte Urkunden tragen sehr oft die eigenhändige Unterschrift fränkischer *potentes,* und das bis ins dritte Viertel des siebten Jahrhunderts.

Die fränkischen Könige bekehren sich schnell zum Katholizismus, aber auch zu bestimmten Aspekten der antiken Kultur, im juristischen, medizinischen und religiösen Bereich. Es ist bekannt, daß Chilperich sich für Grammatik interessiert (was Gregor von Tours darüber sagt, spiegelt freilich seine eigene Feindseligkeit wider). Sigebert, der Schüler des Venantius Fortunatus, spricht ein elegantes Latein. Dagobert umgibt sich mit der intellektuellen Elite seiner Zeit. Noch einmal sei betont: Es wäre ein Irrtum, die Ungeschliffenheit der Sitten mancher Merowinger mit vollständiger Kulturlosigkeit zu verwechseln. Das Beispiel der Kaiser der Frühzeit und des Byzantinischen Reichs sollte uns zu einer Relativierung alter Auffassungen veranlassen.

Die dunkle Zeit: 650–750

Aus Gründen, die schwer zu erkennen sind, die aber sicher zu tun haben mit der Verschiebung des Zentrums der Merowingerherrschaft nach Austrien und mit den Erschütterungen, die der Übergang zu einer Dynastie verursacht, vielleicht auch mit der neuen Bedrohung durch den Islam im Süden und sicher mit den verheerenden Folgen der fränkischen Expansion in Aquitanien, sind die hundert Jahre von der Mitte des siebten bis zur Mitte des achten Jahrhunderts durch ein Schrumpfen des kulturellen Gewebes gekennzeichnet. Die Kultur zieht sich in die Klöster zurück, die so beinahe die einzigen Orte der Bewahrung der literarischen Tradition werden. Dagegen erleuchten nur noch wenige kulturelle Lichter den nichtklösterlichen Raum, gleichgültig, ob es sich um die Sphäre der Kleriker oder die der Laien handelt. Der Merowingerhof, der lange ein Zentrum der Erhaltung von Schulwissen und schulischen Aktivitäten war, verschwindet in dem Maße von der historischen Bühne, wie den letzten Herrschern die Macht entgleitet.

Das bedeutet, daß die Gruppe der Laien im Dienst der königlichen Verwaltung nach und nach ihren sozialen Status verliert. Man kann auch sagen, daß die Erhaltung einer von Laien getragenen Schriftkultur, die mit den Bedürfnissen der Monarchie eng verbunden ist, in Gefahr gerät. Die neue austrische Herrscherfamilie, deren Aufstieg zu Beginn des achten Jahrhunderts in vollem Gange ist, hat aus anderen kulturellen Reserven geschöpft, geistlichen und mönchischen vor allem. So vollzieht sich der Übergang zu einer Klerikalisierung der Kultur.

Späne

Selbst im geistlichen Leben gibt es seit dem letzten Viertel des siebten Jahrhunderts eine Verfinsterung. Mitte des folgenden Jahrhunderts erinnert Bonifatius daran, daß zu dem Zeitpunkt, als er die Reform der fränkischen Kirche in Angriff nimmt, in Gallien seit rund fünfundsiebzig Jahren weder Synode noch Konzil stattgefunden haben. Allerdings muß man diese Behauptungen etwas nuancieren: Die Propagandisten der Karolinger haben viel dazu beigetragen, den guten Ruf jener Dynastie zu ruinieren, deren Spur sie zu tilgen suchten, und Chronisten und Kommentatoren der Karolingerzeit haben auch später die Merowinger nach Kräften herabgesetzt.

Trotzdem bleibt es dabei, daß Gallien eine – offensichtlich recht kurze – Periode durchlebt, in der Erziehungswesen und Kultur den Anblick eines erlöschenden Feuers bieten, in dem nur noch einige Späne glühen. An namhaften Schriftstellern mangelt es, und die Produktion derer, die auftreten, ist von sehr schlechter Qualität. Versinnbildlicht wird das durch den berühmten Chronisten, den sogenannten Fredegar, dessen Chronik, ungeachtet ihrer Bedeutung als historische Quelle, in einer erbärmlichen Sprache und einem ebensolchen Stil verfaßt ist. In der Fortsetzung dieses Werkes, dem *Liber historiae Francorum*, mit dem 727 wohl ein Mönch aus Saint-Denis (Paris) an die Öffentlichkeit tritt, ist alles noch viel schlimmer. Man kann kaum noch von Literatur sprechen. Andererseits wird weniger geschrieben, und die Sprache der Urkunden wird chaotisch.

Die Hagiographie korrigiert diesen Eindruck ein wenig. Der heilige Eligius, der frühere Schatzmeister Dagoberts, scheint Predigten zu verfassen, die nicht ohne pädagogische und rhetorische Verdienste, natürlich in schlichtem Stil, sind; aber es sind nur Fragmente davon überliefert. Eligius stirbt 661, und mit ihm verschwindet der letzte Repräsentant merowingischer Größe. Sein Freund Audoenus, Kanzleibeamter am selben Hof, der eine gehaltvolle Vita des heiligen Eligius schrieb, stirbt etwa 670. So verschwinden lateinische Literatur und Kultur weitgehend aus Gallien, während die Sprachgemeinschaft die Erfindung der neuen romanischen Sprachen zum Abschluß bringt.

Glut unter der Asche

Die ersten Versuche, die kulturelle Tradition wiederzubeleben, gibt es nach der Regierungszeit Karl Martells, der selbst zu kriegerisch und zu stark im Kampf gegen äußere Gefahren engagiert war, um sich mit Kultur zu befassen. Also sind erst seine Nachfolger in der Lage, die Initiative für eine erste Neubegründung der Studien zu ergreifen; sie sind ihrer Macht im Inneren viel sicherer und weniger durch die Verteidigung ihrer Herrschaftsgebiete gegen äußere Bedrohungen in Anspruch genommen. Es gibt fast keine Bestrebungen, die Bildungsanstalten zurückzugewinnen. Als Herren des Reiches müssen sich Karlmann und Pippin aber eine Administration und folglich Administratoren verschaffen. Um ihren Bedarf zu decken, wenden sie sich an die fränkische Kirche.

Genau zu diesem Zeitpunkt bereist eine Persönlichkeit ersten Ranges Germanien, das unmittelbare Nachbarland Austriens, von wo die neue Dynastie stammt: Bonifatius, der berufen wird, die Zentren des Wissens im Frankreich wiederzubeleben. Der Angelsachse Winfrid, geboren im gelehrten England, genauer gesagt, in Wessex, wird nach gründlichen Studien in der Abtei Adescancastre der Apostel Germaniens (Thüringen, Hessen, Bayern). Dann gründet er – seine Stellung wird durch seine privilegierte Beziehung zum Papsttum gestärkt (er reist regelmäßig nach Rom) – die mächtige Abtei Fulda (744), ehe er als Erzbischof im Alter von achtzig Jahren auf einer Missionsreise in Friesland den Tod findet. In seinem letzten Lebensabschnitt wirkt er energisch an der Reform der Kirche und der Hebung ihres kulturellen Niveaus mit.

Denn künftig werden die beiden Begriffe auf eine Art miteinander verbunden sein, wie es vorher nicht der Fall war: Obwohl Christentum und Kultur bereits eine ständig enger werdende Verbindung eingegangen waren, gibt es noch nicht die Identifikation von Kultur und Klerus. Während des karolingischen achten Jahrhunderts dreht sich die Situation vollständig um. Die Kapitularien insistieren fortan gleichermaßen auf der aktiven und orthodoxen Ausübung des Hirtenamts, auf der Notwendigkeit der richtigen Vorbereitung der Seelsorger und darauf, daß sie zu diesem Zweck unbedingt das entsprechende Wissen erwerben müssen.

Nun schreiben diese Gesetze, die seit etwa 750 den Anstoß zu einer intellektuellen Reform des Klerus und der Klöster geben, den Bischöfen, Priestern und Mönchen vor, sich die Grundlagen der geistlichen Wissenschaft und an allererster Stelle Grammatikkenntnisse anzueignen. Es ist durchaus kein Zufall, daß Bonifatius eine lateinische Grammatik schreibt und sich selbst für die grammatische Wissenschaft begeistert. Da er von den Britischen Inseln kommt, wo das Verständnis des Lateinischen zum obligatorischen schulischen Rüstzeug gehört, weiß er, daß eine gute Beherrschung dieser Sprache Voraussetzung dafür ist, daß man die biblischen Texte richtig versteht.

Schrift

Der Kontakt mit den germanischen Stämmen verändert seine Sichtweise nicht. Im Gegenteil, ihm wird bewußt, daß einheimische Priester mangels einer ausreichenden Schulbildung unfähig sind, die wichtigsten Gebete korrekt auf Latein zu sprechen. Er begreift auch, daß junge Lektoren aus diesen Gegenden die Evangelienperikopen nicht verstehen, die sie der Gemeinde vorlesen müssen. Die zwingende Notwendigkeit, das kulturelle Niveau der Diener Gottes zu heben, wird ihm allmählich deutlich, und die Grammatik, die Gregor der Große einst verbannt hatte, nimmt in der kirchlichen Disziplin wieder einen Ehrenplatz ein.

Die Bedürfnisse der Verwaltung verstärken diese Entwicklung. Die königliche Kanzlei tut einen ersten Schritt, um wenigstens das Existenzminimum, die Orthographie, zu refomieren. So enthalten nach einer Periode beständigen Niedergangs die Urkunden der Kanzlei seit der Regierungszeit Pippins des Kurzen allmählich weniger eklatante Fehler. Auch die Schrift wird verbessert: Sie findet nach und nach zu einem Charakter zurück, der der königlichen Ämter eher würdig ist; diese werden so zu Schrittmachern einer formalen Revision, die mit der Erfindung und Verbreitung der schönen karolingischen Minuskel ihren Höhepunkt erreicht.

Forderungen

Allerdings ist das Studienreformprogramm noch nicht im ganzen Reich wirksam. Die Bistums- und Pfarrschulen werden erst unter Karl dem Großen einer detaillierten Gesetzgebung unterworfen. Seit 769 wird zunehmend das Bemühen erkennbar, die Mechanismen des geistlichen und kulturellen Niedergangs im Klerus wie in den Klöstern zu verstehen. Aber soll man den Warnungen, die seit diesem Zeitpunkt hörbar werden, unbedingt glauben? Das intellektuelle Leben war zumindest in den Klöstern während der Periode um 700 nicht erloschen. Trotzdem tadeln die Weisungen des Hofes die Unwissenheit der Kirchenmänner.

Dieser zumindest partielle Widerspruch löst sich auf, wenn man begreift, daß es trotz des Rückgangs der kollektiven Kenntnisse eine Steigerung des intellektuellen Niveaus einer Minderheit von Gebildeten gibt. Alarmiert durch die allgemeine Unwissenheit und im Bewußtsein ihrer eigenen Bedeutung wollen sie die Kenntnisse der *civitas ecclesiastica* vermehren. Dieser Eifer einer Minderheit von Intellektuellen ist durch die Einwanderung bedingt. Seit dem achten Jahrhundert werden die wechselseitigen Kontakte im Abendland intensiver, sei es unter Zwang, sei es als Folge überlegten Wollens. Dazu kommen die Missionare von den Britischen Inseln, die ein reiches (im wesentlichen Buch-)Wissen mitbringen. Und die mozarabischen Kleriker und Mönche fliehen aus dem besetzten Spanien und bringen nach Gallien eine lebendige lateinische Kultur zurück, die, als Tochter der Reform Isidors, von höherer Qualität ist. So nähern sich das Urteil der Immigranten und der Ehrgeiz der Fürsten einander an, um die Kultur Frankreichs mit strengem Blick zu taxieren und die Grundlagen für eine Renaissance des Nordens zu schaffen.

Programm

Der Zug Karls des Großen nach Italien verstärkt mit Sicherheit diese Entwicklung, da er zusätzliche Bezugspunkte schafft und den Franzosen die Reichtümer Italiens zeigt. Eine Achse Rom–Norditalien–Alpen–Metz hat schon seit dem heiligen Chrodegang (Bischof von Metz, gestorben 767) den Weg für eine Reform des Kirchengesangs gebahnt, die dazu führt, daß römische Kompositionen an die Stelle der gallikanischen Melodien treten. Die Reflexions- und Vergleichstätigkeit und Initiative, die die fränkischen Fürsten von ihren Palästen aus entfalten, kann sich bald auf eine europäische intellektuelle Elite stützen, deren berühmteste Mitglieder am Hof mitarbeiten. Alkuin aus England, Theodulf aus dem mozarabischen Spanien, Paulus Diaconus und Petrus von Pisa aus Italien, usw. – diese Namen rücken in den Vordergrund der Geschichte, sobald die Franken auf die Apenninenhalbinsel vordringen, und diese Männer übernehmen zwischen 775 und 790 die Rolle intellektueller Ratgeber.

Ihr Programm entspricht gleichermaßen ihrer Sichtweise der religiösen, kulturellen und linguistischen Geschichte Europas, den Anforderungen des fränkischen Herrschers und der karolingischen Monarchie und den Möglichkeiten der Zeit. Es geht darum, Christentum und Latinität zurückzuerobern, die beide durch den Zerfall der Merowingerherrschaft Schaden genommen haben. Sogar die Mönche werden aufgefordert, noch einmal, und gewissenhaft, in der Lateinschule zu studieren, damit sie in der Lage sind, sich mündlich und schriftlich in gutem Latein auszudrücken und die Heilige Schrift zufriedenstellend zu lesen und zu deuten. Alle Mönchsorden des Reiches werden aufgefordert, sich in Gewaltmärschen auf den Weg der Zurückeroberung der Norm zu machen.

Die Folgen für die Kulturgeschichte sind beträchtlich. Der Schub des britischen Enthusiasmus fegt die Bedenken der Intellektuellen der Spätantike in bezug auf die Legitimität des profanen literarischen Wissens hinweg. Alkuin erklärt, er lese die heidnischen Dichter ebenso wie die christlichen, und zitiert daher neben Prudentius und Venantius Fortunatus Ovid, Lukan und vor allem Vergil. Theodulf macht es ebenso und beruft sich auch auf die großen Klassiker der Grammatik, Pompeius und Donatus. Da er aus einem Land kommt, wo der prächtige Glanz der islamischen Kultur die Latinität zu vernichten droht, ist für ihn die Zeit vorbei, wo man aus dem Erbe eine Auswahl treffen konnte. Die Gesamtheit des lateinischen Wissens mag gerade genug sein, um den Sieg der kulturellen Identität des Christentums zu gewährleisten.

Einerseits geht man mit dem christlichen Wissen und den geistlichen Exerzitien strenger um: Die Bistums- und Pfarrschulen haben wieder viele Schüler; die Gläubigen sind aufgefordert, die großen Gebete fehlerfrei herzusagen. Aber andererseits gibt es eine Öffnung hin zur heidnischen Vergangenheit: Die Vergil-Handschriften werden von nun an wieder abgeschrieben, mit Randbemerkungen versehen und genau studiert. Donat wird aus den Schränken geholt und ist wieder Gegenstand der Lehre und der Bewunderung.

2. SPANIEN: IM UMFELD DER REFORMEN ISIDORS

Afrika: Ein verlorener lateinischer Kontinent

Eigentlich gehört das römische Afrika nur am Rande zu unserem Thema, weil die Barbaren hier nur ein Jahrhundert lang herrschten, von der Landung der Vandalen 429 bis zur Rückeroberung durch Belisarios. Nachdem die oströmischen Kaiser Karthago endgültig den Arabern überlassen haben, gehört Afrika von 533 bis 698 mehr oder weniger in die Geschichte des Oströmischen Reiches. Es sei nur kurz darauf hingewiesen, daß seine Kreativität durch die Verfolgungen der Vandalen, die sich gegen die katholische Kirche richten (die Vandalen sind Arianer), zwar stark in Mitleidenschaft gezogen wird, aber nicht versiegt. Die Vandalen sind der einzige Stamm, der die Diener der Kirche zu offener oder versteckter Rebellion provoziert. Die Gewaltpolitik wendet sich später gegen ihre Urheber, denn da es keine Verschmelzung zwischen den Volksgruppen der Besatzer und der Besiegten gibt, kehrt Afrika fast ohne Zögern zur kaiserlichen Autorität zurück.

Wir sind berechtigt anzunehmen, daß Kaiser Justinian seiner Restaurationspolitik treu bleibt und sich um die Reorganisation der Schulen in der *Africa romana* bemüht. Die Mittel bleiben sicher beschränkt. Aber daraus, daß die Verwaltungsmechanismen wieder funktionieren, ergibt sich auch die Möglichkeit, daß das Netz der Schulen wiederhergestellt wird. Schriftsteller der Widerstandsbewegung treten auf, wie Fulgentius, Bischof von Ruspe (um 467 bis um 532), der in Sardinien im Exil war und bedeutende theologische Traktate sowie ein Pamphlet»Gegen die Arianer« verfaßte. Ende des fünften Jahrhunderts lernt der Dichter Dracontius das königliche Gefängnis kennen. Unter der römischen Restauration lebt dann mindestens ein Autor ersten Ranges, Corippus. Als Professor in der Gegend von Karthago (um 520 bis um 565) schreibt er ein Epos in acht Büchern, *Iohannis,* einen Bericht über die Kämpfe, die Johannes, der Heerführer in Afrika, geführt hat, um die Provinz zu befrieden.

In der zweiten Hälfte des Jahrhunderts bricht diese Literatur- und Kulturgeschichte ab, als die Dynastie der Herakliden sich als unfähig erweist, die islamische Flut aufzuhalten.

Spanien: Von der Renaissance zum Erstickungstod

Von 476 bis 711 erlebt Spanien eine verhältnismäßig regelmäßige, um nicht zu sagen: lineare Entwicklung. Von einer gewissen Erschlaffung führt sie zu einem Höchststand der Kreativität. Das fünfte Jahrhundert und die erste Hälfte des sechsten verlaufen unspektakulär, mit einigen wenigen Glanzlichtern; dann bekommt das ehemals römische, jetzt westgotische Spanien ein neues Gesicht, die schöpferische Dynamik setzt sich gegen die konservative Trägheit durch. Natürlich begünstigen die historischen Bedingungen diesen Wandel. Aber die arabisch-berberische Invasion von 711 verändert Spaniens kulturelles Schicksal radikal und bewirkt eine Unterbrechung, zu der es in der Vergangenheit seit der Eroberung durch die Römer keine Parallele gegeben hat. Freilich haben die inneren Konflikte der hispanisch-gotischen Gesellschaft im Herzen des Landes die heftigste Verwirrung erzeugt. Aber die irredentistischen Tendenzen eines bedeutenden Teils des gotischen Adels gefährden die Entwicklung der christlichen Kultur nur partiell. Graf Paul mochte sich gegen König Wamba erheben; die geistlichen Vermittler behielten dennoch ihre starke Position, und der lateinische und katholische Bezug blieb selbst dann grundlegend, wenn er verspottet wurde.

Nichts dergleichen nach 711. Keinesfalls werden mit der Besetzung auf einen Schlag Jahrhunderte römisch-christlicher Kultur ausgelöscht, aber die Tendenz der Geschichte verändert sich plötzlich grundlegend und setzt sich von der Genese des übrigen Europas deutlich ab.

Zwischen Vandalen und Westgoten

Die erste Erschütterung des Ansturms von 406 erreicht Spanien erst spät, und die Gewalt der Invasion hat sich bis dahin schon abgeschwächt. Die Vandalen durchqueren Spanien eher, als daß sie es besetzen, und die Westgoten, die ihnen folgen, sind *foederati,* die schon in die Reichsstrukturen integriert sind. Das Abtriften der Goten nach Westen vollzieht sich langsam; ablesbar ist das an der Verlegung ihrer Hauptstadt von Toulouse (448) nach Barcelona (484) und zuletzt nach Toledo (Mitte des sechsten Jahrhunderts). Die eigentliche Besetzung Spaniens beginnt nach 450.

Trotz dieser nicht allzu ungünstigen Umstände ist das Kulturleben dürftig. Man kann nur annehmen, daß sich das Netz der Schulen langsamer auflöst als nördlich der Pyrenäen. Aber die spanische Kirche leidet unter dem Arianismus der neuen Herren, der zu Destabilisierung und Degradation führt. Im fünften Jahrhundert sind herausragend nur die Namen des

Rhetors Merobaudes, der Aetius besang, und des Hydatius, der um 460–470 eine Chronik redigierte, die für die Geschichte Spaniens in dieser Zeit sehr wertvoll ist. Wir sind weit entfernt von dem Feuerwerk christlicher Dichtung, das Prudentius zu Beginn des Jahrhunderts abbrannte, und selbst von der zeitgenössischen literarischen Produktion in Gallien. Nur im Westen kündet das Werk Martins (um 510–579), der aus Pannonien ins Swebenreich kam, dessen Bewohner er zum Katholizismus bekehrte, ehe er als Erzbischof von Braga starb, von einer bedeutsamen kulturellen Insel. Martin kennt die ethischen Schriften Senecas, aus denen er Morallehren für Herrscher ableitet. Wie Caesarius von Arles greift er in seiner Predigt über die Belehrung der Bauern die folkloristische Tradition an. Aber seine Aktivität hinterläßt ebensowenig Spuren wie das Volk, in dessen Mitte er wirkt.

550–700: Renaissance Isidors

Drei äußere Ereignisse erschüttern Spanien: die Niederlage von Vouillé, die die Westgoten 507 veranlaßt, Gallien zu verlassen; die Landung byzantinischer Truppen, die den Südosten besetzen, im Jahre 551; und der Strom von Flüchtlingen aus Afrika, die seit 650 vor der arabischen Invasion fliehen. Dieses letzte Ereignis beeinflußt stark die Kulturgeschichte, denn die Afrikaner bringen zahlreiche Manuskripte mit, die die Bibliotheken der Pyrenäenhalbinsel bereichern und so der Zerstörung entgehen. Aber die Veränderung mit den bedeutendsten Konsequenzen für die Kultur- (und Sprach-)Geschichte ist die Bekehrung der Goten zum Katholizismus, die das Konzil von Toledo 589 sanktioniert.

Dadurch wird eine ethnische und kulturelle Spaltung beendet, die die Jahre mehr oder weniger abgeschwächt haben, die aber eine wirkliche nationale Verschmelzung in der Hispania verhindert hätte. Der Vorwurf, mit der byzantinischen Ideologie zu sympathisieren, ist entkräftet: Wenn die Intellektuellen ihren katholischen Glauben gemäß den Formen der traditionellen Kultur zum Ausdruck bringen, können sie nicht mehr des Verrats zugunsten des Feindes angeklagt werden. Die Franken ihrerseits verlieren höchstens das Privileg, die einzigen katholischen Barbaren zu sein: Fortan kann sich Rom ebensogut auf die Westgoten stützen.

Diese Revolution, die von Bischof Leander von Sevilla vorbereitet und durchgesetzt und unter seinem Nachfolger Isidor noch schärfer akzentuiert wird, befreit die lebendigen Kräfte der spanischen Kirche; sie widmet sich in der Folge einem Restaurationswerk, dessen Erfolg das Wort von der Renaissance Isidors rechtfertigt.

Erfolge und Grenzen

Es ist eine Renaissance in Relation zu anderen Erscheinungen. Synchronisch im Vergleich mit dem zeitgenössischen Gallien und Italien, diachronisch in bezug auf Spanien vor 550 und nach 700. Ihre Grenzen sind klar: Sie hat Spanien weder sein gesamtes schulisches Kapital noch seine Kreativität aus der Zeit des Römischen Reiches zurückgegeben. Aber ihre Erfolge sind auch evident: Eine allgemeine Reorganisation des Wissenserwerbs ist im Gange: Zuerst geht es darum, das kulturelle Niveau der Geistlichen und Mönche zu heben; dann müssen die intellektuellen Werkzeuge für die Verwirklichung dieses Programms geschmiedet werden; und es sollen Laien an der Bewegung teilhaben. Der Erfolg ist zwar nicht vollkommen, aber er kann sich sehen lassen. Anfang des siebten Jahrhunderts beauftragt der Westgotenkönig Sisebut Isidor, das Traktat *De natura rerum* zu verfassen, und er ist selbst in der Lage, ein Gedicht in relativ korrekten Hexametern (dem gelehrten Metrum par excellence!) zu schreiben. Mitte des siebten Jahrhunderts veröffentlicht König Rekkesvind eine Gesetzessammlung, das *Forum iudicum*, dessen Tenor und praktische Anwendung das römische Recht bestätigen.

Die Grundlagen dieser Erneuerung werden vor allem von Isidor, dem Bischof von Sevilla (570–633), geschaffen, einem engagierten Enzyklopädiker und Lehrer, von dem im fünften Kapitel, bei den Vermittlern, die Rede sein wird. In der Tradition der antiken Gelehrten Varro und Plinius des Älteren unternimmt er eine gewaltige Neuordnung des Wissen in Form einer bemerkenswerten Datenbank, der *Etymologiae* in zwanzig Büchern. Diese Anstrengung wird ergänzt durch die Wiedergewinnung des intellektuellen Werkzeugs par excellence dieser Übergangszeit, der *grammatica*. Die auf die profanen Aspekte des Wissens gerichtete Tätigkeit wird ergänzt durch die Reorganisation des Kirchenpersonals.

Norma

Der Sevillaner entwirft ein vollständiges Programm in den drei Büchern seiner Sentenzen, einem wirklichen Lehrbuch des religiösen und gesellschaftlichen Lebens. Er plant auch die Reform des Klosterlebens und verfaßt deshalb eine von Augustinus inspirierte Ordensregel. Diese theoretischen Arbeiten sind nicht praxisfern: Die Konzilien, die sich wieder unter dem wachsamen Blick der Herrscher versammeln, erlassen ein Regelwerk, das im Haus Gottes wieder Ordnung schaffen soll, und die Bischöfe und Isidor selbst nehmen aktiv Anteil daran (vermutlich geht das bis zur Redaktion der Kanones – auch Alkuin wird hundertfünfzig Jahre später bestimmte Kapitularien Karls des Großen abfassen). Alles deutet darauf hin, daß die administrativen Maßnahmen sich auf das kulturelle Leben der Zeit auswirkten, wenn auch das allgemeine Niveau nicht so gehoben wurde, wie es den durch die Bekehrung der Goten geweckten Hoffnungen entsprach.

Bevor jedoch die hispanische Sprache und Kultur sich zu sehr in Richtung auf einen mittelalterlichen Zustand fortentwickeln können, lenken ihre eingebauten Bremsen sie für eine gewisse Zeit zurück zur Tradition und zu den antiken Normen. Erstaunlicherweise läßt sich eine Restauration der schriftlichen Kommunikation in lateinischer Sprache beobachten, die von einer Vervollkommnung der mündlichen Kommunikation begleitet wird. Die westgotischen Schiefertafeln, die kürzlich entdeckt und endlich korrekt analysiert wurden, haben bewiesen, daß noch im siebten Jahrhundert das Lateinische die allgemein gebräuchliche Schriftsprache war. Man erwartete, eine protoromanische Sprache zu finden, entdeckte aber hinreichend korrektes Latein selbst in Dokumenten ohne stilistischen Anspruch.

Die kulturelle Restauration verbreitete sich von Sevilla nach Toledo, der politischen Logik entsprechend, die Toledo zur königlichen Hauptstadt gemacht hat. Eine zahlenmäßig starke Schicht von gebildeten Beamten (Juristen, Ärzten, Verwaltungsbeamten, Generälen) hat Anteil an dem bemerkenswerten Aufschwung dieser Stadt, die übrigens nicht allein von dem intellektuellen Reichtum profitiert. Braga, Mérida, Córdoba, Saragossa und Barcelona tragen das Ihre an Zeugnissen über die Fortsetzung der antiken Aktivitäten bei. Natürlich ist nicht das alte römische Spanien wiederhergestellt worden: Die westgotische Zeit bietet ein mattes, aber noch erkennbares Abbild davon. Immerhin wird einer der letzten Gotenführer, Theodemir, der nach der arabischen Invasion sein Herrschaftsgebiet teilweise zu behaupten vermag, beschrieben als »Kenner der Heiligen Schrift, rhetorisch begabt, stets bereit zum Kampf«.

Solche Errungenschaften sind einer Gelehrtengeneration zu verdanken, deren berühmteste Vertreter aus Toledo stammen. Der erste berühmte Mann, Eugenius III., Erzbischof von Toledo (646–657), der Vergil, Prudentius und Venantius Fortunatus gelesen hat, ist ein ausgezeichneter Grammatiker und Metriker. Er schreibt vor allem zwei Bücher Gedichte in klassischem Stil über weltliche Themen. Auf Wunsch des Königs gibt er das dichterische Werk des Afrikaners Dracontius in verbesserter Fassung heraus.

Ildefons und Julian

Sein Nachfolger Ildefons (geboren 607, Bischof seit 657, 667 gestorben) war noch bedeutender. Er war Schüler von Isidor und Eugenius, zuerst Mönch im Kloster Agali nahe der Hauptstadt; dort wurde er Diakon und später Abt, ehe er schließlich seinem Lehrer Eugenius nachfolgte. Er schrieb ein umfangreiches Werk, von dem nur ein Teil überliefert ist: Briefe, Traktate, Hymnen und Predigten, eine Sammlung von Gedichten mit eingestreuten Prosastücken und vor allem ein Traktat über die berühmten Männer, der das von Hieronymus erstellte und von Isidor weitergeführte Register fortsetzt.

Julian, geboren 642, wahrscheinlich ein getaufter Jude, von 680 bis 690 Erzbischof von Toledo, ist der letzte große Autor Spaniens vor der Invasion. Seine umfassende Bildung erlaubt es ihm, sich für weltliche und geistliche Fragen gleichermaßen zu interessieren, abgesehen von seinen politischen Aktivitäten zur Zeit des Königs Egica. Sein Lehrbuch der Grammatik bringt nichts Neues, bestätigt aber zumindest, daß das Latein im toledanischen Spanien zuverlässig weitergegeben wird. Er verfaßt außerdem eine interessante Vita des Ildefons und vor allem eine Schrift über die Geschichte des Königs Wamba, die in einem Stil, der Sallust nachahmt, die Erhebung der Gallia Narbonnensis unter Graf Paul gegen den legitimen Herrscher Wamba geißelt. Dieser Bericht beschließt glanzvoll und in für das Tardoantico typischer Weise die westgotische Historiographie.

Lateinisches Spanien

Die Auflösung der Königsmacht und der Aufstieg präfeudaler Familien verhindern also nicht, daß das römisch-gotische Spanien in der Latinität verankert bleibt. Zahlreiche Indizien beweisen, daß die Zahl der Bistums- und Pfarrschulen sich vervielfacht; diese ergänzen das erzieherische Wirken weltlicher Lehrer, die oft von Privatleuten bezahlt werden, wodurch das Fehlen einer öffentlichen Schule ausgeglichen wird. Tiefe und Lebenskraft dieser Latinität finden sich ausgezeichnet repräsentiert in Leben und Werk des Mönchs Valerius.

Literarisch gebildet, aber vor allem um sein Seelenheil besorgt, lebt Valerius als Einsiedler in der Gegend von Astorga und tritt in das von Fructuosus von Braga gegründete Kloster Complutum ein, dessen Abt ihn zum Scholaster ernennt. Dann wird er wieder Eremit in Bierzo (Asturien), wo er im Sommer die Kinder unterrichtet; vor allem lehrt er sie den Psalter. Er stirbt 695 und hinterläßt ein sehr bedeutendes pädagogisches Werk, nicht zuletzt einen grundlegenden Kommentar zu den Psalmen.

So dauern im Leben des westgotischen Spanien Sprache und Kultur der Spätantike fort, genauso wie die spanische Architektur im sechsten und siebten Jahrhundert der Tradition der christlichen romanischen Länder folgt.

Unter diesen Umständen kann man die arabisch-berberische Invasion von 711, ohne zu zögern, als Katastrophe bezeichnen: Sie bringt sehr schnell die lateinische und christliche kulturelle Tradition in Gefahr, zumal von dem Zeitpunkt an, da sich mit der Ankunft des Omaijaden Abd ar-Rahman 766 eine wirkliche Dynastie etabliert. Nicht nur daß in den besetzten Gebieten schnell alle Infrastrukturen hinweggefegt werden, die den Erhalt der Latinität sicherten; gravierender ist, daß Glanz und Prestige der arabisch-islamischen Kultur, die Macht und der Prunk des Hofes, wo der Emir von Córdoba residiert, die römisch-gotische christliche Elite faszinieren.

Der religiöse Assimilationsmechanismus, den die Araber installieren (Toleranz um den Preis von Abgaben gegenüber Christen und Juden, die auf diese Weise plötzlich gleichgestellt sind), trägt so schnell Früchte, daß die Zahl der Konvertiten *(muwalladun)* sehr schnell an die Zahl der Christen heranreicht, die ihrem Glauben treu bleiben *(mozárabes)*. Die blutigen Kämpfe zwischen arabischen und berberischen Volksgruppen, die Erhebungen verschiedener Provinzen gegen das Kalifat (Hakam wird später sagen, er habe sein Reich mit seinem Schwert geschneidert!) zerstören die traditionelle Kultur. In der ersten Hälfte des achten Jahrhunderts gibt es keine bedeutendere literarische Produktion: Es sind keine Autorennamen mehr überliefert. Nur die anonyme Chronik von Córdoba (754) läßt sich gegen den Verfall der Latinität ins Feld führen.

Erst am Ende des Jahrhunderts verteidigt Elipand, der Erzbischof von Toledo, in kraftvollen Propagandaschriften, die sich besonders gegen Alkuin richten, seine adoptianistische Häresie, die alles in allem den Versuch eines theologischen Kompromisses mit dem Islam darstellt. Im Barbarenkönigreich Asturien herrscht Schweigen. Der Glanz des islamischen Andalusien verdunkelt die Spuren der Latinität.

3. WIDERSTAND UND KREATIVITÄT ITALIENS

Vier Phasen der italienischen Entwicklung

Vier aufeinanderfolgende Phasen kennzeichnen die Geschichte Italiens. Von 400 bis 500 ist der langsame Rückzug des alten Reiches zu beobachten, das seine Provinzen verliert, bis es nur noch das Territorium beherrscht, von dem die romanischen Eroberungszüge ihren Ausgang genommen hatten. Obwohl Rom zweimal geplündert wird (410 und 456), bestehen die Tendenzen des Tardoantico bruchlos weiter. Das sechste Jahrhundert bietet scharfe Kontraste zwischen einem ersten Drittel, das ganz im Zeichen der römisch-gotischen Verschmelzung steht, einem zweiten Drittel, das von Krieg und Rückeroberungszügen verheert wird, und einem letzten Drittel, in dem die Hoffnungen auf eine Restauration der kaiserlichen Macht angesichts neuer Eindringlinge schwinden. Das siebte Jahrhundert ist eine Zeit des Stillstands, in der Italien in langobardische Besitzungen und byzantinische Bastionen aufgesplittert ist. Im achten Jahrhundert schließlich scheitert die italienische Einheit, die die langobardischen Könige hätten schaffen können, an den Ambitionen der Karolinger. Trotzdem wird die Kultur des frühmittelalterlichen Italien durch die Kämpfe im letzten Viertel dieses Jahrhunderts weniger heftig erschüttert als durch die des sechsten Jahrhunderts.

Dieses Schema zeichnet sich auch in der Kultursprache ziemlich klar ab. Das fünfte Jahrhundert setzt das vierte kontinuierlich fort: Der Schulbetrieb und das intellektuelle Leben werden durch die politischen Ereignisse wenig in Mitleidenschaft gezogen. Im Gegensatz dazu bringt das sechste Jahrhundert tiefgreifende Umwälzungen im institutionellen und geistigen Bereich: Der materielle Rahmen verändert sich ebenso wie die Mentalität, und im Kielwasser großer Persönlichkeiten sucht das römische Italien nach Möglichkeiten, seine Identität zu bewahren. Auf die Katastrophe der Jahrhundertwende folgt eine Art intellektuelle Auszehrung, wodurch das siebte Jahrhundert in Italien an das fünfte Jahrhundert in Spanien erinnert. Aber Italien scheint sich bereits regeneriert zu haben, als es dann wieder die europäische Bühne betritt. Man darf allerdings nicht vergessen, welche bedeutende Rolle das griechisch-römische Ravenna beim Erhalt einer gediegenen Kultur auf dem antiken Boden gespielt hat.

Kontinuität des Tardoantico

Die Kultur der Spätantike (also der ersten Phase) besteht bis zum Ende der Regierungszeit Theoderichs, ja sogar bis in die ersten Jahre der byzantinischen Rückeroberung fort. Das Ende der Dynastie des Theodosius mit der Ermordung Valentinians III., dann der Untergang des Reiches mit der Absetzung des Romulus Augustulus, die Ankunft und Machtergreifung der Ostgoten Theoderichs rufen weniger Erschütterungen hervor als die sprunghafte Entwicklung in der ersten Hälfte des fünften Jahrhunderts – außer in Norditalien, wo einige Städte wie Aquileja unter den Kämpfen zu leiden haben. Die archäologischen Funde, die literarischen und epigraphischen Zeugnisse demonstrieren übereinstimmend, daß das Leben der Antike in seinen materiellen Formen weitergeht: Die Thermen in den großen Städten sind noch in Funktion; die Zirkusspiele (vor allem die Wagenrennen) finden weiterhin statt; die öffentlichen Gebäude werden unterhalten und renoviert (so der *Circus Maximus*). Die römische Architektur bringt immer noch Meisterwerke hervor: Mitte des fünften Jahrhunderts die Kirche Santa Maria Maggiore in Rom, das Mausoleum der Galla Placidia um dieselbe Zeit, die Kirche des heiligen Apollinaris in Classis in der ersten Hälfe des sechsten Jahrhunderts und das Grab des Theoderich (527).

Einzelne Anspielungen auf die Existenz von Rhetorenschulen bestätigen, daß das Schulsystem immer noch ganz normal funktioniert. Ravenna, Mailand, Pavia und vor allem Rom bleiben Zentren des Wissens und der Kultur. Ganz am Ende des fünften Jahrhunderts sind die öffentlichen Bibliotheken immer noch geöffnet, und Gebildete aus dem Hochadel wie Symmachus schreiben dort Livius und Vergil ab. Papst Leo der Große (440–461) entfaltet in seinen Predigten alle Möglichkeiten der christlichen Rhetorik. Am Ende des Jahrhunderts verfügt Ennodius, der Bischof von Pavia, über eine umfassende Bildung. Er wurde 475 in Arles geboren und war Bischof seit

515; er starb 521. Neben Briefen, Gedichten und Predigten von hohem Rang hat er einen prunkvollen Panegyrikos Theoderichs hinterlassen, mit allen Fehlern und allen Vorzügen dieser Gattung.

Risse

Mit dem Ende der Regierungszeit Theoderichs bricht diese Kontinuität ab. Die heftigen Gotenkriege, die der griechische Historiker Prokop genau beschrieben hat, lassen Italien um die Jahrhundertmitte verarmt, geplündert und eingeschüchtert zurück. Die römische Gesellschaft hat kaum Zeit, wieder etwas Vertrauen zu fassen, da stürzt die langobardische Invasion (seit 568) sie erneut in Angst und Verzweiflung. Diese rasch aufeinanderfolgenden Erschütterungen verhindern, daß das Leben weitergeht wie seit der Antike gewohnt (es ist bezeichnend, daß Rom keine Aquädukte und folglich auch keine Thermen mehr hat). Zahlreiche Risse gefährden die Kontinuität der traditionellen Kultur und besonders des Erziehungswesens. Allerdings ist der Niedergang nur ansatzweise spürbar. Außerdem schaffen neue Strukturen einen Ausgleich (Reorganisation des Unterrichtswesens in Rom durch Justinian). Und schließlich treten prominente Persönlichkeiten der Gefahr des Rückfalls entgegen.

Die bedeutendsten unter ihnen (die im Kapitel V einzeln vorgestellt werden) sind sicher Boethius (480–524) und Cassiodor (um 490–583): Mit dem erstgenannten endet die Antike im engeren Sinn; ihn verbindet bis zu seinem Tod nichts mit dem Mittelalter. Dagegen ist der zweite im ersten Teil seines Lebens, als er im Dienst Theoderichs steht, zwar der Antike noch ganz nahe, aber er bereitet Lösungen für die Zukunft vor, sobald es zum Krieg kommt. Beide besitzen ein hohes intellektuelles Niveau, wenn auch Boethius Cassiodor übertrifft. Boethius ist zwar Christ, aber zugleich ein wahrer antiker Denker, der die griechische Kultur und Sprache von Grund auf kennt. Er hat eine philosophische, musikalische und mathematische Ausbildung erhalten; in seinem Wissen gleicht er Cicero, einem *homo sapiens* im wahrsten Sinne des Wortes, der sich sechshundert Jahre früher seine Kenntnisse erwarb. Er beherrscht die lateinische Sprache perfekt und stellt sie in den Dienst eines gewandelten Intellekts und einer anspruchsvollen Ästhetik.

Cassiodor ist weniger Philosoph als Grammatiker, ein Verwaltungsfachmann, der alles Überflüssige aus seinem intellektuellen Gepäck eliminiert hat. Nachdem er weltliche *Variae* verfaßt hat (eine Sammlung von Briefen der königlichen Kanzlei), entwirft er ein umfassendes Studien- und Kulturprogramm für die Mönche seines Klosters Vivarium, das er weitab vom Lärm und den Leidenschaften der Welt gegründet hat; dorthin zieht er sich zurück. Er wendet sich von Philosophie und Theologie ab und konzentriert seine Anstrengungen auf die Philologie, im Dienst einer schlichten Exegese. Seine Mönche stattet er mit den Werkzeugen zur Erfüllung dieser Funktionen aus (er begründet ein hervorragendes Skriptorium). Alles in allem spiegeln die letzten fünfzig Jahre seines Lebens die Entwicklung der Kultur in Italien wider: Zu konstatieren ist eine quantitative und qualitative Beschränkung, aber kein Verlöschen.

Die Entscheidungen Gregors

Am Ende des Jahrhunderts, als der Einfall der Langobarden für völlige Verwirrung gesorgt hat, beschleunigt sich die Entwicklung. Die weltliche Gesellschaft kann keine nennenswerten Bezugspunkte mehr bieten; die Kirche tritt an ihre Stelle. Es beginnt die Amtszeit eines der berühmtesten Päpste überhaupt, Gregors I., der der Große genannt wird. Seine Grabinschrift faßt seine römische und christliche Doppelnatur zusammen, wenn sie in anschaulicher Verkürzung sagt, er sei der »Konsul Gottes« *(Consul Dei)* gewesen. Der Papst, geistiger Führer der Christenheit zum Zeitpunkt der schlimmsten Katastrophen für Rom und Italien, entscheidet sich für eine intellektuelle Ausrichtung, die ausschließlich von seinen eschatologischen Überzeugungen abhängt: Er glaubt, das Ende der Welt sei nahe, und um so viele Seelen wie möglich zu retten, ist er zu allen Opfern entschlossen. Deshalb versucht der ehemalige Mönch, die ganze Gesellschaft zu einer kompromißlosen, wahren Konversion zu veranlassen, und schickt Missionare aus in der Hoffnung, auch andere Volksstämme zu retten. Wer einen derartigen religiösen Rigorismus vertritt, vermag kaum eine Kultur zu akzeptieren, die nicht ganz dem Werk Gottes untergeordnet ist. So kennt man von Gregor Stellungnahmen gegen ein Wissen, das zu stark von der profanen Tradition beeinflußt ist. Den Bischof von Vienne, Desiderius, tadelt er, weil dieser Grammatik und die heidnischen Autoren lehrt; im Vorwort seines großen exegetischen Werkes *(Moralia in Iob)* erklärt er, daß er die Regeln Donats ablehnt. Trägt der Konsul Gottes mit all seinem wirkungsmächtigen Ansehen zum Niedergang der antiken Bildung und Kultur bei? Die außerordentliche Qualität seines eigenen schriftstellerischen Werkes (Exegese, Predigten, Briefe), wo das Latein das schmiegsame, oft elegante Gewand reicher Gedanken ist, lädt im Gegenteil die Intellektuellen zu ähnlichen Anstrengungen ein. Seine Warnungen bezeugen, daß Italien immer noch so gelehrt ist, daß manche der Versuchung nachgeben, einzelne *artes liberales* um ihrer selbst willen zu pflegen und nicht, um sie der Kenntnis der Heiligen Schrift dienstbar zu machen. Jedenfalls ließ sich zeigen, daß Gregors Erklärungstechniken in vieler Hinsicht den Übungen im Kommentieren von Texten verpflichtet sind, die beim *grammaticus* betrieben werden. Und schließlich erfindet er, gerade weil er sich vom Korsett der traditionellen Formen befreit hat, nach den Wundererzählungen der *Dialogi* eine lateinische Literatur, die auch dem Volk zugänglich ist. Ihm ist wie Augustinus nicht bewußt, daß die lateinische Sprache und Kultur nicht auf Schulübungen im engeren Sinn verzichten können, wenn sie überleben sollen. Dieser Irrtum ergibt sich gewiß aus seiner eschatologischen Perspektive (was für eine fernere Zukunft sollte es geben?), aber auch aus dem respektablen Erhaltungszustand dieser Sprache und dieser Kultur im langobardisch beherrschten Italien.

Gestrichelte Linien

Italien verfinstert sich nicht. Die Gründung des Klosters Bobbio (614) in Norditalien gleicht teilweise die Zerstörung von Monte Cassino aus (580, wiederhergestellt 720). Der Langobardenhof in Pavia interessiert sich für religiöse Fragen, und die *Dialogi* sind Königin Theodelinde gewidmet. Diese Wechselbeziehungen führen dazu, daß die ehemals arianischen Invasoren sich Mitte des Jahrhunderts zum Katholizismus bekehren. Die schnelle Latinisierung dieser Germanen wirkt ebenfalls im Sinn der Kontinuität: König Rothari läßt 643 eine Gesetzessammlung zusammenstellen und veröffentlichen, die ganz auf Latein geschrieben ist. Nur Fachtermini erscheinen im Text in ihrer germanischen Form. Aller Wahrscheinlichkeit nach vergißt die Mehrheit der Langobarden schnell ihre eigene Sprache, assimiliert sich und wird Teil des *orbis Romanus*. Mit einer Verzögerung, die durch ihre späte Ankunft in Italien bedingt ist, gehen die Langobarden wie die Germanen in Gallien und Spanien in einer ethnischen Gesamtheit auf, in der sie nur geringe Spuren hinterlassen.

Auch wenn große Namen fehlen, ist es also nicht vermessen anzunehmen, daß es in Italien eine hinreichende intellektuelle Aktivität gibt, um das Erbe des Tardoantico zu bewahren und die neue Blüte des achten Jahrhunderts vorzubereiten (die, anders als in Frankreich, nicht aus einer geplanten Reform in Verbindung mit einer Einladung an die Adresse ausländischer Intellektueller erwächst). Besonders Rom ist ein Ort, der viele Fremde anzieht und ständigen Austausch ermöglicht: mit Konstantinopel und der griechischen Welt, mit dem römischen Afrika, von wo sich ein Flüchtlingsstrom nach Rom bewegt, und mit dem (angelsächsischen) Inselreich, von wo Pilger und Gelehrte kommen. Die päpstliche Kanzlei zeugt von einer achtbaren Kontinuität, wenn sie auch nicht von hervorragenden Geistern geführt wird. Die Manuskriptbestände der päpstlichen Bibliotheken sind immer noch außerordentlich reich. Die römischen Verordnungen *(ordines Romani)* des siebten Jahrhunderts bestätigen, daß die Ausbildung von Kindern, die zum geistlichen Stand bestimmt sind, aktiv weiterbetrieben wird, besonders im hochgeschätzten Bereich des Gesangs *(schola cantorum,* Schule für Chorsänger).

Kulturelle Reservate: Ravenna

Die Ursachen, die in Italien für schwere Erschütterungen gesorgt haben, erklären teilweise auch, warum das Land in geistesgeschichtlicher Hinsicht privilegiert ist. Neben der unvergleichlichen Verwurzelung des lateinischen Erbes im Mutterland trägt die byzantinische Rückeroberung trotz der Zerstörungen, die sie verursacht, bedeutend zum Erhalt echter kultureller Reserven bei, wodurch einer Aufsplitterung lange Widerstand geleistet werden kann, wie in Ravenna und im Exarchat, aber auch in Süditalien, Neapel und in Sizilien. Ein exemplarischer Fall ist Ravenna, über das eine sehr reichhaltige schriftliche Dokumentation in lateinischer und griechischer Sprache existiert. Die ehemalige Kaiserstadt hält an einer peniblen Administration fest, die auf der allgemeinen Verbreitung der Schrift basiert. Pflichtenhefte *(breves)* teilen die Steuern zwischen Städten und Gemeinden auf; die Steuereinnehmer stellen den Steuerzahlern detaillierte Belege aus *(apochae)*; auch die Verteilung der in Naturalien erhobenen Abgaben an die Truppe macht die Ausgabe von Quittungen erforderlich *(pittacium)*.

Die Zentralgewalt behält die strikte Kontrolle über alle Marktflecken und ländlichen Gebiete: So besetzt der Verwaltungsapparat den Raum und spinnt dort weiterhin ein engmaschiges Netz lateinischer Schriftkultur. Aus diesem Grund wird in Ravenna der Unterricht in den weltlichen Disziplinen Literatur, Recht und Medizin von tüchtigen Lehrern erteilt (in den Jahren 540–550 haben sie in Venantius Fortunatus einen brillanten Schüler). Die demographische Krise im siebten Jahrhundert, die Verbäuerlichung der Städte, die vorübergehende Verarmung der ländlichen Gebiete (Hungersnöte), die Konflikte zwischen Byzantinern und Langobarden, zwischen Ravenna und Konstantinopel unterbrechen zu keinem Zeitpunkt eine intellektuelle Aktivität, die um so intensiver ist, als sie von der doppelten Rivalität zwischen dem Erzbistum Ravenna und dem Heiligen Stuhl sowie der Haltung des Klerus in Italien und den religionspolitischen Entscheidungen des Kaisers (monophysitische Lehre, Trullanische Synoden) verschärft wird.

Die kulturelle Aktivität strahlt auf das langobardische Italien aus: Die Technik der Feldmessung, die von der byzantinischen Steuerbehörde tradiert wurde, erscheint auch in der benachbarten Lombardei!

Aus diesen Gründen ist Italien, die letzte lateinischsprachige Region des alten Reiches, in der das Tardoantico zu Ende geht, auch die erste, in der die Anzeichen einer präkarolingischen Renaissance sichtbar werden. Nach dem kulturellen Tiefstand des siebten Jahrhunderts (der jedoch nicht bis zur völligen Austrocknung ging) nimmt im achten Jahrhundert das Wissen schon wieder beträchtlich zu. Nach seinem *revival* nimmt Italien schneller und entschiedener als jedes andere europäische Land seinen Platz als »Mutterland der Künste« wieder ein. Zunächst entwickelt die Benediktinerregel im Zuge der Gründung zahlreicher Klöster im Norden Italiens, mit allem, was eine solche kulturelle Reaktivierung mit sich bringt, wieder neue schöpferische Kraft. Das Kloster auf dem Monte Cassino wird wiederaufgebaut, die Abtei Farfa reformiert, usw. Anderswo, in Kolumbans Kloster Bobbio, das über ein aktives Skriptorium verfügt, beginnen die Mönche im achten Jahrhundert weltliche Werke abzuschreiben.

Andererseits zeigen zahlreiche Indizien, daß die schriftliche Verwaltungstätigkeit in den Städten sehr verbreitet bleibt, was die Existenz von Schulen voraussetzt, die Schreiber, Notare, Kuratoren und Richter auszubilden vermögen. Die Unterscheidung zwischen Bistums- und Pfarrschule verschwindet, nur die letzte bleibt übrig, ohne daß sich die Chronologie des Wandels nachzeichnen ließe. Statt ein Verschwinden der ersten zugunsten der zweiten anzunehmen, wird man eher davon ausgehen müssen, daß die ganze Schulstruktur nach und nach klerikalisiert wurde. Eine Urkunde aus Verona präzisiert 767, daß die *scola* neben der Kathedrale liegt.

Die langobardische Aristokratie ist inzwischen vollständig latinisiert, und der letzte Herrscher, der ohne die karolingische Bedrohung lebte, Liutprand (713–744), organisiert seinen Hof in Pavia so, daß die Gebildeten dort einen Ehrenplatz haben. Die rivalisierenden Städte Mailand, Ravenna und Cividale haben Schulen und ein literarisches Leben, das einige bedeutende Namen hervorbringt (Preisgedicht auf Mailand von Theodorus, um 730).

Das Papsttum selbst entwickelt sich in kultureller Hinsicht weiter. Die Bischöfe von Rom werden wieder zu Theologen; einige sind erneut zweisprachig. Das Ansehen der *schola cantorum* nimmt in dem Maße zu, wie der Einfluß der römischen Gesangskunst die Grenzen überschreitet. Über den üblichen Korridor Norditalien–Alpen–Austrien dringt sie ins Frankenreich vor (Chrodegang von Metz). So wird das intellektuelle Niveau des Laterans – wenn auch das Wissen dort fast ausschließlich geistlicher Art ist – im Lauf des achten Jahrhunderts gehoben, vor allem dank der Einrichtung einer Art Oberschule, des *cubiculum*, wo die intellektuelle Elite Roms ausgebildet wird. Gibt es dort auch ein weltliches Unterrichtswesen? Die Unterscheidung hat keine besondere Bedeutung mehr, aber die große Zahl von – zumindest in juristischen Dingen – kundigen Aristokraten beweist, daß während des ganzen achten Jahrhunderts Ausbildungsstätten für kleine Minderheiten bestehen, die auf Initiative der Mächtigen eingerichtet werden.

Reichen diese Faktoren als Erklärung für das kulturelle und linguistische Wunder Italien aus? Denn zu dem Zeitpunkt, da Karl der Große sich anschickt, nach Italien zu ziehen, hat die Halbinsel schon Intellektuelle ausgebildet, die dann ihrer Fähigkeiten wegen zur Mitarbeit an der Kirchenreform und der Wiederherstellung der methodischen Studiengänge des fränkischen Herrschers berufen werden. Petrus Diaconus, der Karl um die Jahrhundertwende in Grammatik unterrichten wird, ist schon vor 770 ein Redner, dessen Stimme in den theologischen Auseinandersetzungen in Pisa Gewicht hat. Er muß also spätestens um 730 geboren sein. Paulus Diaconus, der die Geschichte der Langobarden schreibt und auf Wunsch des Herrschers eine wichtige Sammlung von Predigten zusammenstellt, wird um 720 im Friaul geboren. Paulinus, der Patriarch von Aquileja, Autor einer inoffiziellen Version des *Pater noster* und des *Credo* mit einem Kommentar, den die Priester des Reiches auswendig lernen müssen, ist um 750 geboren. Alle diese Schriftsteller haben schon eine ansehnliche Liste von Werken aufzuweisen. Gemeinsam mit den Mozarabern und den Angelsachsen begründen sie die Karolingische

Renaissance; ihr Wissen und die hervorragende Beherrschung des Lateinischen verdanken sie der Ausbildung auf römischem Boden.

4. LATEIN, WO MAN ES NICHT ERWARTET

Das Lateinische außerhalb der Romania

Das heißt nicht, daß sich Italien in kultureller und sprachlicher Autarkie entwickelt hätte. Die Zeit des Übergangs ist nicht durch Unbeweglichkeit gekennzeichnet: Alkuin, der um 770 von Northumbrien nach Rom kommt, trifft unterwegs Petrus von Pisa. Während einer anderen Reise begegnet er in Italien dem fränkischen König. Fast zweihundert Jahre früher bringt Augustin, der auf Befehl Gregors von Rom aufgebrochen ist, die lateinische Sprache und das Christentum nach England. 668 verlassen auf Geheiß des Papstes Vitalian Theodorus und Hadrian, Grieche der eine, Afrikaner der andere, den Kontinent, um Religion und Kultur Englands zu bereichern. Und das sind nur die Bedeutendsten. Lediglich Beda stellt unter den Denkern dieses Formats eine Ausnahme dar: Als leibhaftige Antithese zu Bonifatius, der sein ganzes Leben auf Missionsreisen verbringt, verläßt er nie sein Geburtsland Northumbrien, ja nicht einmal sein geliebtes Kloster Jarrow. So wird der barbarisch und heidnisch gewordene Norden Europas wider alle Erwartung sehr schnell wieder zu einem Kulturreservoir, aus dem dann die Karolingerdynastie schöpft. An die wichtigsten Etappen dieser Entwicklung sei hier erinnert.

Zwischen 450 und 600 existieren bedeutende Heimstätten eines keltischen Christentums; in Irland entwickeln sie sich noch, auf britischem Boden drohen sie wegen der durch die Invasionen erzeugten Erschütterungen zu verschwinden. Zwischen 600 und 700 erfolgt die ausschließlich religiöse Rückeroberung Britanniens, die zu einem schnellen Aufblühen des Lateinischen und des Christentums auf den Britischen Inseln führt. Seit 700 gibt es eine beständige Expansion, die einerseits durch die Missionierung der germanischen Länder des Kontinents, andererseits durch die aktive Teilnahme an der kulturellen Renaissance der Francia gekrönt wird. So bildet sich etwa 750 bis 850 im Norden Europas ein neues lateinisches und christliches Glacis: England–Friesland–Germanien, am Ende einer Geschichte, für die die Namen Kolumban, Beda, Bonifatius und Alkuin stehen.

450–600: Keltische Stätten

In den Jahren 450 bis 550 muß man Irland *(Scotia)* und Britannien getrennt betrachten. In Irland, das Mitte des fünften Jahrhunderts vom heiligen Patrick gründlich christianisiert worden ist, entstehen schnell zahlreiche Klöster. Die keltischen Mönche begeistern sich für das christliche Latein und seine Literatur. So sehr, daß sie selbst zu Virtuosen werden, die, berauscht von ihrem eigenen Talent, wahre Denksportaufgaben verfassen *(Hisperica famina)*. Ihr Champion ist Kolumban, geboren um 540, sehr gebildet, dabei ein strenger Asket und Verfasser einer äußerst strikten Ordensregel, der 590 als Missionar auf den Kontinent kommt (Gründung von Luxeuil) und später (615) sein Leben in Bobbio in Norditalien beschließt. Die Iren waren gezwungen, sich gründliche Kenntnisse der lateinischen Grammatik zu erwerben, weil die Sprache Roms für sie eine Fremdsprache war; sie spielen eine wesentliche Rolle bei der Wiederherstellung der Studien in Britannien und später auf dem Kontinent. Außerdem bewahrt ihre intensive Kopistentätigkeit (es gibt eine irische Schriftform) viele Texte vor dem Vergessen und trägt dazu bei, die Skriptorien auf dem Kontinent zu reaktivieren.

Britannien hat ein ganz anderes Schicksal. Das Land wird früh von der römischen Armee verlassen, von der Administration des Reiches aufgegeben und ist dann den Erschütterungen durch die Barbareneinfälle ausgesetzt: Jüten, Angeln und Sachsen. Die letztgenannten sind weniger zahlreich, aber rege; vor allem sind sie Heiden und im Gegensatz zu den Eindringlingen auf dem Kontinent kaum durch die römische Kultur beeinflußt. In Hinblick auf die weitere kulturelle Entwicklung in Britannien ist man wegen der lückenhaften Überlieferung zum

Teil auf Vermutungen angewiesen. Alles deutet jedoch darauf hin, daß das Latein als gesprochene Sprache recht lange erhalten bleibt und das Christentum nicht völlig verschwindet. Mehrere Klöster, insbesondere im künftigen Wales, stellen eine minimale kulturelle Kontinuität sicher. Gildas, einer der Mönche dort, schreibt zu Beginn des sechsten Jahrhunderts in einem etwas gewundenen, aber durchaus beherrschten Latein einen Bericht über die Zerstörung Britanniens, der einige wertvolle Informationen über die hundertfünfzig Jahre während kulturelle Finsternis enthält, ohne die Finsternis wirklich aufzuhellen. Im Norden gehen seit der Jahrhundertwende die Iren an Land, die vom Kloster Iona, später (601) von Bangor auszuschwärmen beginnen.

Der Beitrag Italiens

Die Regeneration vom Atlantik her wird durch eine kräftige religiöse und kulturelle Rückeroberungsbewegung verstärkt, die auf Betreiben der Päpste von Italien ausgeht. Gregor der Große beauftragt 597 Augustin und vierzig Mönche, die ihn begleiten, die Angelsachsen zu bekehren. Er versieht ihn mit der nötigen Ausstattung, vor allem mit zahlreichen Handschriften. Nach der Ankunft in Kent läßt Augustin sich in Canterbury nieder und wird Erzbischof dieser Diözese. Seine Missionstätigkeit geht sicherlich mit der Schaffung eines christlichen Unterrichtswesens einher, nach den in Kapitel III beschriebenen Prinzipien. Er führt auch den römischen Kirchengesang ein, der sich nach Westen hin ausbreitet; es ist bezeugt, daß dieser Gesangsstil 635 in York gelehrt wird. Das setzt voraus, daß man große Anstrengungen zur Verbesserung der Lateinkenntnisse unternimmt, denn wenn auch in erster Linie das akustische Gedächtnis betroffen ist, müssen doch Aussprache, Akzentuierung und die Setzung der Pausen unbedingt korrekt sein. All das erfordert eine Rückkehr zur Schriftkultur, genauer gesagt, zur Grammatik. In dieser Zeit orientiert sich ein angelsächsischer König, Sigebert, am gallischen Vorbild (er hatte auf dem Kontinent im Exil gelebt) und eröffnet in seinem Reich Ostanglia eine Schule für geistliche Studien. Die Neueroberungen des Christentums, das im von Stürmen geschüttelten England der ersten Hälfte des siebten Jahrhunderts wieder Fuß faßt, gehen so einher mit der allmählichen Institutionalisierung einer christlichen Erziehung an bestimmten Orten. Es ergibt sich dadurch aber auch der Anlaß zu einem Rivalitätskonflikt zwischen den irischen Mönchen, die die Ordensregel und die Lehren Kolumbans befolgen und an gewissen Besonderheiten festhalten (so setzen sie das Osterfest nicht exakt zum selben Zeitpunkt an wie die römische Kirche), und den italienischen (oder vom europäischen Festland stammenden) Missionaren. Insgesamt setzt sich schließlich der römische Einfluß durch; entscheidend dafür sind die Übernahme des römischen Verfahrens zur Berechnung des Ostertermins auf dem Konzil von Whitby (664), was dem Einfluß eines gelehrten Mönchs aus Lindisfarne, Wilfrid, zu verdanken ist, und die Einführung der Benediktinerregel durch Benedikt Biscop (zweite Hälfte siebtes Jahrhundert). Wilfrid wie Benedikt bringen aus Rom (Benedikt reist sechsmal dorthin) eine Menge Handschriften mit, vor allem aus der Lateran-Bibliothek. Diese Importe und die allmählichen Veränderungen führen zu einer wahren Auferstehung der Kultur auf den Britischen Inseln.

Auctores

Das markanteste Indiz dafür ist die Ankunft einer neuen Generation von Gebildeten in England. Papst Vitalian bestimmt 668 einen der kenntnisreichsten Gelehrten seiner Zeit, Theodorus, zum Erzbischof von Canterbury; gemeinsam mit seinem Freund Hadrian bricht er nach England auf. Dieser Hadrian, im römischen Afrika geboren, später Abt eines Klosters in Neapel, verfügt über eine solide Bildung und kann Griechisch, was für diese Zeit außergewöhnlich ist. Theodorus stammt aus Kilikien (wie Paulus), ist Grieche und beherrscht das Lateinische perfekt. Er hat in Athen, dann in Rom studiert, nach einem ganz und gar antiken Schema. In der Tat hebt Beda hervor, daß die beiden über eine doppelte, profane und christliche, Bildung verfügen. Sie gründen also in Canterbury eine wichtige Schule, fast könnte man von einer christlichen Universität sprechen. Ihre Schüler werden dreisprachig (Englisch, Latein, Griechisch) ausgebildet und haben über die religiösen Studien im engeren

Sinne hinaus Zugang zu einem bedeutsamen Teil der *artes liberales:* Grammatik, Metrik, Mathematik, Astronomie; so nähern sie sich allmählich der kulturellen Qualität des Tardo-antico an.

Seit diesem Zeitpunkt gehören die Namen, die die Entwick-lung der *litterae* auf den Britischen Inseln illustrieren, der Literaturgeschichte an. Die berühmtesten sind Aldhelm (um 640–709), Beda (um 670–735), Bonifatius (um 672–754) und Alkuin (um 730–804). Beda und Alkuin werden in Kapitel V behandelt; von Bonifatius war schon die Rede. Aldhelm, in Wessex als Neffe eines Königs geboren, war Schüler Hadrians, Priester in Malmesbury, dann Abt dieses Klosters (675). Auch er reist nach Rom. Er liest die lateinischen Grammatiker, ver-fügt über juristisches Wissen, über arithmetische und astrono-mische Kenntnisse; er hat (vermutlich über die Grammatiker) Zugang zu Fragmenten der klassischen und heidnischen Prosa-autoren und kennt die christliche Dichtung genau (Sidonius Apollinaris, Avitus, Corippus, Venantius Fortunatus). Aber er hat auch Stücke aus den Werken der heidnischen Dichter (Ovid, Horaz, Juvenal) und vor allem Vergil gelesen. Sein über-ladenes, manieriertes Latein zeugt trotz allem von der Wieder-geburt einer Literatur im engeren Sinne; seine Versdichtung ist metrisch nahezu korrekt *(De virginitate).*

Kenntnisse

Aus welchen Teilen besteht nun das kulturelle Gewand Eng-lands auf der Schwelle zur Karolingischen Renaissance? Neben dem Kloster, wo Beda lehrt, gibt es ein zweites Zentrum hoher Kultur, York, das seinen Gipfelpunkt unter dem Abt Egbert (732–766) erreicht, genau zu der Zeit, als Alkuin dort studiert. Eines seiner Gedichte informiert uns im einzelnen über den Un-terrichtsstoff und über die Ausrichtung der Bibliothek. Das Lehrprogramm der Schule von York ist den *artes liberales* ge-widmet: Grammatik, Rhetorik, Astronomie, Naturgeschichte, Arithmetik, Geometrie ... Natürlich erlauben es die zeitbe-dingten Begrenzungen nicht, von einer wirklichen allgemeinen Renaissance zu sprechen: Vom *trivium* etwa sind nur die Grammatik und Teile der Rhetorik, nicht aber die Dialektik repräsentiert. Beim *quadrivium* nimmt die Musik den erwarteten Platz ein, aber sie ist beschränkt auf den liturgischen Gesang, spezieller auf seine römische (gregorianische) Ausprägung.

Es wird Alkuins Aufgabe sein, diese Ausbildung zu vervollständigen und zu ergänzen; deshalb begibt er sich nach Gallien und Italien. Neben der Lektüre der Bibel lernen die Schüler die Größten unter den Kirchenvätern (Hieronymus, Ambrosius, Augustinus, Gregor den Großen) und den christlichen Dichtern kennen (Prudentius, Paulinus von Nola, Venantius Fortunatus). Ein Teil der klassischen Literatur ist zugänglich: Plinius, Cicero, Vergil, Lukan. Zuletzt und vor allem haben die Grammatiker der Spätantike ihren Platz in der Bibliothek: Donat, Servius, Priscian. Auch die Schätze, die Isidor hundert Jahre früher in Sevilla gesammelt hat, liegen in ihrer Reichweite. Damit verfügen die angelsächsischen Schüler über ein ansehnliches intellektuelles Rüstzeug, das vor allem aus der lateinischen Grammatik besteht; die einschlägigen Handschriften bieten noch heute klare, ordentliche Tabellen, die Deklinationen und Konjugationen so darstellen, wie es den Erfordernissen eines effektiven Lateinunterrichts für Nichtmuttersprachler entspricht.

Von Wessex nach Fulda

Auch Bonifatius ist Sachse, und er ist gebildet: Er erwirbt sich eine vollständige Kenntnis des christlichen Lateins; in diesem Zusammenhang hat er ein Grammatiktraktat verfaßt, das von der *Ars minor* Donats inspiriert ist, ergänzt durch bestimmte Passagen bei Isidor von Sevilla. Bonifatius ist bereits ein Meister in dieser Wissenschaft, und es gelingt ihm, die großen Linien der lateinischen Grammatik klarer herauszuarbeiten als die *magistri* der Antike. Seine morphologischen Paradigmen sind mustergültig. Außerdem ist er sich der Tatsache bewußt, daß er für ein germanophones Publikum schreibt, und bietet deshalb nicht nur vereinzelte Beispiele, sondern richtige Wortlisten, nützliche Hilfen für Anfänger. Bonifatius verzichtet auch auf alle zwar interessanten, aber verworrenen Betrachtungen, die die antiken Beschreibungen kompliziert machen.

Es ist begreiflich, daß eine so starke Persönlichkeit den Studien in Germanien einen entscheidenden Anstoß gegeben hat. Die Missionstätigkeit Pirmins (eines Mozarabers, gestorben 753) im alemannischen Raum und Willibrords (gestorben 739) in Friesland hat das Nötige vorbereitet; in den ältesten Klostergründungen sind schon Schulen eingerichtet worden. Bei seiner Ankunft (714) hat Bonifatius hervorragende Männer bei sich, die er zu Äbten der verschiedenen Klöster macht. Diese werden schnell zu aktiven Missions- und Kulturzentren. Die bedeutendste Gründung ist Fulda (744) in Hessen, das zu einer echten intellektuellen Pflanzschule wird, mit einer umfangreichen Bibliothek (die durch die verschiedenen Romreisen des Bonifatius beständig erweitert wird) und einem sehr produktiven Skriptorium. An der Spitze dieses Klosters stehen namhafte Persönlichkeiten; am berühmtesten ist der hochgelehrte Hrabanus Maurus (784–856) am Ende unserer Epoche.

Neue Grenzen

Im achten Jahrhundert werden auf der Bühne der Kulturgeschichte noch andere bedeutende Bauten errichtet. Das Kloster auf der Reichenau, wo Pirmin Abt ist, und das Kloster Sankt Gallen, beide in Rätien, öffnen sich weit den norditalienischen Einflüssen und produzieren Handschriften und literarische Werke von Rang. Bayern, das stark vom irischen Mönchtum beeinflußt ist, nimmt an der allgemeinen Entwicklung teil, die in der zweiten Hälfte des achten Jahrhunderts die religiösen und kulturellen Grundbedingungen der germanischen Länder radikal verändert. Die Kriege, die Karl der Große führt, um den heidnischen Irredentismus zu bezwingen, finden also erst statt nach einer ersten, tiefgreifenden Akkulturation dieser Länder, vor denen achthundert Jahre früher die römischen Adler haltgemacht haben.

Ganz plötzlich, in weniger als hundert Jahren, wird der Osten Europas, der sich bisher jeder Assimilation widersetzte, ein lateinisch-christlicher Schwerpunkt allerersten Ranges. Der ehemals römische Raum erhält also wieder einmal neue kulturelle Schwerpunkte. Der spanische und der gallische Süden gehen aus den Stürmen des achten Jahrhunderts sehr geschwächt hervor. Dagegen beginnt schon Ende des siebten Jahrhunderts für die Britischen Inseln und in der zweiten Hälfte des achten Jahrhunderts für das germanische Festland ein dauerhafter intellektueller Aufstieg. Diese Verschiebung der Zentren des Wissens hin zum Nordbogen Europas koinzidiert mit einer Wanderung der Machtzentren bis zu den Ebenen des Nordens. Aber während wir einerseits einer Germanisierung (im weitesten Sinne) der politischen und der Kulturgeschichte der alten Romania beiwohnen, ist umgekehrt festzustellen, daß die germanischen Kulturen und der germanische Raum tiefgreifend latinisiert werden. Wesentliche Auswirkungen dieser doppelten Entwicklung sind die »Bekehrung« von Volksstämmen, die bisher nur eine rein mündliche Dichtung besaßen, zur Schrift sowie das Erscheinen von Nationalliteraturen in der Volkssprache. Die Entstehung der europäischen Kultur schreitet voran.

V
LITERARISCHE VERMITTLER

1. PROFIL DER EPOCHE

Fortdauer der literarischen Produktion

In einer Kultur- und Literaturgeschichte erscheinen die Namen der großen Autoren in der Reihenfolge, wie sie am besten in die Darstellung passen. Die Logik der Kapitel ruft Namen und Gestalten nach den behandelten Gattungen, Epochen und Gegenstandsbereichen auf. Die Persönlichkeit der größten Gestalten der Zeit wird auf diese Weise gleichsam in ihre einzelnen Elemente zerlegt, so daß dem Leser eine wirkliche Begegnung mit ihnen vorenthalten wird. Will man sich umgekehrt an den großen Autoren der Frühzeit orientieren, dann ist eine strikte Auswahl erforderlich: Im Gegensatz zu einer weitverbreiteten Illusion gibt es in der Literaturproduktion zwischen dem fünften und dem achten Jahrhundert überhaupt keine Unterbrechung, sondern Zeugnisse im Überfluß. Diese Kontinuität überrascht nicht, wenn man bedenkt, daß auch nach der Errichtung der Barbarenreiche noch Stätten der Bewahrung und Kreativität existieren, die an die Stelle der verstummenden Regionen treten und in denen plötzlich verschwindende Gattungen wiederbelebt werden. Kurz soll gezeigt werden, welche Elemente die schriftliche Produktion dieser Zeit kennzeichnen, ehe einige der »Gründer des Mittelalters« porträtiert werden. Die wesentlichen Züge werden zuerst unter thematischem Gesichtspunkt dargestellt (ungeachtet der Entwicklung in der Zeit), danach unter chronologischem Gesichtspunkt (ohne Rücksicht auf thematische Zusammenhänge).

Thematisch bietet die Epoche eine reiche Palette. Die Hauptgattungen der Antike leben fort, in der Dichtung wie in der Prosa. Die erstgenannte teilt sich seit Jahrhunderten in zahlreiche Typen; sie wird weiterhin in fast allen ihren Spielarten kultiviert. Die Hofdichtung wird durch die Kaiserpanegyrik von Sidonius Apollinaris im fünften Jahrhundert repräsentiert. Die epische Dichtung besingt im sechsten Jahrhundert mit Avitus von Vienne und Arator die Erschaffung der Welt. Die lyrische Dichtung entfaltet ihren Glanz in den Hymnen des Venantius Fortunatus im sechsten Jahrhundert und veranlaßt im siebten Aldhelm von Malmesbury zu einer Meditation über die Jungfräulichkeit. Die autobiographische Dichtung ist ebenfalls nicht unbekannt: Im achten Jahrhundert verfaßt Theodulf, der Bischof von Orléans, einen Bericht über seine Missionstätigkeit; Alkuin beschreibt sein Kloster in York. In Prosa entstehen immer noch bedeutende, vor allem historische Werke, man denke an Cassiodor, Jordanes sowie Gregor von Tours im sechsten Jahrhundert und vor allem an Beda Venerabilis im siebten, bevor mit dem ersten der karolingischen Historiker, Paulus Diaconus, eine neue Geschichtsschreibung beginnt.

Die Philosophie im antiken Sinne endet mit Boethius. Aber andere Disziplinen treten an ihre Stelle, zum Beispiel die Bibelexegese, die Gregor der Große glanzvoll repräsentiert. Die von Plinius dem Älteren begründete enzyklopädische Tradition setzt sich dank der Anstrengungen Isidors von Sevilla fort. Die Gattung der Grammatik- und Orthographie-Traktate wird erst von Cassiodor, dann von Alkuin erneuert.

Neue Zentren, neue Gattungen

Natürlich wandelt sich der Charakter dieser Literatur (Literatur im weitesten Sinne verstanden). Ein diachronischer Schnitt läßt zwei wesentliche Veränderungen erkennen. Zunächst einmal verschieben sich die Zentren der literarischen Produktion in einer Bewegung, die wir bereits konstatiert haben. Der eigentlich lateinische Anteil nimmt spürbar ab (Spanien ist besetzt, Italien gespalten), während das »barbarische« Element plötzlich größte Bedeutung gewinnt (Britannien, Germanien). Des weiteren ist auf den religiösen Sieg des Christentums sein literarischer Triumph gefolgt: Es gibt von jetzt an nur noch christliche Literatur. Das bedeutet, daß die ausschließlich profane satirische oder erotische Dichtung verschwindet. Die allgemeine Klerikalisierung der Schriftkultur führt zu einem vorläufigen Bruch in der Kontinuität: Die ausgegrenzten Gattungen werden erst mit der Entstehung der volkssprachigen Literaturen, nach dem Jahr 1000, zurückkehren. Aber diese Verarmung wird ausgeglichen durch die Entstehung neuer Formen, deren Wurzeln im dritten und vierten Jahrhundert liegen; unter ihnen nimmt der Erfolg der Berichte über das Leben einzelner Heiliger ständig zu. Hier gibt es nämlich eine Konvergenz zwischen den pädagogischen Absichten der Kirche, dem Ehrgeiz der Städte, die nach Bestätigung ihrer Identität suchen, und der Sehnsucht der Massen, die neue Ausdrucksformen für ihre alten Glaubensvorstellungen brauchen. Der literarische Typus des Heiligenlebens mit seinem Gefolge der Wundererzählungen erhält so eine wesentliche Rolle bei der Entstehung der europäischen Kultur. Neben bescheidenen, oft anonymen Verfassern sind die berühmtesten Namen der Zeit vertreten: Venantius Fortunatus, Gregor von Tours, Gregor der Große, Alkuin.

Bewahrung und Neuschöpfung

Eine knappe Bilanz dieser beiden Kapitel zeigt, in welchem Maße die fragliche Zeit zugleich konservativ und innovativ ist. Die lateinische Literatur bleibt lebendig im neuen, sich wandelnden Formengewand. Die germanischen Literaturen sind in Wartestellung, während der Kontakt mit der christlichen Schriftkultur die Herausbildung der nationalen *scriptae* vorbereitet. Die neuen Länder, die in dieser Zeit in die Geschichte eintreten, prägen das Gesicht Europas. Schließlich bereitet die Symbiose einer herrschenden lateinischen Schrift, die aber offen ist für volkstümliche Einflüsse, mit einer Vielzahl von folkloristischen Traditionen, die sich mehr und mehr in den Vordergrund schieben, die Entstehung der Geschichten und Sagen des Mittelalters vor, die wiederum die Vorboten einer anderen

Art von Literatur sind. Es ist also ein langer Weg, der den abendländischen Menschen aus der Zeit des Augustinus, der noch in der lebendigen Antike und der lebendigen Latinität lebt, in die Epoche Alkuins führt, in der die europäische – romanische und germanische – Kultur entsteht.

2. AUGUSTINUS

Vom Kaiserreich zum Gottesstaat

Augustinus ist ein Schriftsteller der Spätantike. Das bedeutet, daß man in ihm noch keinen mittelalterlichen, nicht einmal einen vormittelalterlichen Schriftsteller sehen darf. Durch seine Ausbildung, seine Bildung und seine Vorlieben gehört er zu einer geistigen Welt, deren Wesensmerkmale alle eindeutig antik sind. Dennoch ist sein Einfluß auf das westliche Denken und die westliche Literatur unermeßlich; die Epochen des Übergangs leben von seinen Werken. Isidor von Sevilla wird später, sicher mit einem Lächeln, feststellen, daß es schon eine Leistung ist, sie ganz zu lesen! Augustinus trägt außerdem wesentlich dazu bei, die Legitimität der weltlichen Wissenschaft, vor allem der Rhetorik, zu bewahren. Im Rahmen einer Reflexion über den Sinn der Geschichte legt er die Fundamente, auf denen die späteren Generationen aufbauen werden – ohne sich immer genau an seinen Plan zu halten. Denn Augustinus versucht den Christen beizubringen, Kaiserreich und Christentum nicht länger in eins zu setzen. Er bahnt so einen Weg für neue Lösungen, die die Kirche gezwungenermaßen erfinden und sich zu eigen machen wird, sobald es das Reich nicht mehr gibt.

Sein Leben bewegt sich freilich innerhalb des jahrhunderte-
alten Rahmens. 354 als Sohn einer Familie von kleinen Pro-
vinznotabeln in Thagaste (Numidien) geboren, erhält er eine
umfassende Ausbildung und wird Professor für Grammatik
und Rhetorik in Karthago (374), dann in Rom und Mailand
(384). In der Reichshauptstadt verzichtet dieser junge Mann,
der sich schon mit achtzehn Jahren der Philosophie zugewandt
hat und Anhänger des Manichäismus, dabei aber sehr ehrgei-
zig ist – diese doppelte Motivation ist kennzeichnend für die intellektuelle Elite des Tardoantico, auch in dieser Hinsicht folgt
sie dem Beispiel ihrer Lehrer Cicero und Seneca –, plötzlich auf
eine weltliche Karriere. Im August 386 wendet er sich dem
Christentum zu und zieht sich dann für längere Zeit nach Cas-
siacum zurück, ehe er sich 387 taufen läßt. Nach dem Tod seiner Mutter Monika, die immer schon eine überzeugte Christin
war (387), kehrt er in sein Heimatland zurück (388). Er lebt
drei Jahre als Mönch und wird dann zum Priester geweiht; 395
wird er trotz seines Widerstands zum Bischof von Hippo gewählt. Von da an steht sein ganzes Leben im Dienst der katholischen Kirche; damals bedeutet das Kämpfen, zumindest im
geistigen Bereich. Denn das Heidentum ist in den weiterent-
wickelten und gereinigten Formen, die es im fünften Jahrhundert angenommen hat (Neuplatonismus, Manichäismus,
Gnosis), längst noch nicht besiegt. Außerdem sind die im dritten Jahrhundert entstandenen Irrlehren, der Arianismus und
vor allem der spezifisch afrikanische Donatismus, im Denken
der Menschen fest verwurzelt. Der Kampf gegen den Donatismus nimmt manchmal bürgerkriegsähnliche Formen an. Und
schließlich manifestiert sich im fünften Jahrhundert eine neue
Heilskonzeption, der Pelagianismus, der Augustinus in seinen
letzten Lebensjahren aggressives Engagement abverlangt.

Pädagogik und Theologie

Neben einem gewaltigen polemischen Werk, das stark durch
die historischen Umstände geprägt und folglich weniger zu-
kunftsträchtig ist, hat Augustinus Schriften verfaßt, die ent-

scheidenden Einfluß auf die Entstehung der europäischen Kultur haben sollten. Wir haben schon gesehen, wie er den Grundgedanken einer christlichen Erziehung als einen Paß entwickelt, dank dessen die antike Kultur von den mittelalterlichen Intellektuellen aufgenommen wurde. Aber seine Rolle geht über die eines Vermittlers zwischen antiken Formen und neuen Gedanken hinaus. In seiner Meditation über die Dreifaltigkeit begründet er die lateinische Theologie und schenkt dem Abendland gleich zu Anfang ein Meisterwerk. Er entwickelt eine Theologie der Geschichte, die die Christenheit darauf vorbereitet, den Untergang des Römischen Reiches zu überleben. Denn nach der Plünderung Roms 410 tobt zwischen Christen und Heiden eine wüste Polemik: Diese machen jene verantwortlich für die Katastrophe und werfen ihnen vor, sie hätten die Stadt dazu gebracht, sich vom Kult der Götter abzuwenden, denen sie ihr Glück verdanke. In einem umfangreichen Werk (die Abfassung der zweiundzwanzig Bücher nimmt die Jahre von 412 bis 427 in Anspruch) unternimmt es Augustinus zu zeigen, daß schwere Prüfungen Rom auch zur Zeit des Heidentums nicht erspart geblieben sind und daß es nach Erscheinen des Christentums nicht an Erfolgen gemangelt hat. Seine grundsätzlichen Überlegungen führen ihn zu der These, daß die spezifisch menschlichen Tugenden der Bürger die Größe des Reiches sehr viel besser erklären als das Eingreifen der Götter. Der Erinnerung an berühmte heidnische Führer wie Cäsar stellt er die großartige Ausstrahlung eines christlichen Herrschers wie Theodosius gegenüber.

Menschliche und göttliche Geschichte

Aber Augustinus geht es nicht darum, das neue, zum Christentum bekehrte Reich – auch wenn ein großer Teil der alten Elite sich noch abwartend verhält – als Ideal für die Ewigkeit darzustellen. Das Vergängliche interessiert ihn nicht. Er überschreitet die Grenzen traditioneller Analyse und schlägt eine radikale Unterscheidung zwischen dem Bereich der Menschen und der *civitas Dei* vor. Beide durchdringen einander nur zu einem sehr kleinen Teil. Für Augustinus geht es nur um die Zukunft dieser letzten; er entwickelt großartige Bilder, um seinen

Lesern den wahren Sinn der Menschheitsgeschichte deutlich zu machen. In dieser Perspektive ist das Römische Reich nur eine Etappe im Zuge der Verwirklichung des göttlichen Plans. So wird nach den Anschauungen einer wirklichen Heilsgeschichte die Ausdehnung des Christentums über die traditionellen Grenzen des römischen Herrschaftsbereichs hinaus legitimiert. Diese Lehre wird Früchte tragen, wenn Gregor der Große nicht einmal zweihundert Jahre später das Bekehrungswerk im Abendland wiederaufnimmt. Dagegen werden die Laien sich nicht immer die vollständige Lehre des afrikanischen Kirchenvaters vergegenwärtigen, wenn sie später das Heilige Römische Reich Deutscher Nation errichten. Jenseits solcher Unterscheidungen trägt das Werk des Augustinus maßgeblich dazu bei, eine neue Mentalität zu schaffen, für die sich die historische Zeit nicht mehr zyklisch wiederholt, sondern linear ausgerichtet ist im Sinne eines Werdens, das jede ihrer Etappen einmalig macht.

Das Abenteuer des Individuums

Dadurch wird das Geschick des Individuums einzigartig: Das Abenteuer eines Lebens läßt sich nicht auf irgendein anderes zurückführen. Das Wissen um die Bedeutung dieser Entdeckung hat sich mit dem lebhaften Wunsch verbunden, anderen Menschen eine wirkungsvolle Hilfe auf ihrem Weg zum Heil an die Hand zu geben, und so ist eine in der Literaturgeschichte der klassischen Kultur einmalige Schöpfung entstanden. Im reifen Alter (397) beschreibt Augustinus in den vierzehn Büchern seiner *Confessiones* die verschlungenen Wege seines Lebens von der Jugendzeit bis zur Bekehrung. Der traditionelle Hintergrund wie die klassische Form zerbrechen im Ansturm der Schöpferkraft dieses Schriftstellers, der die erste literarische Revolution im Abendland auslöst. Der Erzähler entblößt sein Herz, um sich als unwürdiger Sünder zu brandmarken und zugleich den freudigen Aufstieg zur Reinheit zu besingen, zu dem ihn die göttliche Gnade mitgerissen hat. Die lateinische Sprache erreicht eine Geschmeidigkeit des Ausdrucks, die sie vorher nicht kannte. Das intensive persönliche Bekenntnis und die Sprachgewalt machen dieses Werk auf der

Schwelle zum Mittelalter zu einem wertvollen ästhetischen Besitz: Der Mensch des Abendlandes wird darin die Quelle seiner eigenen Erfindungskraft entdecken, die sich in der Übergangszeit nur schwer zu artikulieren vermag.

Eine Stimme für die Massen

Bischof Augustinus hat sich nicht immer auf solchen Gipfeln der Kultur bewegt: Getreu seiner seelsorgerischen Mission hat er sich bemüht, jeden Christen, gleich welchen sozialen und schulischen Niveaus, anzusprechen. Deshalb hat er Tausende von Predigten gehalten, die geistige Nahrung für die Herde der Getauften in Afrika sein sollten. Auch in diesem Bereich führt der Meister Neuerungen ein, indem er die Techniken, sich dem Publikum anzupassen, die er in seinem Beruf als Rhetor erworben hat, mit letzter Konsequenz entwickelt. In einer Sprache, die Kraft und Einfachheit verbindet, gibt er dem Abendland ein wirkungsvolles Predigtmuster vor, das in der Nachfolge des Caesarius von Arles, des Martin von Braga und des Eligius von Noyon jahrhundertelang nachgeahmt werden wird; und es sollte das Mittelalter hindurch fortbestehen bis zum Aufbruch der Franziskaner.

3. BOETHIUS

Der letzte Intellektuelle der Antike

Obwohl Boethius etwa fünfzig Jahre nach dem Tod des Augustinus geboren wird, ist er durch sein Werk, seine Aktivitäten und seine Mentalität enger mit der römischen Vergangenheit verbunden als der Meister aus Hippo. Seine Vorlieben in der Kunst und seine politische Haltung machen ihn in der Tat zum letzten Senator alten Typs, der die Kultur liebt und seine Freiheit eifersüchtig verteidigt. Er stammt aus einer der mächtigsten Familien, der der Anicii, ist um 480 geboren und wächst im glanzvollen Haus der Symmachi auf; früh beginnt er eine brillante Karriere, und vor 505 erhält er das Patriziat. Seinem Ruhm als Gelehrter hat er es zu verdanken, daß Theoderich (wie sein erster Minister Cassiodor bezeugt) ihn schon zu dieser Zeit beauftragt, einen Kitharöden für den Frankenkönig zu suchen; wenig später muß er für den König der Burgunder eine Uhr konstruieren lassen, die sowohl mit Wasser wie mit Licht funktioniert. Diese biographischen Details zeigen, daß der junge Gelehrte damals mit dem Studium sämtlicher *artes liberales* beschäftigt ist, bevor er es sich zur Aufgabe macht, das Gesamtwerk des Aristoteles ins Lateinische zu übersetzen. Seine soziale Stellung ist ihm von Nutzen: 510 wird er Konsul, und 522 werden seine halbwüchsigen Söhne für dieses Amt bestimmt, während Boethius selbst die Stellung des allmächtigen *magister officiorum* innehat. In einer an Theoderich gerichteten Rede dankt er dem Herrscher für diese Wohltaten.

Ein Freitod?

Boethius versieht seine Ämter mit der Ernsthaftigkeit und der Milde eines alten Römers, aber weniger aus Treue zu dem Ostgotenkönig denn aus Bürgersinn. In seinen Schriften bezieht er sich häufig auf den Dienst an der *res publica,* dem Vaterland. Erschien diesem Aristokraten vom alten Schlag die uneingeschränkte Macht eines Königs unerträglich? Die Präsenz des Potentaten bedrückt um so mehr, als er nicht von römischer, sondern von germanischer Herkunft ist und sich zu einer Form des Christentums bekennt, die auch aus dem Land der Barbaren importiert ist, zum Arianismus nämlich. Boethius trifft seine kulturellen Entscheidungen sicher aus einer heimlichen Opposition gegen die ostgotische Autorität heraus, seine Haltung gleicht der der Senatoren des frühen Kaiserreichs den ersten *principes* gegenüber. 524 wird der ehemalige Konsul Albuinus vom Referendar Cyprian des Hochverrats im Auftrag Konstantinopels angeklagt: Besatzungsfieber oder wirklich ein Komplott? Boethius tritt in Verona vor dem Herrscher auf, um den ehemaligen Konsul zu verteidigen. Seine Rede hat einen Anstrich von Rebellion (wenn dieser Beamte beschuldigt wird, muß man den ganzen Senat beschuldigen!). Das führt zu einer Anklage wegen Majestätsbeleidigung; Boethius wird ins Gefängnis geworfen und im selben Jahr in Pavia hingerichtet.

Die Vorbereitung auf die Philosophie

Das wichtigste Vorhaben des Gelehrten ist ambitiös: Er möchte sämtliche Werke von Aristoteles und Platon ins Lateinische übersetzen und kommentieren. Der gewaltige Aufwand wird gerechtfertigt durch die leidenschaftliche Liebe des Boethius zur Philosophie (Christ ist er nur in einem sehr oberflächlichen Sinne) und durch seinen Wunsch, Italien durch die Vermittlung dieser Lehre zu prägen. Die Sprache bildet hier ein unüberwindliches Hindernis: Griechisch verstehen nur wenige. Boethius selbst ist, wenn man den bewundernden Zeugnissen der Zeitgenossen (Avitus und Cassiodor) trauen darf, vollständig zweisprachig, entsprechend den Idealen der antiken Erziehung. Wie Cicero fünfhundert Jahre früher will Boethius Vermittler sein zwischen Griechentum und Latinität, aber auch zwischen der klassischen Vergangenheit und der christlichen Gegenwart. Wie günstig die gesellschaftliche und intellektuelle Situation des Übersetzers auch gewesen sein mag, von einem einzelnen war ein solches Vorhaben kaum zu realisieren. Nur ein Teil des Programms wurde ausgeführt, und ein bedeutender Teil des Werks ist verlorengegangen. Aber das erhalten Gebliebene ist beeindruckend, zumal da Boethius den Methoden der Antike folgt und es unternimmt, den künftigen Benutzern seiner philosophischen Enzyklopädie eine Protreptik an die Hand zu geben, die sie in die Lage versetzt, die Philosophie, das höchste Ziel des kulturellen Weges, in Angriff zu nehmen. Auf der Grundlage der bereits bekannten Darstellungen verfaßt er so eine Reihe von kleinen Schriften über Mathematik, Musik, Geometrie und Astronomie (Gerbert von Aurillac hat noch 983 in Mantua die acht Bücher seines Astronomie-Traktats in Händen gehabt): So sorgt er für die notwendige Vorbereitung durch die vier *artes* des *quadrivium*.

Seine intensive Tätigkeit bringt nach und nach grundlegende Werke hervor, wobei Übersetzungen der aristotelischen Schriften mit Kommentaren abwechseln, die großenteils auf früheren Erklärungen basieren. Boethius übersetzt vor allem die erste und die zweite *Analytik*. Gestützt auf die Exegese des Neuplatonikers Porphyrios (Schüler von Plotin), kommentiert er das Traktat des Stagiriten *Über die Interpretation*. Manche Texte des Porphyrios hatte Marius Victorinus übersetzt: Auf der Grundlage dieses Materials verfaßt Boethius einen Kommentar zur *Einführung in die Kategorien des Aristoteles*. Der Senator spielt oft auf seine Bemühungen an, den Sinn dieser schwierigen Texte aufzuhellen, weil er an die Mühen der Leser denkt. Unterwegs vergißt er auch einen der Vermittler nicht, die ihm auf diesem Weg vorangegangen sind, und kommentiert die (im engeren Sinne rhetorische) *Topik* Ciceros.

In die Lehrbücher der Logik fließt mehr von den persönlichen Auffassungen des Boethius ein: Er schreibt zwei Bücher *Über den kategorischen Schluß* und zwei weitere *Über den hypothetischen Schluß*. Und schließlich befaßt er sich in den vier Büchern *De differentiis topicis* auf der Grundlage der Schriften Ciceros und Themistius' mit den Gegenständen der Dialektik und der Rhetorik. So entsteht eine ganze Bibliothek, die sowohl für den typischen Universitätsunterricht als Grundlage dienen kann wie auch für eine individuelle Ausbildung.

Die Erfahrung der Philosophie

Sein großes pädagogisches Engagement wird durch den Gefängnisaufenthalt nicht vermindert. Im Kerker bemüht er sich, seine Lehre in die Praxis umzusetzen. Wie ein neuer Cicero oder Seneca unternimmt er es, nur für sich selbst zu beweisen, daß es einen *Trost der Philosophie* gibt – so der Titel des uns überlieferten Traktats in fünf Büchern. Der Verfasser erneuert diese Gattung von Grund auf. Zunächst in formaler Hinsicht; die einzelnen Abschnitte sind abwechselnd in Prosa und in Versen geschrieben. Außerdem entwickelt er in seinem Werk einen Dialog zwischen sich selbst und der Philosophie als allegorischer Figur: Sie tritt ihm als eine trotz ihres Alters majestätische und leidenschaftliche Frau entgegen. Ihre Erscheinung symbolisiert die Lehren, die sie zu vermitteln hat; sie hält ein Zepter in der linken und einige Bücher in der rechten Hand. Dann entwickelt sich eine Grundsatzdiskussion, die manchmal – gesteigert durch die poetischen Zwischenspiele – dramatische Spannung erreicht. Die Themen sind bekannt: Vergänglichkeit irdischer Güter, Größe des Menschen angesichts des Unglücks; Überlegenheit der Guten über die Bösen; reale Existenz des absoluten Glücks im einzigen Gut, also in Gott. Die Reflexion dehnt sich aus auf die Wechselfälle des Schicksals und macht den Dialog zu einer tiefsinnigen Meditation über die geheimen Ursachen der offenkundigen Ungerechtigkeit. Die Philosophie erscheint als Sprachrohr des Boethius, der in einer komplizierten Analyse der Beziehungen zwischen der göttlichen Allmacht und der Position des Menschen auf der Freiheit und der Verantwortlichkeit des Individuums insistiert. Zuletzt führt diese lange Meditation keineswegs zur Einheit; sie durchmißt der Reihe nach die Schichten philosophischer Lehren (von Platon bis zu den Neuplatonikern), ohne zu einem wahrhaft christlichen Geschichtsbild zu gelangen.

Ein Schulmeister für das achte Jahrhundert

So bilden Boethius und Augustinus von ihrer Persönlichkeit und ihrem Werk her an der Schwelle zum Mittelalter ein kontrastreiches Diptychon. Ohne sie in ihrer Größe zu vergleichen (sie sind bei weitem nicht vom gleichen Format), kann man erkennen, daß Boethius dem göttlichen Heilsplan sehr viel mehr Widerstand entgegensetzt als der Afrikaner. Er bleibt in der kulturellen Pracht der klassischen Antike verwurzelt und hält hartnäckig an der Größe Roms fest; deshalb bereitet er das Werden der europäischen Kultur sehr viel indirekter vor. Nur auf der Ebene der Ausdrucksweise ist er der Zukunft eher zugewandt: Seine durchgehende Verwendung einer lebendigen Allegorie, die auf alle Begriffe angewandt wird, entspricht einer bedeutsamen Entwicklung des ästhetischen Bewußtseins im Mittelalter. Aber was seine Doktrin betrifft, muß man bis zur Renaissance und zur Rückkehr zu den Quellen der philosophischen Weisheit warten, ehe es wahre Erben seines Denkens gibt. Trotzdem ergänzt er unabsichtlich das Werk des Augustinus. Denn dieser hatte sich in seinem Glauben, die weltliche Wissenschaft genieße Bürgerrecht im Christentum, auf das Römische Reich und seine Institutionen verlassen, um ihren Fortbestand zu sichern. Boethius dagegen hat einen wertvollen Wissensvorrat für die Baumeister der kulturellen Kontinuität angelegt: Seit der Renaissance des achten Jahrhunderts wird er zum ständigen Bezugspunkt der Intellektuellen.

4. Cassiodor

Das kulturelle Aggiornamento

Mit Cassiodor dringen wir weiter ins Frühmittelalter vor. Die Restauration des Kaisertums hat seine politische und kulturelle Ausrichtung wenig beeinflußt: Er war der Mann des Kompromisses und im ersten Teil seines Lebens ein loyaler Diener des Ostgotenreichs (die Reaktionen des Boethius sind ihm fremd). Im zweiten Teil hat er sich bemüht, die christlichen Lehrinhalte der neuen historischen Situation anzupassen. Hängt sein Gespür für ethnische Anpassung mit der syrischen Herkunft seiner Familie zusammen (die dem aristokratischen Senatorenstand angehört)? Cassiodor ist spätestens 490 geboren, sein Vater war damals *praefectus praetorio;* der Sohn erregt sehr früh Aufmerksamkeit durch ein Lehrgedicht auf König Theoderich, dieser öffnet ihm die Ämterlaufbahn (er ist Quästor von 507 bis 511). Bis zum Beginn des Krieges mit Byzanz bleibt er im Dienst der gotischen Verwaltung: 514 ist er Konsul, 533 *praefectus praetorio;* während dreißig Jahren hat er das äußerst wichtige Amt des königlichen Kanzlers inne. Ganz am Ende seiner Laufbahn plant er, mit Unterstützung des Papstes Agapet in Rom eine christliche Universität zu gründen. Die Ankunft der Armee des Belisarios verhindert dies. Nach einer Übergangszeit zieht er sich 540 auf die Besitzungen seiner Familie in Bruttium, in der Nähe von Vivarium, zurück und errichtet dort ein Kloster. Sein Reichtum erlaubt der Neugründung mancherlei intellektuelle Aktivität. Denn Cassiodor legt Wert auf ein hohes kulturelles Niveau seiner Gemeinschaft; deshalb übernimmt er eine neue Aufgabe als Lehrer und Schriftsteller, die ihn bis zu seinem Tod um das Jahr 583 ganz in Anspruch nimmt.

Profane Schriften

Sein Œuvre gliedert sich in einen sehr weltlichen Teil und eine eher religiöse Gruppe von Werken. Auf Wunsch von Theoderichs Sohn, der sich auf das Amt des Konsuls vorbereitet, verfaßt Cassiodor 519 eine Weltchronik, die mit einer vollständigen Liste aller Konsuln endet. Der König, der dem gotischen Volk einen Platz in der Geschichte des Abendlandes sichern will, gibt dann eine Geschichte der Goten in Auftrag; für die zwölf Bücher dieses Werkes braucht Cassiodor zwanzig Jahre. Es sind nur Fragmente überliefert, aber der Ostgote Jordanes stellt 551 in Konstantinopel eine Kurzfassung her, die erhalten ist. Selbstverständlich wird hier das gotische Volk auf die Geten und Skythen zurückgeführt, und die Dynastie der Amaler hat ihren Ursprung in der Frühzeit. Besonders bezeichnend ist dabei die offensichtliche Übereinstimmung zwischen der Selbstinterpretation des Barbarenfürsten und dem Wunsch des Verfassers, der sich bemüht, die Geschichte seines Volkes mit dem Schicksal Roms zu verbinden: ein interessantes Beispiel für ethnische Verschmelzung.

Das Talent des Kanzlers ist für uns dank einer Sammlung faßbar, die er 537 unter dem Titel *Variae* herausgibt: In zwölf Büchern stellt Cassiodor vierhundertachtundsechzig von den Schriftstücken, die er von Amts wegen abgefaßt hat, zu einem Kompendium zusammen. Obwohl Persönliches ausgeschlossen bleibt, stellt die Sammlung ein Dokument ersten Ranges dar. Vor allem kann man anhand dieser Beispiele analysieren, in welchem Maß die Tradition einer gepflegten Prosa das Römische Reich überlebt hat: Das liegt am Ehrgeiz der neuen Fürsten, es zeigt aber auch, wie hervorragend die italienischen Schulen im sechsten Jahrhundert waren. Denn der Kode, der bei der Übermittlung der Anweisungen zur Anwendung kommt, ist so kompliziert, daß nur umfassend ausgebildete Spezialisten als Empfänger und Sachwalter in Frage kommen. Auch die Vorworte, mit denen Cassiodor seine Bücher einleitet, erhellen seine Konzeption von Laienbildung.

Geistliche Schriften

Die Existenz von Schulen, die in der ersten Hälfte des sechsten Jahrhunderts weltliches Wissen auf einem hohen Niveau lehren, wird schon dadurch bestätigt, daß Cassiodor 535 das Fehlen vergleichbarer Schulen für den geistlichen Bereich beklagt; ein weiterer Beweis ist, daß es diese gelehrte Verwaltungssprache überhaupt gibt. Auf dringenden Wunsch seiner Freunde opfert Cassiodor etwas Zeit, um einen kurzen Abriß *De anima* zu verfassen. Dann stellt er sich ganz in den Dienst des geistlichen Unterrichts. Nach der Gründung des Klosters von Vivarium hat er Gelegenheit, auch die Erziehung seiner Mönche zu organisieren. Dabei muß er als Abt ihrer extrem unterschiedlichen Bildung gerecht werden: bei den einen Lücken schließen, zugleich aber die anderen zu einer gewissen Vollkommenheit führen. Sein grundlegendstes Werk verfaßt er in seinen letzten Lebensjahren (er sagt selbst, es sei an der Zeit, »das Bündel zu schnüren«). In der Schrift *De orthographia* ist er bemüht, Kopisten und Lesern, die im Umgang mit der geschriebenen Sprache noch unsicher sind, elementarstes Wissen über die korrekte Orthographie zu vermitteln; das Vorwort erklärt namentlich, wie die Interpunktionszeichen, wesentliches Rüstzeug der mündlichen wie der schriftlichen Tradition, zu verwenden sind.

Seine Kommentare zu den Psalmen bewegen sich auf einem höheren intellektuellen Niveau. Die Psalmodie ist eine der Grundlagen des klösterlichen Gebets: Die jungen Mönche sind mit dem Erlernen dieser Kunst beschäftigt. Das tiefere Verstehen des Textes setzt eine heikle exegetische Tätigkeit voraus, für die zahlreiche Schriften des Augustinus das Vorbild liefern. Aber ihres Umfangs und ihres Gedankenreichtums wegen sind diese für die Gemeinschaft nicht leicht zugänglich. Cassiodor erstellt eine Kurzfassung, die die Lehren des Meisters aus Hippo vereinfacht und systematisiert (Unterscheidung verschiede-

ner Stufen). Außerdem hält er sich auch insofern an die Vorschriften des Afrikaners, als er auf weltliche Methoden zurück-
greift, um in den Psalmen eine Rhetorik nachzuweisen, deren
Verfahrenweisen von der klassischen Literatur inventarisiert
worden sind.

Einführung in die Kultur

Das erste Buch der *Institutiones divinarum lectionum* behandelt die Lektüre der heiligen Texte, das zweite die *artes liberales*. Die Verbindung dieser beiden Disziplinen wird im Vorwort
gerechtfertigt, wo Cassiodor (immer noch im Anschluß an *De
doctrina christiana*) unterstreicht, daß es unmöglich ist, zum
Verständnis der heiligen Bücher zu gelangen, ohne das im weltlichen Unterricht vermittelte Wissen heranzuziehen. So wird
der Rückgriff auf die *artes liberales* neuerlich gerechtfertigt,
wenn sie auch jetzt einem höheren und gewissermaßen praktischen Ziel untergeordnet werden. Außer der Rhetorik, die unabdingbar ist, um die rhetorischen Figuren und Tropen der
Heiligen Schrift zu verstehen, ist das Studium der Grammatik
notwendig für jeden, der Texte korrekt abschreiben will. Bei
ihrer Arbeit müssen die Mönche die *Ars* des Donat griffbereit
haben.

Dennoch geht es nicht darum, die Bibelüberlieferung einer
normierenden Überarbeitung zu unterziehen. Im Gegenteil,
Cassiodor erklärt seinen Schülern, daß Gottes Wort in seiner
lateinischen Textform unantastbar ist. Das führt ihn zu einer
schwierigen Reflexion über den Begriff der sprachlichen und
stilistischen Norm. Am Ende steht die Idee einer christlichen
Latinität, die zu Anpassung und Entwicklung fähig ist. Der
Boden ist bereitet für den Auftritt der profanen Wissenschaften.

Das zweite Buch zerfällt in drei Kapitel unter dem bezeichnenden Titel »Über die Künste und die Disziplinen der schönen Wissenschaften«. Cassiodors klare und gut organisierte Zusammenfassung stellt den Bezugspunkt für die Intellektuellen der folgenden Jahrhunderte dar: Die Einteilung der *artes liberales* in eine Dreier- und eine Vierergruppe ist fortan kanonisch. Die Grammatik wird schnell abgehandelt; der Autor verweist für gründliche Studien auf Donat (dessen Schriften damals in Vivarium verfügbar sind). Dagegen hält er sich im zweiten Kapitel beim Rhetorik-Unterricht länger auf: Als Quellen erscheinen hier die großen Werke von Cicero und Quintilian, die ausführlich zitiert oder glossiert werden. Kapitel drei, »Über die Dialektik«, ist eigentlich eine kleine Abhandlung über die Logik, die die Übersetzungen des Boethius in abgekürzter Form zitiert, ehe sie auf diesen Autor selbst verweist.

Bei seinen Darlegungen fordert Cassiodor seine Leser ständig auf, speziellere Werke zu konsultieren, falls ihnen seine Antwort auf eine sich ergebende Frage nicht genügen sollte. Er verweist sie nicht nur auf Donat; er ruft den Spezialisten für die Landwirtschaft die Werke von Columella und Palladius in Erinnerung, den Ärzten die Übersetzungen der Schriften von Hippokrates und Galen oder die Untersuchungen des Dioskurides über die Heilkräuter. So entwirft Cassiodor den Plan einer perfekten klösterlichen Organisation: Sie beherrscht alle Wissensgebiete, ist autonom und auf den Gottesdienst ausgerichtet; es wird eine Einheit geschaffen, die den Forderungen sowohl der Benediktinerregel wie der antiken Bildung Genüge tut.

Lob des Kopisten

Es ist nicht schwer, die Grenzen dieses Werkes aufzuzeigen. Cassiodor ist kein überragender Kopf; er ist weniger gelehrt und weniger intelligent als Boethius. Aber er hat sich bemüht, anderen zu dienen. Seinem Land, indem er die ethnische Verschmelzung beschleunigt, die er sicher für unbedingt notwendig hielt – er folgt der Lehre des Augustinus, für den die

Verbreitung des Christentums das erste Kriterium für den Fortschritt war. Seinem Glauben, indem er fern von den Stürmen
seiner Zeit eine Gemeinschaft um sich sammelte, um eine ge-
schützte Stätte christlicher Gelehrsamkeit zu schaffen. Seinen
antiken Vorbildern (er bezeichnet nicht ohne innere Bewegung
Flavius Josephus als neuen Livius), indem er ständig religiöse
Gründe für den Erhalt antiker Bildung ausfindig macht.
Die christliche Wissenschaft ist der erste Zweck aller Studien,
und das bewirkt sicher für lange Zeit eine geistige Einschränkung. Außerdem wird das Bildungsprogramm Cassiodors zu
Lebzeiten seines Urhebers nicht vollständig verwirklicht, und
mit seinem Tod enden die entsprechenden Bemühungen. Aber
dadurch, daß dieser Gelehrte die Tätigkeit des Kopisten ins
Zentrum des Erlösungswerks rückt, spielt er in der Entwicklung des kulturellen Lebens der Klöster eine entscheidende
Rolle: »Der Fleiß ist gesegnet und der Eifer löblich, der dazu
führt, daß man den Menschen mit der Hand predigt, mit den
Fingern etwas mitteilt, mit Feder und Tinte den Sterblichen das
stumme Geschenk des Heils macht und die Verführungen des
Teufels bekämpft.«

5. GREGOR DER GROSSE

Konsul Gottes und Hirt der Völker

Die historischen Ereignisse (Langobardeneinfall), das Wüten
der Natur (Pest) und die Risiken einer labilen Gesundheit (Gregor ist sein ganzes Leben lang magenleidend) haben Papst Gregor den Großen zu einer apokalyptischen Weltsicht geführt, die
sicherlich die Erklärung dafür ist, daß seine seelsorgerische
Tätigkeit und sein literarisches Werk ganz auf das Heil der Völker ausgerichtet sind. Diese Umstände erklären vielleicht auch,
warum manche seiner Stellungnahmen so radikal sind und in
Gegensatz zu seiner Herkunft wie zu seinem ursprünglichen
cursus honorum stehen. Er ist um 540 geboren und stammt aus
einer Senatorenfamilie, die seit langem zum Christentum be-

149

kehrt und politisch einflußreich ist (einer seiner Vorfahren war Papst). Gregor erhielt die einem jungen Adligen angemessene, sorgfältige Erziehung und schlug um 570 eine weltliche Laufbahn ein. Kaiser Justinus II. machte ihn damals zum *praetor urbanus.* Aber gleich nach dem Tod seines Vaters, des *regionarius* Gordianus (er war verantwortlich für die Diakonien), verkauft der junge Mann einen Teil des Familienbesitzes und stiftet vom Erlös sechs Klöster auf Sizilien. Für sich selbst baut er den Familiensitz am Hang des Scaurus (Mons Caelius) in ein Kloster um und weiht es dem heiligen Andreas.

Papst Benedikt I. (574–578) beendet sein Asketendasein und macht ihn zum Diakon. Der Nachfolger dieses Papstes, Pelagius II., schickt ihn als Nuntius *(apocrisiarius)* nach Konstantinopel, wo Gregor sechs Jahre bleibt (579–585). Bei der Rückkehr wird er zum Abt seines Klosters gewählt. 590 rafft die Pest Pelagius dahin; der Abt von Sankt Andreas wird durchaus gegen seinen Willen zum Papst gewählt. Von da an bis zu seinem Tod (604) ist seine Biographie Teil der allgemeinen Geschichte. Prädestiniert durch seine weltliche Ausbildung, wird er ein außergewöhnlich fähiger Verwalter der Stadt Rom, die durch zahlreiche Kriege verarmt ist, von ihrem rechtmäßigen Beschützer, dem Exarchen von Ravenna, schlecht verteidigt und mehr oder weniger offen von den Langobarden bedroht wird, die zwar Christen, aber Arianer sind. Die Grabinschrift Gregors faßt die römische und katholische Doppelgestalt seines Werkes in vollkommener Weise zusammen, da sie ihm den schönen Titel »Konsul Gottes« verleiht.

Die Regel und das Register

Die Verwaltung der Kirche durch Gregor war Anlaß für zwei Werke, ein theoretisches, die *Regula pastoralis,* und ein praktisches, das *Registrum* seiner Briefe. Schon 591 richtet der Papst an Johannes von Konstantinopel einen Brief, in dem er seine Geistesverfassung bei Übernahme des hohen Amtes beschreibt; diesem Sendschreiben beigefügt ist ein Traktat in vier Büchern, in dem Gregor die Regeln untersucht, die bei der Ausübung des Hirtenamts, bei der Seelsorge zu befolgen sind. Die Vierteilung des Werkes entspricht den vier verschiedenen Gesichtspunkten, von denen der Autor ausgeht. Sehr klar verpflichtet er nämlich den Adressaten, sich in dem Moment, da er die höchste Stellung (die Bischofswürde) erreicht, genau zu überlegen, wie er dorthin gelangt ist; dann, sobald er sich in seinem Amt eingerichtet hat, soll er sich fragen, wie er lebt, wie er lehrt, und zuletzt, wie er im Alltag seine Unzulänglichkeiten in Zucht halten kann. Das der Unterrichtung der Gläubigen gewidmete Buch definiert methodisch die Mittel und Wege der Kommunikation mit einem Kollektiv. Das Werk wird bald in der gesamten Christenheit bekannt: Schon im neunten Jahrhundert übersetzt König Alfred der Große die Regel ins Altenglische und fügt ein Vorwort hinzu, das den ganzen Reichtum des Textes aufzeigt.

Das praktische Werk ist das Ergebnis vierzehnjähriger Ausübung der administrativen Gewalt. Gregor muß zugleich die Seelen führen und den Besitz der Kirche verwalten; er muß mit den langobardischen Königen verhandeln, mit dem Exarchen von Ravenna feilschen, mit dem Kaiser debattieren und mit dem Patriarchen von Konstantinopel streiten. Die päpstliche Korrespondenz beschreibt alle diese Aktivitäten. Mit dem Bürgersinn eines römischen Beamten hat Gregor die Briefe gesammelt und geordnet und so den Prototyp der päpstlichen Register geschaffen. Wenn auch nur ein Teil dieser Dokumente erhalten geblieben ist, sind die vierzehn Bücher der Sammlung doch von außerordentlichem Interesse in historischer, religiöser und literarischer Hinsicht (gelegentlich erinnern sie an die Briefe Ciceros).

Anspruchsvolle Lehren

Der Papst hat die Aufgabe der religiösen Lehre gemäß den in seiner Regel formulierten Prinzipien übernommen, das heißt so, wie es den Adressaten der Lehre angemessen ist. Dazu gehören gelehrte Darlegungen für ein Elitepublikum. Zuerst unternimmt Gregor während seines Aufenthalts in Konstantinopel, auf Bitten der Mönche von Sankt Andreas, die ihn begleitet hatten, und auch auf Wunsch Leanders von Sevilla, der damals in der griechischen Hauptstadt Zuflucht gefunden hatte, die schwierige Exegese des Buches Hiob, und er bemüht

sich um Auslegung unter einem dreifachen, historischen, alle-
gorischen und moralischen Gesichtspunkt. Schließlich über-
wiegt dieser letzte Aspekt und gibt dem ganzen Werk seinen
Titel, *Moralia in Iob;* es wird ein enormes Manuskript in sechs
Bänden und fünfunddreißig Büchern, das 595 vollständig vorliegt.

Dieses dichte, gelehrte Werk wird vervollständigt durch
»zweiundzwanzig Predigten über das Buch Ezechiel«, die Gregor wohl 593 in Rom hielt. Auch diesmal wendet er sich an ein
Publikum, das die Elite des Klerus, der Mönche und der Notabeln umfaßt. In einer ziemlich kurzen Zeitspanne (vielleicht
zwei Wochen) kommentiert Gregor den biblischen Text; sein
Vortrag ist weniger schwierig, bewegt sich aber immer auf hohem Niveau. Der korrigierte und autorisierte Text liegt erst
601/02 vor.

Leicht verständliche Lehren

Aber Gregor denkt auch an die Masse der Gläubigen, deren be-
scheidenes kulturelles und sprachliches Niveau ihrer Verständ-
nisfähigkeit Grenzen setzt. Soweit es seine Kräfte zulassen,
wendet er sich unmittelbar an dieses Publikum und erläutert
ihm einfachere Texte. So hält er in den Kirchen Roms, vor
allem in Santa Maria Maggiore, während des Kirchenjahrs
590/91 »vierzig Predigten über das Evangelium« vor einer
Menschenmenge, die oft dicht gedrängt jeden Winkel der Kirche füllt. Seiner Krankheit wegen kann er diese Volkspredigten
nicht fortsetzen.

Er faßt dann den Plan, den lateinischen Christen eine Sammlung erbaulicher Erzählungen zu schenken, die beweisen, daß
die Zeit der Wunder und der Heiligen noch nicht zu Ende ist.
In einem langen fiktiven Dialog mit seinem Diakon Petrus erzählt der Papst die Wundertaten der Christen des sechsten
Jahrhunderts in Italien: Höhepunkt der vier Bücher der *Dialogi*
ist sicher Buch II, wo Gregor das Werk Benedikts von Nursia,
der beinahe sein Zeitgenosse war, preist und rechtfertigt. Der
Erfolg dieses um 595 veröffentlichten Werkes stellt sich sofort
ein. Die *Dialogi,* geistiges Geschütz gegen Arianer, Byzantiner
und Skeptiker, aber auch ein Schatz von Geschichten, die Mut

machen, sind in erstaunlich vielen Handschriften verbreitet und werden in alle Sprachen der Christenheit (einschließlich des Griechischen) übersetzt.

Kulturelle Einheit

Die Einheit der historischen Persönlichkeit des Papstes ist weniger in Frage gestellt worden als die Kohärenz seiner literarischen Theorie und Praxis. Denn manchmal scheint ein doppelter Bruch durch sein Werk zu gehen. Einerseits gibt es zwischen seinen großen, gelehrten Exegesen und seinen anspruchslosen erbaulichen Erzählungen einen Abstand, der mitunter für unannehmbar gehalten wurde: Die Einfachheit (die übertreibend als naiv bezeichnet wurde) seiner *Dialogi* schien eines Konsuls Gottes derart unwürdig, daß ihre Echtheit bestritten wurde. Andererseits scheint der Papst manchmal selbst die literarischen Qualitäten zu verleugnen, über die er doch verfügt. Die Sprache, in der er sich ausdrückt, ist ein sowohl lebendiges wie gelehrtes Latein. Seine *Moralia in Iob* erreicht einen hohen Grad an grammatischer und literarischer Meisterschaft. Wie also soll man in diesem Autor denjenigen wiedererkennen, der Leander von Sevilla erklärt, er wolle von den Regeln Donats nichts hören, und Desiderius von Vienne verbietet, sich derartigen Studien zu widmen?

Die Einheit muß man in Gregors Doktrin selbst suchen. Zunächst entsprechen seine Äußerungen gegen die Grammatik und die Spitzfindigkeit der Gelehrten seiner mönchischen Ausbildung: Eine alte Tradition, die kurz zuvor noch von Caesarius von Arles vertreten wurde, verlangt von den Mönchen, daß sie die (guten) Taten den (schönen) Worten vorziehen. Der Papst zwingt sich zu asketischem Realismus, wenn ihm die literarischen Kenntnisse die Gefahr in sich zu bergen scheinen, daß sie Selbstzweck werden. Denn der christliche Redner und Schriftsteller muß im Dienst der Seelsorge, nicht der Literatur stehen. Die spitzfindigen Spielereien eines Avitus von Vienne zu Beginn des Jahrhunderts sind ein beunruhigendes Zeichen für die Tendenz, sich auf sich selbst zurückzuziehen, die Gregor bei Desiderius fürchtete. Die Regel hat mit Nachdruck darauf hingewiesen, daß der Seelsorger sich seinem Publikum anpassen muß, wenn er die ihm zugeteilte Aufgabe erfüllen will. Daß er beide Register beherrscht, beweist aber der Erzähler der *Dialogi,* der mit Demut und Talent ein Beispiel für literarische Variationsbreite gibt.

6. GREGOR VON TOURS

Neue Landschaften

Obwohl Gregor ungefähr zur selben Zeit lebt wie sein Namensvetter (dessen Aktivitäten er genau kennt), gehören sein Leben und Werk in einen historisch-kulturellen Rahmen, der sich vom Tardoantico (das in Italien noch sehr stark ist) schon weiter entfernt hat. Seine literarische Produktion bricht nicht mit der Latinität der Spätantike, weist aber doch schon Merkmale auf, die zum Teil eine neue Landschaft skizzieren. Auch er stammt aus einer berühmten Senatorenfamilie. Er ist 538 in Clermont-Ferrand geboren; zunächst erhält er Privatunterricht im Palast seines Onkels Gallus, des Bischofs der Stadt, nach dessen Tod setzt der Nachfolger Avitus Gregors Ausbildung fort. Nach Gregors eigener Aussage folgen seine Studien damals nicht dem klassischen *cursus,* der ihn vor allem zur Beherrschung von Grammatik und Rhetorik geführt hätte. Seine Erzieher beschränken sich vermutlich darauf, ihn die Psalmodie zu lehren und in die Lektüre der Heiligen Schrift einzuführen, wodurch ihm der Zugang zur Tradition der Kirchenväter eröffnet wird. Schreiben lernte er wohl eher zufällig.

Nach dem Tod eines seiner Verwandten, des Bischofs Euphronius von Tours, entscheidet sich König Sigebert für Gregor als Bischof im damals bedeutendsten Bistum von Gallien (wegen der traditionellen Wallfahrten zum heiligen Martin). Bis zu seinem Tod ist Gregor in die Geschichte der Merowingerreiche verwickelt, das heißt in die Konflikte der Herrscher untereinander und mit den zahlreichen Ausprägungen der Christenheit in Gallien. Er erfüllt seine Aufgabe als Seelsorger, verkehrt aber gleichzeitig auch mit den Großen seiner Zeit (seine Auseinandersetzungen mit König Chilperich sind legendär). Er wird ein enger (und warmherziger) Freund des Dichters Venantius Fortunatus aus Ravenna, der kurz vor Gregors Wahl zum Bischof nach Gallien gekommen ist; Venantius reist mehrmals nach Tours und Poitiers, ehe er 591 Bischof in der letztgenannten Stadt wird, wo er wenige Jahre nach Gregors Tod (594) stirbt.

Historiographisches Werk

Der Umgang mit Autoren, deren Bildung den anspruchsvollsten Normen der antiken Erziehung entspricht, hat auf Gregor eine doppelte Wirkung (Sidonius Apollinaris liest er besonders gern): Er wird in seiner Liebe zur Literatur bestätigt, und die Lücken seiner Bildung und die Mangelhaftigkeit seines Lateins werden ihm deutlich. 575 beginnt der Bischof mit der Abfassung eines historischen Werkes, zu dem es in der römischen Vergangenheit keine Entsprechung gibt, der *Decem libri historiarum*, die man gewöhnlich *Geschichte der Franken* nennt. Im ersten Buch faßt er schnell die bisherige Geschichte der Welt zusammen, ehe er mit dem zweiten Buch die Periode erreicht, die unmittelbar vor seiner eigenen Lebenszeit liegt (Reich des Chlodwig), und dann zur Zeitgeschichte gelangt, da das fünfte Buch mit dem Tod Sigeberts endet. Die folgenden Bücher stellen eine aktuelle Reportage über das politische, moralische und religiöse Leben in den Königreichen dar: Die Jahre 580 bis 585 werden in den Büchern V und VI, die Jahre 585 bis 591 in den Büchern VII bis X behandelt. Der Schluß des Werkes und vor allem das Nachwort sind 594 vollendet.

Seit Ammianus Marcellinus (zweihundert Jahre früher) hatte die lateinische Historiographie keinen so begabten Schriftsteller erlebt. Natürlich hat sich die Ästhetik gewandelt. Aber mit einer Frische, die manchmal an Herodot erinnert, einem scharfen Sinn für die konkreten Dinge des Lebens, mit einem parteiischen Standpunkt und engagierten Beschreibungen hat der Bischof von Tours ein Werk von unschätzbarem Wert geschaffen. Dennoch ist die kulturelle Wende offensichtlich. Sein politischer Horizont beschränkt sich auf den gallischen Raum; die ethnische Opposition Römer/Franken ist einer rein religiösen

Unterscheidung gewichen, die es dem Historiker erlaubt, das kulturelle Niveau eines Individuums nach der Qualität seines Christentums zu beurteilen; die Lehre der Geschichte ist durch rein religiöse Belehrung ersetzt worden; das Phantastische und das Alltägliche brechen den hieratischen Rahmen der alten Historiographie auf (das antike *decorum* wird nicht länger respektiert). Den schöpferischen Wert dieser *Libri* kann man eher ermessen, wenn man bedenkt, in welchem Ausmaß sie der gesamten wissenschaftlichen Lehre über die merowingische Geschichte als Quelle gedient haben; erst in der letzten Zeit hat man angefangen, die Darstellung dieser Epoche einer Revision zum Positiven hin zu unterziehen. Der aufbrausende Bischof von Tours hat seinen Text als strenger Moralist geschrieben: Die modernen Historiker haben manchmal vergessen, daß er so zum Tacitus der Merowinger wurde.

Geistliche Texte

Die Unterscheidung zwischen historischen und geistlichen Schriften ist einigermaßen künstlich, da auch die ersten im Zeichen der christlichen Moral verfaßt sind. Gregor hat sich einem im engeren Sinne geistlich erbaulichen Werk von beträchtlichem Umfang gewidmet. Dazu gehören natürlich die »Vier Bücher über die Wunder des heiligen Martin«, eine erweiterte und zugleich vereinfachte Neufassung der alten *Vita Martini* von Sulpicius Severus. Vermehrt und den Interessen eines größeren und andererseits weniger gebildeten Publikums angepaßt, entspricht die Neubearbeitung den Bedürfnissen eines Kults, der unterdessen besonders wichtig geworden ist. Aus Treue gegenüber seinen Gönnern hatte Gregor schon eine kurze Erzählung über die »Wunder des heiligen Julianus« verfaßt (er war Priester an der Basilika Saint-Julien zu Brioude in der Auvergne, seiner Heimat, gewesen).

Zwei wichtige Werke, das Buch über die ersten Mönche und das Buch zu Ehren der Bekenner, dienen der weniger an eine Region gebundenen religiösen Belehrung; sie wollen die zum Bestandteil der Tradition gewordenen hagiographischen Erzählungen des Mittelmeerraums einem breiten Publikum zugänglich machen. Neben diesen populären Schriften verfaßt der Mann aus der Touraine (wohl zwischen 575 und 582) eine merkwürdige Schrift über die kirchlichen Zeiten. Da der Bischof seinen Geistlichen eine sichere Methode an die Hand geben möchte, um einen liturgischen Kalender zu erstellen, verfaßt er diese gelehrte Schrift »über die Art und Weise, wie der Gottesdienst den Lauf der Gestirne beachten muß«.

Gelehrte Bildung

Diese Schrift wird zum Anlaß wissenschaftlicher Forschungen. Gregor beschäftigt sich mit der Terminologie der Gestirne und erfaßt sie als Philologie. Seine Wißbegierde läßt ihn eine ganze Reihe anderer Überlegungen über die Wunder der Geschichte anstellen; in diesem Zusammenhang verfaßt er eine kurze Paraphrase des berühmten Gedichts von Lactantius über den Vogel Phönix. Denn Gregors Gesamtwerk profitiert von gelehrten Beirägen, die das Gewebe seiner Texte bereichern. Er erklärt selbst wiederholt, er sei bemüht gewesen, sich eine literarische und grammatische Bildung zu erwerben. Im klassischen Bereich blieb sie freilich dürftig. Dennoch liest er Vergil und weiß ihn zu schätzen, und natürlich begeistert er sich besonders für die *Aeneis* (vielleicht hat er die letzten Bücher nicht gelesen). Seine Kenntnis der christlichen Autoren ist sicherlich ungleich besser: Sie sind ihm vertraut (Hieronymus, Orosius, Prudentius ...). Die Latinität Gregors müßte an dieser Elle gemessen werden; denn er liest mit Vergnügen einen Autor wie Sidonius, dessen Sprache extrem schwierig ist. Diese Fähigkeit, die Pracht raffinierter Hofdichtung und dichter Kunstprosa in Briefen zu bewundern, vermittelt eine zutreffende Vorstellung von seiner kulturellen Kompetenz.

Daher muß man seinen Beteuerungen, er sei unwissend, nicht unbedingt glauben, besonders nicht, wenn er klagt, daß er in einer so erbärmlichen Sprache schreibe. Der größte Teil der Fehler, die die erhaltenen Manuskripte verunstalten (keines davon stammt aus der Zeit des Autors), betreffen lediglich die Orthographie. Davon abgesehen ist sein Latein hervorragend. Unglücklicherweise mangelt es an Untersuchungen, nicht über seine Sprache, sondern über seinen Stil; dabei ist im Anfangsteil der *Geschichte der Franken* (vor allem in der Klage über den Niedergang der Studien) wie in manchen Vorworten zu den anderen Büchern (über den moralischen Verfall des Reiches) oder in der bewegenden Nachschrift des Buches X ein langer rhetorischer Atem erkennbar. Nur eine Bildung, die gründlicher gewesen sein muß als bisher bekannt, vermag solche gelungenen Passagen zu erklären. Die anscheinend spontanen Teile seiner Erzählung wären auch in eine eingehende Untersuchung der literarischen Gattungen einzubeziehen, die ihm als Muster dienten.

Bewußte Volksnähe

Noch einmal: Man muß Gregors Beteuerungen, seine sprachlichen Fähigkeiten seien ungenügend, mit Vorsicht zur Kenntnis nehmen. Wenn er erklärt, er drücke sich »in der Sprache der Ungebildeten« aus, dann gilt das im Vergleich mit der gelehrten Schreibart eines Sidonius Apollinaris oder eines Sulpicius Severus. Hätte er nur einen Moment daran gedacht, seine Schreibweise an der Sprache und am Stil der alten Bibelübersetzungen zu messen, hätte er sich ganz anders ausgedrückt: Der »ungepflegte Stil« des biblischen Lateins hätte seinen eigenen Stil in der gelehrten Tradition legitimiert. Genau diese extreme Tendenz, die Sprache der Offenbarung herabzusetzen, um den Regeln Donats gerecht zu werden, bekämpft Gregor der Große bei den Intellektuellen des Westens (und besonders bei den Galliern) aufs schärfste. Die grammatische Kompetenz seines Namensvetters von Tours entspricht zwar nicht dessen Ehrgeiz und dessen Neigungen, aber sie ist doch am traditionellen Kanon ausgerichtet, den der Autor aus Wertschätzung für seine Leser zu befolgen bemüht ist.

Der gleiche Geisteszustand, der demütige Anpassung an das Publikum verlangt, erklärt überraschende – in Widerspruch zur Einleitung der *Geschichte der Franken* stehende – Erklärungen, mit denen er mehrere seiner hagiographischen Schriften beginnt. Denn in einem Werk, das sich an ein ganz ungebildetes Publikum richtet, bekennt sich Gregor, durch seine Mutter ermutigt, voll und ganz zu seinem fehlerhaften Latein und zu seinem kunstlosen Stil. So schreiben sich seine Stellungnahmen ein in die Kontinuität der populären Seelsorge, die von

Augustinus geschaffen und von Caesarius von Arles berühmt gemacht wurde. Theorie und Praxis Gregors verbinden sich darin, daß er rückhaltlos eine Sprache akzeptiert, die auf Gelehrsamkeit verzichtet und statt dessen versucht, sich – über die Alltagssprache hinaus – der Gemeinschaft der Gläubigen und ihrer von Donat weit entfernten Ausdrucksweise zu öffnen.

7. ISIDOR VON SEVILLA

Bewahrer und Schöpfer

Isidor, der Bischof von Sevilla, unternimmt eine dreifache Anstrengung: Er will soviel wie möglich vom antiken Wissen bewahren, den Triumph des Katholizismus bestätigen und die Voraussetzungen für eine tiefgreifende römisch-gotische Verschmelzung schaffen. 570 als Sohn einer einflußreichen römischen Familie in Cartagena geboren, wird er nach dem Tod des Vaters von seinem älteren Bruder Leander erzogen, und zwar in Sevilla, wohin sich die Familie geflüchtet hat. Die Ausbildung des Jüngeren wird energisch vorangetrieben mit den groben Methoden der zeitgenössischen Pädagogik (der Bruder ist Mönch). 576 wird Leander Bischof in der Metropole der Baetica; Isidor folgt ihm 600 in diesem Amt. Da er die Bischofswürde nach den großen Erschütterungen erlangt, die zur Konversion der Westgoten zum Katholizismus geführt haben, ist er nicht mehr unmittelbar in die Kontroversen der letzten fünfundzwanzig Jahre des sechsten Jahrhunderts verwickelt. 619 nimmt er an der Synode teil, die in Sevilla unter der Schirmherrschaft des Königs Sisebut abgehalten wird. 633 führt er den Vorsitz bei dem bedeutsamen vierten Konzil von Toledo, bei dem auch König Sisenand anwesend ist. Isidor stirbt 636.

Seine Tätigkeit ist wesentlich mit der kulturellen Reform der spanischen Kirche verbunden: Sie hatte während der langen Zeit, in der sie die Konkurrenz des von der gotischen Aristokratie gestützten arianischen Klerus ertragen mußte, sehr zu leiden gehabt. Um die Jahrhundertwende läßt die Seelsorge sehr zu wünschen übrig; das erklärt sich im wesentlichen aus der Unzulänglichkeit der Geistlichen. Die Entstehung einer katholischen Monarchie in Spanien setzt dem Kampf der traditionellen Kirche ums Überleben ein Ende und ermöglicht den klügsten Köpfen wie Isidor, die Zukunft in langwierigen Bemühungen dauerhaft vorzubereiten. Nach dem Vorbild Cassiodors unternimmt es der Sevillaner, die Kirche mit dem intellektuellen Rüstzeug für eine Erneuerung auszustatten, die er für unbedingt notwendig hält.

Gelehrsamkeit

Er selbst hat sich eine anspruchsvolle Arbeitsmethode angewöhnt, die ihn zum direkten Erben der antiken Gelehrten im Gefolge des jüngeren Plinius macht. Zunächst liest er viel über den Gegenstand, der ihn interessiert, um die wichtigen Textstellen aufzufinden. Dann stellt er Auszüge mit Verweisen zusammen. Als nächstes kürzt er die so gesammelten Materialien. Die letzte Etappe ist die Verschmelzung der verschiedenen Zitate zu einem fortlaufenden Text, die zu einer weiteren Konzentration Anlaß gibt, verbunden mit dem Bemühen um möglichst klare Darstellung. Für ein solches Vorhaben ist eine außergewöhnlich gut bestückte Bibliothek notwendig, und es kann nur mit einem ergebenen Stab von Kopisten gelingen.

In einer kurzen Schrift zur christlichen Numerologie schöpft der Sevillaner im wesentlichen aus dem Werk des Martianus Capella; sein Traktat greift zugleich auf elementare arithmetische Kenntnisse und auf die Zahlensymbolik zurück, die die mittelalterliche Kultur prägen sollte. Auf Wunsch des hochgebildeten Königs Sisebut (also zwischen 612 und 620) verfaßt Isidor das Werk *De natura rerum,* in dem er nach direktem Rückgriff auf die Quellen (besonders Lukrez) die Erkenntnisse der physikalischen Geographie entwickelt (über die Jahreszeiten, das Wetter, den Lauf der Gestirne, die Winde usw.).

In seinem Bemühen, die korrekte lateinische Sprache wiederherzustellen, folgt der Sevillaner dem Vorbild von Gelehrten der Antike, besonders Cato; in zwei Büchern erarbeitet er eine Synthese über die Differenzen *(Libri differentiarum),* wobei er eine methodische Auswahl der Wörter zu begründen sucht, deren Bedeutung nicht mehr eindeutig feststeht. Das erste, 610 erschienene Buch trägt den Titel »Unterschiede zwischen den Wörtern«, das zweite den Titel »Unterschiede zwischen den Sachen«. Ein reicher Wortschatz verhilft dem Autor zu überströmender Beredsamkeit *(copia dicendi):* Im Rahmen einer rhetorischen Übung dieser Art verfaßt Isidor zwei Bücher *Synonyma,* in denen er ein lange (von den Psalmen inspirierte) Klagerede der sündigen Seele strikt nach dem Schema Wiederholung/Variation entwickelt.

Geschichtliche Wurzeln

Der Bischof setzt für die spanische Kirche markante Fixpunkte in der geschichtlichen Zeit und im Raum der Glaubensvorstellungen. Er verfaßt einen kurzen Abriß über die Irrlehren, setzt sich in einer Schrift »Über den katholischen Glauben« mit der jüdischen Religion auseinander, erstellt eine Liste der »Geburts- und Sterbedaten der Patriarchen« und schreibt eine *Chronica maiora* (veröffentlicht 615), die mit der Entstehung der Welt beginnt und Augustinus' Einteilung in sechs Weltalter wiederaufnimmt. Anknüpfend an die Werke von Hieronymus und Gennadius, preist er die Verdienste der »berühmten Männer«, das heißt der christlichen Autoren des Abendlandes.

Diese Arbeiten bringt er zum Abschluß mit der ersten nationalen Geschichte Spaniens, einer *Historia Gothorum.* In diesem Werk bemüht er sich zu zeigen, daß die Goten (nicht die Byzantiner) die eigentlichen geistigen Erben der Römer sind, deren Reich sie übernommen und verschönert haben. So verschwindet der ethnische Gegensatz zugunsten einer Verschmelzung in der spanischen, lateinischen und katholischen Einheit. Das Werk beginnt mit einem sehr schönen »Lob Spaniens«, das mit lyrischen Untertönen Isidors Glauben an den Fortbestand der römischen Kultur wie an die Zukunft der neuen Nation zusammenfaßt.

Disciplina ecclesiastica

Die geistliche Unterweisung Spaniens und die praktische Organisation der Christenheit hat der Bischof ebenfalls nicht vernachlässigt. Braulio von Saragossa, sein Freund und Schüler, bewundert sein Talent als Prediger. Zwei erhaltene exegetische Schriften beweisen seine Aktivität in diesem Bereich. Seine Teilnahme an Synoden und Konzilien hat sichtbare Spuren in den Kanones des vierten Konzils (633) hinterlassen. Als christlicher Gesetzgeber widmet der Sevillaner der praktischen Organisation der christlichen Gesellschaft eine Reihe bedeutender Werke.

Für die Klöster verfaßt er eine kurze, aber präzise Mönchsregel. Ausgehend vom Werk des Ambrosius (der sich seinerseits an Cicero orientierte) und vor allem von Gregors *Regula pastoralis*, behandelt Isidor in zwei Büchern die kirchliche Hierarchie und beschreibt Aufgaben und Möglichkeiten der Seelsorge in Spanien. Die drei Bücher Sentenzen schließlich, die er wohl in seinen letzten Lebensjahren verfaßte, entwerfen das Programm eines christlichen Lebens für alle Getauften. So entwickelt der Bischof in einer Reihe von Werken den Plan eines lateinischen und christlichen Spanien.

Der enzyklopädische Ehrgeiz

Günstige Umstände und Unternehmungsgeist lassen den Bischof ein Vorhaben konzipieren, das weit über Cassiodors Programm zur Bewahrung des kulturellen Erbes aus dem vorigen Jahrhundert hinausgeht. Isidor verwendet in seinem letzten Lebensabschnitt einen bedeutenden Teil seiner Kräfte darauf, eine Enzyklopädie des Wissens zu schaffen. Sein Briefwechsel mit Braulio ermöglicht es, den langsamen Entstehungsprozeß eines Werkes zu verfolgen, das in der Geschichte der westlichen Kultur außergewöhnlich und im Europa des siebten Jahrhunderts ganz einmalig ist. Es ist insoweit unvollendet geblieben, als sein Autor weder Zeit noch Kraft hatte, sein Manuskript zu glätten, zu korrigieren und zu gliedern. So stammt die Einteilung in zwanzig Bücher vom Herausgeber Braulio.

Die Methode folgt genau der Tradition des antiken Wissens, das heißt, der Verfasser geht von den Wörtern, ihrer Bedeutung und ihrer Geschichte aus, um ein gewaltiges Wörterbuch der zu seiner Zeit in Spanien vorhandenen Kenntnisse zusammenzustellen. Ein doppeltes Anliegen leitet ihn und erklärt die Makrostruktur seiner Enzyklopädie: Er will den Stoff eines vollständigen weltlichen Ausbildungsprogramms auf der Grundlage einer Einteilung in die sieben *artes* vermitteln; und er will diese gelehrte Bildung durch eine angemessene christliche Unterweisung vervollständigen. So behandelt er die verschiedenen Disziplinen: Grammatik, Rhetorik, Mathematik, Musik, Astronomie, Philosophie, Medizin, aber auch die religiösen Fragen: Gott, die Engel, die Kirche, die verschiedenen Irrlehren.

Diese Synthese setzt eine gigantische Kompilationstätigkeit voraus, bei der alle Arten von Quellen (Informationen, die direkt aus den Originaltexten geschöpft oder aus zweiter Hand bezogen beziehungsweise aus umgedrehten Scholien abgeleitet werden) gegenwärtig sind und miteinander vermischt werden. Man hat Entlehnungen aus den Schriften der Grammatiker (Donat) und aus den Vergil-Kommentaren (Servius) identifiziert, aus den Werken des älteren Plinius, aus Sueton, Columella, Palladius, Lactantius, Hieronymus, Augustinus und Gregor dem Großen. So wird der spanischen Christenheit das gewaltige Erbe des profanen und christlichen Wissens der Antike übermittelt, neu geordnet zu einem Ganzen, dessen Grenzen, Irrtümer und Lücken den Blick auf seine Bedeutung nicht verstellen dürfen.

Es ist das Werk eines sehr ehrgeizigen Mannes, der fest an die Zukunft glaubt und sich (wie schön gesagt wurde) noch für Rechenoperationen zu begeistern vermag. Diese intellektuelle Leidenschaft sucht ihre Befriedigung nicht nur im stillen Kämmerlein – die Baupläne westgotischer Kirchen haben die modernen Fachleute davon überzeugt, daß im siebten Jahrhundert Architekten arbeiten, die gute Mathematiker sind. Isidors Platz in Dantes Paradies entspricht genau seiner bedeutenden Rolle bei der Entstehung der europäischen Kultur.

8. BEDA VENERABILIS

Wissen als Lebensinhalt

Über den Platz Isidors könnte man allerdings diskutieren, wenn man ihn mit Beda vergleicht: Dieser kommt in Dantes Paradies unmittelbar nach dem Sevillaner. Hätte ihm nicht der Vorrang gebührt? Denn in dieser Übergangszeit ist sein Werk ohne Parallelen. Es stellt einen der schönsten Erfolge des Christentums auf den Britischen Inseln dar, das aus der friedlichen Rückeroberung des alten römischen Britannien durch Mönche vom Kontinent entstanden ist. Beda unternimmt keine Reisen, er wagt sich kaum aus seinem Kloster heraus; er hat auch kein verantwortungsvolles kirchliches Amt inne. Anders als bei allen Autoren, von denen bisher die Rede war, sind seine Bildung und Ausbildung also ganz von den Büchern und der Schule bestimmt. Dessenungeachtet sind seine Werke bemerkenswert realistisch und klar und zeichnen sich aus durch die Beherrschung der Themen, das ausgewogene Urteil und die Transparenz des Lateins. Diese Verdienste machen den Mönch in einer Zeit, da die kulturelle Entwicklung Europas viele alarmierende Symptome erkennen läßt, zu einem eminent wichtigen Vermittler zwischen dem äußersten Ende der Spätantike und den Vorläufern der Karolingischen Renaissance.

Beda ist 672 oder 673 in Northumbrien geboren, in der Gegend, wo Benedikt Biscop 674 das Kloster Sankt Peter (in Wearmouth) und 681 Sankt Paul (in Jarrow) gründet. Mit sieben Jahren kommt Beda, der zunächst in die Obhut des Klosters Sankt Peter gegeben worden war, nach Sankt Paul, wo zu dieser Zeit Ceolfrid Abt ist. Dort wird er bis zu seinem neunzehnten Lebensjahr erzogen; mit neunzehn wird er zum Diakon, mit dreißig zum Priester geweiht. Seine Begeisterung für das Studium findet einen günstigen Nährboden in dem Kloster, das mitten im intellektuellen Neuaufbau begriffen ist, vor allem dank der vielen Reisen Benedikt Biscops nach Rom, von wo er zahlreiche literarische Werke mitbringt. Eine Ruhepause in den Stürmen, die England erschüttern, erlaubt es dem Gelehrten, sich ganz seiner Lieblingsbeschäftigung zu widmen: lernen, abschreiben, schreiben und lehren. Mehrere Generationen von Schülern (darunter künftige Äbte und Bischöfe) sind durch ihn geprägt worden; er stirbt 735.

Der Schulmeister

In einer biobibliographischen Notiz über sich selbst erklärt Beda, es habe ihm immer gefallen, zu lesen und zu schreiben. Seine Arbeit als Schulmeister besteht zu einem wesentlichen Teil in mündlichem Vortrag. Er kennt sich in allen Unterrichtsstufen aus, vom elementaren Sprachunterricht (wenn die Kinder zu ihm kommen, sprechen sie nur altenglisch) bis zu den Feinheiten der klassischen Verslehre und vor allem den Anforderungen des liturgischen Gesangs. Aber er muß auch Schüler unterrichten, die er nicht direkt erreicht, und für die Zukunft, die Zeit nach seinem Tod, vorsorgen. Zu diesem Zweck verfaßt er eine ganze Reihe von typischen Schulbüchern.

Er arbeitet einen kleinen Kalender aus (um 703), eine Schrift über physikalische Geographie, erweitert dann auf Bitten seiner Schüler seinen Kalender zu einer Darstellung »Über die Zeitrechnung«, die mit einer ausführlichen, wertvollen allgemeinen Zeittafel schließt (bis zum Jahr der Abfassung, also bis 725). Diese Schriften sind inspiriert von den Werken Isidors, die sie wiederaufnehmen, vervollständigen und verbessern: Die Zeittafel sollte ein Bezugspunkt von grundsätzlicher Bedeutung für die Chronisten des Mittelalters werden. So schafft Beda ein Elementarhandbuch für Geschichte und Geographie, das heißt ein unentbehrliches Werkzeug, um sich in Zeit und Raum zurechtzufinden.

Des weiteren muß er den Anglophonen den Weg zur Beherrschung des Lateins weisen. Von seinem Unterricht zeugen mehrere überlieferte Schriften. Zunächst ein Traktat *De orthographia*. Es ist vor allem von den Grammatikern Priscian und Charisius inspiriert und besteht aus langen Wortlisten, mehr oder weniger in alphabetischer Reihenfolge, mit Bemerkungen zur korrekten Verwendung und Form der Wörter und zu Homonymen. Die Schrift »Über die Figuren und Tropen« ist anspruchsvoller; hier werden die literarischen Techniken in der Heiligen Schrift erklärt. Beda folgt vor allem dem Vorbild des Augustinus und erstellt ein aus der klassischen Rhetorik stammendes Lektüreraster (zurückgreifend auf die Ausführungen Donats, die ihm von Cassiodor übermittelt wurden), das er mit Beispielen aus der Bibel füllt. Besonders schwer zu erlernen sind dann Prosodie (Setzung der Akzente) und Metrik (Unterscheidung von langen und kurzen Silben, die Grundlage der klassischen antiken Verslehre). In fünfundzwanzig inhaltsreichen Kapiteln bietet Beda seinen Studenten einen Kurs der Verskunst auf der Grundlage der Schriften der Grammatiker und mit Beispielen aus der christlichen Dichtung.

Hagiograph und Historiker

So stehen die erstaunlichen pädagogischen und literarischen Fähigkeiten dieses Mönchs im Dienst einer in dieser schwierigen Zeit außergewöhnlichen Gelehrsamkeit, hinsichtlich sowohl ihres Umfangs wie der Meisterschaft, mit der sie nutzbar gemacht wird. Auch wenn Beda im engeren Sinn geistliche Erbauungsschriften verfassen muß, bleibt das deutlich. Um 715 bis 720 schreibt er zwei Fassungen (eine in Prosa, die andere in Versen) der *Vita sancti Cuthberti*, des Bischofs von Lindisfarne, die den für diesen Typ von Erzählung geltenden Erwartungen entspricht, aber eine außerordentlich klare, harmonische Sprache verwendet. Bedas kurze »Geschichte der Äbte von Wearmouth und Jarrow« ist von solch hohem Rang, daß man sie ohne weiteres als Werk eines Historikers bezeichnen kann. Dieser Text, ein gleichfalls außerordentliches Zeugnis über das kulturelle Leben der Epoche, ist gekennzeichnet durch die elegante Schlichtheit der Form und durch Zurückhaltung in allem, was den Inhalt angeht. Es ist das erste Mal, daß sich eine solche Erzählung den Verpflichtungen der Hagiographie entzieht: Beda geht es um die Wahrheit, deshalb hat er keinen Wunderbericht in sein Werk aufgenommen.

So zeichnen sich im England des siebten Jahrhunderts Wesenszüge eines rationalen kritischen Geistes ab. Auch das berühmteste Werk des Mönchs von Jarrow, die *Historia ecclesiastica gentis Anglorum,* die er 731 König Ceolwulf widmet, trägt den Titel *Historia* völlig zu Recht. Dieses Buch, das auf systematischer Auswertung der schriftlichen Quellen (Orosius, Gildas, Vita des heiligen Germanus von Auxerre, Annalen,

Briefe, Archive der kirchlichen Einrichtungen) und auch auf mündlichen Zeugnissen (Umfragen bei Zeitgenossen) basiert, sucht den anspruchsvollen Prinzipien zu genügen, die Beda in seiner Einleitung formuliert. Es ist bis heute eine bedeutende Quelle für die englische Geschichtsschreibung.

Neues Christentum

Bedas Begabung für Disziplinen, die in der lateinischen Spätantike wurzeln, hat ihn nicht daran gehindert, direkt zur Entstehung des neuen englischsprachigen Christentums beizutragen. Er interessiert sich nämlich für die ethnischen Gegebenheiten seines Landes genauso wie für dessen historische Wahrheit. In seinen Hirtenbriefen an Egbert (den Bischof von Jarrow und Bruder des Königs dieser Region) befaßt er sich mit den konkreten Voraussetzungen in der angelsächsischen Gesellschaft für eine wirklich christliche Lebensführung. Dabei ist er sich durchaus der Tatsache bewußt, daß der grundlegende Unterschied zwischen der Volkssprache und dem Latein ein unüberwindliches Hindernis auf diesem Weg darstellt; außerdem macht er sich keine Illusionen über das kulturelle Niveau des Klerus: Ein großer Teil der Geistlichen beherrscht die Sprache der Kirche nicht.

Diese Erkenntnis veranlaßt ihn, radikale Maßnahmen zur sprachlichen Anpassung vorzuschlagen. Er verleiht dem Altenglischen den kulturellen Status, der für den Erfolg der Seelsorge nötig ist, und legitimiert dadurch die Schaffung von *scripta*. Praktische Aktivitäten gehen damit einher: Beda selbst übersetzt die wichtigsten Gebete; am Ende seines Lebens nimmt er die Übersetzung des Johannesevangeliums in Angriff. Auf dem Totenbett singt er ein Gedicht in seiner Muttersprache. So begründet dieser Gelehrte, der – was damals äußerst selten war – auch griechisch sprach, die englische Literatur. Gibt es etwas, was sein breites Wissen, seine beständige Arbeit und seine reichen Empfindungen in schönerer Weise bezeugen könnte?

9. Paulus Diaconus

Zwischen Italien und Europa

Die bei den Briten so wichtige Trennung zwischen lateinischer Tradition und volkssprachiger Modernität berührt einen italienischen Gelehrten wie Paulus Diaconus noch nicht; zu seiner Zeit ist die ethnische Verschmelzung zwischen Lateinern und Langobarden erreicht: Paulus hat wie Isidor ein Jahrhundert früher das Bewußtsein, einer homogenen Kultur anzugehören, die direkte Nachfolgerin des römischen Italien ist. Seine Haltung gegenüber den Franken ist deshalb zunächst feindselig: Sein Leben und Werk verraten ein gewisses Schwanken zwischen nationaler Nostalgie und europäischer Expansion. Sein christliches und lateinisches Wissen sollte aber stärker sein als die Barrieren des Herkommens, die ihn daran gehindert hätten, an der vom fränkischen Herrscher eingeleiteten kulturellen Renaissance teilzunehmen.

Paul Warnefrit wird um 720 als Sohn einer mächtigen langobardischen Familie aus dem Friaul geboren und am Königshof in Pavia erzogen; er erhält eine gründliche grammatische Ausbildung und lernt sogar Griechisch. Er wird wohl Notar des Königs Desiderius und knüpft eine freundschaftliche Verbindung zu dessen Tochter, der gebildeten Adelperga, an, die später Herzogin von Benevent wird; ihr widmet er mehrere seiner Werke. Seine weltliche Laufbahn gibt er auf, um in ein neugegründetes Benediktinerkloster am Ufer des Comer Sees einzutreten. Wie sein Bruder Arichis nimmt er am Widerstand der Friauler gegen die fränkische Invasion teil. 776 wird Arichis gefangengenommen und ins Gefängnis geworfen, sein Vermögen wird eingezogen. Paulus findet Zuflucht im kurz zuvor wiederhergestellten Mutterkloster auf dem Monte Cassino (in Benevent). Von dort richtet er 782, ermutigt durch Vermittlungsbemühungen des Grammatikers Petrus von Pisa, eine lange Elegie an Karl den Großen, um eine Strafminderung für seinen Bruder zu erreichen.

Vermutlich ruft ihn der Herrscher dann zu sich: Seit 783 nimmt Paulus, der zunächst ins Moselland gekommen ist, an den intellektuellen Aktivitäten des fränkischen Hofes teil. Für mehrere Jahre stellt er seine Feder in den Dienst seiner Gastgeber und verfaßt für sie Gedichte und gelehrte Schriften. Dann (das Datum ist unbekannt, um 785 bis 790) kehrt er nach Monte Cassino zurück, wo er den Rest seines Lebens verbringt und dem fränkischen Herrscher dient, ohne die Erinnerung an die Langobarden zu verlieren.

Ansehen des Grammatikers

Paulus' Schulbildung verhilft ihm zu einer hervorragenden Beherrschung der lateinischen Sprache. Für sein erstes Kloster im Friaul verfaßt er einen Kommentar zur Regel des heiligen Benedikt und ergänzt ihn durch ein langes Gedicht, das auf dem zweiten Buch der *Dialogi* Gregors des Großen basiert.

Paulus selbst hat sich bemüht, den Grammatikunterricht weiterzuentwickeln, der damals in Italien in voller Blüte stand. Nach dem Vorbild des Petrus von Pisa überträgt er einen Teil der grammatischen Schrift des Diomedes in Verse. Für den fränkischen Hof bereitet er eine Ausgabe der *Ars minor* Donats vor und versieht sie mit umfangreichen Kommentaren, die einen richtigen Elementarkurs der lateinischen Grammatik ergeben, mit Tabellen der Deklinationen und Konjugationen.

Auf Wunsch des Königs der Franken nimmt er das Werk des Festus wieder auf, trifft eine Auswahl aus den zwanzig Büchern seiner ausufernden Schrift und resümiert einzelne Passagen in klarerem Stil. Bei dieser Gelegenheit interessiert sich Paulus vor allem für die antiken römischen Stätten (Namen der Straßen, Tore und Hügel der Ewigen Stadt) und bezeichnet Karl als rechtmäßigen Erben Roms.

Im Dienst der Karolinger

Paulus hat viel im Dienst der Karolinger gearbeitet. Auf Bitten des Bischofs von Metz (der Stadt der Arnulfinger, die für die Dynastie von entscheidender Bedeutung waren) verfaßt er, als er sich in Austrien aufhält, eine Geschichte der Bischöfe dieser Stadt. Damit begründet er nicht nur eine neue literarische Gattung, sondern schafft auch das Muster, an dem man sich fortan orientieren wird. Dieser Erfolg auf der formalen Ebene hat der historischen Qualität des Werkes nicht geschadet; es bietet wertvolle Details über die großen Persönlichkeiten des achten Jahrhunderts, besonders über Chrodegang.

Die andere wichtige Aufgabe war die Ausarbeitung eines neuen Homiliariums. Da die Reform der fränkischen Kirche die Verbesserung ihres kulturellen Rüstzeugs und die Vereinheitlichung der Liturgie erforderlich macht, wird Paulus vom König beauftragt, eine Predigtsammlung zusammenzustellen, die Texte ihren Verfassern zuzuordnen und sie sprachlich zu verbessern. Dieser anspruchsvollen Aufgabe widmet sich der Mönch nach seiner Rückkehr nach Monte Cassino; so entstehen zwei Bücher mit mehreren Dutzend Texten aus allen Epochen der Christenheit: Origenes (in Übersetzung) und vor allem Augustinus sind vertreten.

Schließlich hat der langobardische Gelehrte zahlreiche Gelegenheitsgedichte verfaßt. Auf Karls Bitte hin formuliert er die Grabinschrift für mehrere Mitglieder der königlichen Familie, die in Metz beigesetzt werden. Er entspricht auch der Bitte eines Abts aus Poitiers und formuliert einen Epitaph für Venantius Fortunatus. Daneben erfindet er eine Reihe von Fabeln in gereimten Versen, wie man sie am Hof schätzt.

Rom und die Langobarden

Um die Neugier Adelpergas zu befriedigen, verfaßt Paulus eine römische Geschichte auf der Grundlage des Werkes von Eutropius (zehn Bücher, kurzgefaßte römische Geschichte bis zu Valens), das er anhand der Schriften von Hieronymus, Orosius und Frontinus überarbeitet und vervollständigt. Er führt die Erzählung bis zur Regierungszeit Justinians weiter (Bücher X bis XVI) und benutzt dabei die verfügbaren Quellen: Jordanes, den *Liber pontificalis,* Isidors Chronik und vor allem Bedas *Historia ecclesiastica;* das Ganze wird geschickt zu einer Synthese verschmolzen.

In seinen letzten Lebensjahren, nach der Rückkehr nach Benevent, schreibt er eine umfangreiche *Historia Langobardorum;* sie bricht mit dem Tod Liutprands ab (744). Hat das Beispiel Gregors von Tours, dessen Werke Paulus bekannt sind, ihn zu diesem letzten Werk veranlaßt? Während jener die historische Rolle der Franken herausgestellt hatte, geht es dem Frizulaner um das Geschick eines bedrohten Volkes. Er benutzt Quellen ersten Ranges: Bücher (ihm steht zum Beispiel ein früheres Werk über die Langobarden von Secundus von Trient zur Verfügung, das er durch umfassende Auswertung jüngerer Quellen ergänzt hat) und Zeugnisse in der nichtschriftlichen Tradition. Auf diesem letzten Feld der Geschichte ist seine Originalität am größten. Denn dieser raffinierte Literat – der freilich in der Dichtung einem Venantius Fortunatus, in der Prosa einem Beda nicht gleichkommt – verstand es, eine Fülle von Hinweisen aus aristokratischen wie populären Überlieferungen zu sammeln. So endet sein Leben mit einer geglückten Synthese. Wie Beda die Zukunft der englischen Kultur vorbereitete, so hat Paulus Diaconus einen Teil des Materials gesammelt, das für die künftige Identität Italiens richtungweisend werden sollte.

10. ALKUIN

Die Renaissance

Alkuin interessiert sich weniger für die Kultur der Volkssprache. Seine Sprache weist Spuren von Germanismen auf, aber dieser Angelsachse beschäftigt sich vor allem mit lateinischem Wissen im Dienst der christlichen Expansion. Im Unterschied zu Paulus Diaconus und Beda und trotz einer tiefen Bindung an seine Heimat richtet er alle seine Anstrengungen auf die Restauration der Antike. Er ist in Northumbrien geboren, zu einer Zeit, als Beda dort noch lehrt (730), und gehört zu einer Familie von Notabeln. Schon früh entwickelt er eine Liebe für das Studium und tritt deshalb in die Schule des Klosters York ein, wo er Schüler und Freund Aelberts wird; dieser hat Beda seine solide Bildung zu verdanken. Während mehrerer Reisen mit seinem Lehrer entdeckt Alkuin den Kontinent und vor allem Rom und lernt in Frankreich die intellektuelle Elite des

Reiches kennen. 778 folgt er Aelbert als Scholaster nach York nach; seine eigenen Schüler schwärmen als Äbte, Bischöfe oder Räte ins Fränkische Reich aus.

781 reist er im Auftrag Eanbalds (des Erzbischofs von York) nach Rom und trifft auf dem Rückweg in Parma den fränkischen Herrscher. Diese Begegnung entscheidet über sein weiteres Leben, denn er tritt in den Dienst des Königs, bleibt aber Diakon seines Klosters. Zwar kehrt er zweimal nach York zurück – wichtig ist vor allem der Aufenthalt 790 bis 793 –, sieht aber zuletzt in Frankreich seine neue Heimat. Karl macht ihn zum Studienleiter am Hof, eine Position, die für den Immigranten besonders angenehm ist, weil mehrere seiner Lieblingsschüler in seiner Nähe sind. 796 macht Karl seinen Günstling zum Abt der wichtigsten Abtei des Reiches; dort lebt Alkuin bis zu seinem Tod 804. Es ist ihm vergönnt, einen der besten Köpfe seiner Zeit, den ganz jungen Hrabanus Maurus, auszubilden, nachdem er entscheidend dazu beigetragen hat, die Saat auszustreuen, aus der die Karolingische Renaissance erwächst.

Officium latinitatis

Der größte Teil von Alkuins schriftlichem Werk ist der Pflege des Lateins gewidmet. Als treuer, intelligenter Schüler Bedas bemüht er sich, den Intellektuellen des Kontinents die Grundlagen der Beherrschung der Sprache Roms zu vermitteln. Im übrigen hat er feststellen müssen, daß das geschriebene und gesprochene Latein in den Ländern, die in seinen Augen doch immer noch lateinischsprachig sind, deutlich schlechter geworden ist. Kurze Schriften ermöglichen systematisch den Zugang zu den Quellen korrekten Sprachgebrauchs, und zwar mittels pädagogischer Verfahren, die diese Werke lebendig und lesbar machen (Alkuin bedient sich oft der Frage-und-Antwort-Technik).

Er erinnert daran, daß die Christenheit ihr Gedeihen den Erfolgen der Kirchenlehrer verdankt, die sich ihrerseits auf die Reinheit ihrer Sprache verlassen konnten; deshalb verfaßt er eine Grammatik, die vor allem auf Isidors *Etymologiae* basiert. Dann widmet er Karl sein Lehrbuch *De orthographia*, das von

Cassiodor und Beda ausgeht. Er erklimmt viele Stufen des Wissens und geht bis auf Ciceros *De inventione* und *De oratore* zurück, um in einer Diskussion über die Rhetorik sich selbst und den Herrscher auftreten zu lassen. Schließlich liefern ihm Isidor und Boethius den Stoff für eine Schrift über die Dialektik. Alle diese Werke sind klar und logisch aufgebaut, und der Stil ist klassisch und durchsichtig.

Korrigieren und umschreiben

Der Latinist stellt seine Fähigkeiten in den Dienst der Kirchenreform. Wie Paulus Diaconus wird auch Alkuin die Aufgabe übertragen, die auf dem Kontinent verbreiteten geistlichen Texte durchzusehen und eine *emendatio* vorzunehmen, die sie auf das Niveau tadellosen Lateins hebt. So wird er mit einer langwierigen, schwierigen Revision der Bibel betraut. Die kulturelle Erneuerung veranlaßt die fränkischen Intellektuellen, eine systematische Neuausgabe der lokalen hagiographischen Erzählungen in Angriff zu nehmen. So schreibt Alkuin mehrere Viten um (Vita des heiligen Richarius, des heiligen Vedastus und des heiligen Willibrord). Seine Eingriffe sind fast ausschließlich grammatischer und stilistischer Art: Er beseitigt Normverstöße und verziert die Texte mit einigen eleganten Wendungen. Daneben verfaßt er eine Taschenausgabe der Vita des heiligen Martin von Sulpicius Severus: Das ist er Tours schuldig.

Man verdankt ihm auch ein im engeren Sinne theologisches Werk. Vor allem bemüht er sich, der wissensdurstigen Aristokratie die schwierigen Werke der Kirchenväter nahezubringen. Karl fordert ihn auf, sich in die christologischen Streitigkeiten einzuschalten, und er verfaßt eine Schrift über die Dreifaltigkeit, in der er Augustinus abgrenzt und vereinfacht. Ebenso verfährt er mit dem Kommentar zum Johannesevangelium des Afrikaners. Außerdem schreibt er ein Werk über die Struktur der Seele. Seine Auftraggeber sind oft adlige Damen. Graf Wido erhält einen Abriß *De Virtutibus et vitiis* in Form von kurzen Sentenzen, die man sich leicht einprägen kann. Obwohl diese Texte mit Versatzstücken aus grundlegenden Werken arbeiten, sind sie aufgrund eigener Reflexionen strukturiert und zeigen, daß Alkuin ein origineller Denker war.

Denksport

Bei den fränkischen Intellektuellen verbindet sich die Vorliebe für grammatische Gelehrsamkeit (sogar auf bescheidenem Niveau) mit einem lebhaften Interesse an Denksportaufgaben, die von den antiken gnomischen Traditionen (wie den *Dicta Catonis*) ererbt und durch Interferenz mit den populären Spielgewohnheiten (die bei den Angelsachsen lebendig sind) bereichert worden sind; aufgewertet werden sie durch das Zerstreuungsbedürfnis eines Hofes, dessen Herrscher selbst exemplarisch Wißbegierde demonstriert. Also verfaßt Alkuin eine kurze Diskussion zwischen Pippin und Professor Albuinus – so nennt er sich auf Latein, wenn er nicht zur Erinnerung an Horaz den Namen Flaccus führt –, die einhundertundeine Fragen aneinanderreiht. Bis Nummer dreiundachtzig fragt Pippin, dann Alkuin. Die Kunst der Antwort liegt ganz im Überraschungseffekt.

Die gleiche Absicht steht hinter einer kleinen Schrift mit »Vorschlägen, um den Geist der jungen Leute zu schärfen«, die Fragen aus Algebra und Geometrie mit bloßen Denkübungen vermischt. Alkuin verfaßt, vor allem für Karl, zahlreiche Notizen dieser Art; sie machen einen bedeutenden Teil seiner Korrespondenz aus. In einer Schrift »anläßlich der Mondfinsternisse« zum Beispiel entwickelt er ein Wissen, über das man nicht spotten darf. Außerdem – und das ist vielleicht das Bezeichnendste – stellt er ernsthaftes Bemühen um wissenschaftlichen Rationalismus unter Beweis, ein würdiges Ergebnis von Bedas Unterricht und ein schönes Beispiel für logisches Denken um die Jahrhundertwende.

Dichtung und Briefwechsel

Alkuin, der mit den klassischen Dichtern (insbesondere Vergil, Ovid, Horaz) vertraut ist, erhält am Hof den Beinamen des Horaz. Zu Recht, denn sein dichterisches Werk ist von bemerkenswerter Breite und Qualität. Es ist ausschließlich nach den Prinzipien der klassischen Metrik verfaßt; Alkuin bedient sich vor allem der beiden wichtigsten Verse der Antike, des Hexameters und des Pentameters, die er trotz gelegentlicher Irrtümer souverän handhabt. Oft ist es Gelegenheitsdichtung: zahlreiche Widmungen, Grabinschriften, Lobgedichte oder bukolische Divertimenti – alles Gattungen, die bei den christlichen Dichtern des fünften Jahrhunderts wie Sidonius Apollinaris beliebt waren. Das bewegendste und mit Recht berühmteste Gedicht ist den Heiligen der Kirche Yorks gewidmet (verfaßt vielleicht zwischen 780 und 782); es bietet auch wertvolle Informationen über die Bildung dieser Generation. Die Geschichtswissenschaft hat aus Alkuins Briefen großen Gewinn gezogen. Mehr als vierhundert sind uns erhalten (hauptsächlich ab 790): Die ganze europäische Gesellschaft, mit der Alkuin ungezwungen verkehrt, stellt die Adressaten, nicht nur in seiner englischen Heimat, sondern bis hin zu den östlichen Grenzen der Christenheit. Es sind keine Höflichkeitsschreiben, sondern die alltägliche gelebte Realität ist darin gegenwärtig. Sie führen den neugierigen Leser noch besser als Alkuins Gedichte in sein Universum ein. Ihr natürlicher Stil und die zwanglose Fröhlichkeit, die ihn manchmal veranlaßt, die gesprochene Umgangssprache des Kontinents zu verwenden, zeigen uns diesen Intellektuellen in seiner Begeisterung, im Verhältnis zu seinen Freunden und in seinen Ängsten. Diese Briefe sind ein bemerkenswertes Literaturdenkmal.

Der Gesetzgeber

Alkuins schriftstellerisches Werk ist von einer Vielfalt und Qualität, die ihn zum größten der karolingischen Autoren der ersten Generation machen. Den Nachfolgern im neunten Jahrhundert bleibt es vorbehalten, die intellektuelle Rückeroberung zum Höhepunkt zu führen, die hundert Jahre früher begonnen hatte und durch die Mitwirkung von Karls Günstlingen plötzlich beschleunigt worden war. Alkuin vermochte nicht nur alle Stufen des Unterrichts, von den elementarsten bis zu den gelehrtesten, zu erklimmen, er besaß auch eine intellektuelle Brillanz, die seiner Beherrschung des Lateinischen entsprach. Wie bei Beda endet auch bei ihm das Wissen nicht in Taumel und Schwindel. So bereitet er die Rückkehr zu einem formalen Klassizismus vor, der die neuen Inhalte nicht erstickt.

Als sein bedeutendster Beitrag zur Karolingischen Renaissance ist allerdings seine gesetzgeberische Tätigkeit zu betrachten. Es ließ sich zeigen, daß er die Feder führte bei der Abfassung der Kapitularien, die, mit dem Siegel des Herrschers versehen, die neue Gesetzgebung (in religiösen und schulischen Dingen) fixierten und verbreiteten. Bei der Lektüre dieser Gesetze kann man die Entschlossenheit, die Weite des Blicks, vielleicht auch den übersteigerten Optimismus des Verfassers ermessen. Aber sie tragen das Zeichen des Willens und der Hoffnung.

Literarische Vermittler

Die hier behandelten Autoren stellen nur einen winzigen Teil der Schriftsteller in der Zeit zwischen dem Anfang des fünften und dem Ende des achten Jahrhunderts dar, von denen uns mindestens ein Werk überliefert ist. Zahlreiche mehr oder weniger bedeutende Persönlichkeiten können in diesem Kapitel nur namentlich erwähnt werden: Sidonius Apollinaris, Salvianus, Avitus (fünftes Jahrhundert); Ennodius, Caesarius von Arles, Jordanes (sechstes Jahrhundert); Aldhelm, Julian und Ildefons von Toledo (siebtes Jahrhundert); Bonifatius (achtes Jahrhundert). Hinzu kommt der Schwarm von Autoren und Werken, die das Frühmittelalter repräsentieren; und dabei handelt es sich nur um den überlieferten Teil des literarischen oder Kopistenschaffens; wir wissen, daß anderes verlorengegangen ist.

Aber die neun Autoren, die wir behandelt haben, sind die größten. Sie sind gewissermaßen einige Glieder in der ununterbrochenen Kultur-Kette, die den Historiker von der Spätantike zum mittelalterlichen Europa führt, am Ende einer langen Übergangszeit, auf die eine Reihe von Neuanfängen folgte. Sie spielen eine Vermittlerrolle zwischen dem fünften Jahrhundert, das noch eher antik, und dem achten, das fast schon mittelalterlich ist. Die Veränderungen werden immer deutlicher, wenn man diese Vermittler nacheinander betrachtet: An den letzten erkennt man die Metamorphose.

Unter literaturgeschichtlichem Gesichtspunkt steht die Genese der Kultur also gleichermaßen im Zeichen der Erhaltung wie der Erneuerung. Alle diese Schriftsteller waren ohne Ausnahme konservativ, sie bewahrten Wissen und waren verantwortlich für die Kontinuität. Aber zugleich haben sie jeweils für die neuen kulturellen Realitäten den nötigen Platz geschaffen und manchmal ihren künftigen Triumph vorbereitet. Gregor von Tours macht den Weg frei für die Ära der *scripta rustica*, Gregor der Große für den Aufstieg der germanischen Christen. Beda ist der Taufpate der englischen Literatur; Paulus Diaconus arbeitet daran, die neue nationale Identität Italiens zu bewahren. Nur Alkuin scheint sich den erstaunlichen Entwicklungen zu widersetzen, aber in seinen Briefen dringt die Vorliebe für eine Sprache durch, die sich den Gesetzen der römischen Grammatik entzieht.

VI
SPRACHLICHE METAMORPHOSEN

Kultureller Wandel

Jede historische Frage kann zu einer Typologie führen. Wenn man zunächst die abendländische Kultur des fünften Jahrhunderts, dann die des achten Jahrhunderts betrachtet, werden tiefgreifende Wandlungen sichtbar. Die offensichtlichsten Punkte wollen wir vernachlässigen: Verschwinden der römischen Einheit, Fragmentierung der Verwaltung, Regionalisierung des Rechts. Einige der Veränderungen kann man rein technisch analysieren: eingeschränkter Gebrauch der Schrift, verminderte Alphabetisierung, Klerikalisierung der Kultur; andere hängen mit komplexeren Fragen zusammen. Das gilt vor allem für Probleme, die in den Bereich dessen fallen, was man heute als Mentalitätsgeschichte bezeichnet. So war die Spätantike dem Ideal der Feldarbeit als Symbol der Bescheidenheit, des Mutes und der Nüchternheit treu geblieben; die Schriften von Cato und Varro (zweites bzw. erstes Jahrhundert v. Chr.), die von Columella (frühe Kaiserzeit) und später von Palladius (der wahrscheinlich im fünften Jahrhundert schrieb) wiederholend nachgeahmt werden, insistierten auf dieser bevorzugten Darstellung des *civis Romanus*. Dieser ständige Bezug überdauert die Zeit, denn selbst in der Epoche, als die urbane Lebensform in der antiken Kultur endgültig vorherrschend geworden ist, zerbricht der bukolische Spiegel nicht, in dem der römische Mensch sich gern sah. Umgekehrt verliert die ländliche Welt den Charakter einer positiven Referenz, sobald die Erschütterungen des fünften bis siebten Jahrhunderts zum Niedergang der Stadt und zu einer starken Verländlichung des gesellschaftlichen Lebens führen; das Land wird dann fast nur noch als Kontrast herangezogen. Die Rätsel dieser Veränderung sind uns von den ihr gewidmeten Arbeiten noch nicht vollständig enthüllt worden.

Sprache der Gebildeten und Sozialprestige

Die ländlichen Arbeiten und die, die sie ausführen, verlieren
zwar an sozialem Ansehen – und es sind die intellektuellen
Eliten im Dienst der *potentes*, die an dieser Degradierung mit
Schuld tragen –, zumindest ein Teil der Eigenschaften, die nach
gängiger Auffassung die Ungebildeten auszeichnen, gewinnt jedoch paradoxerweise wieder an Rang, sobald die neuen christlichen Tugenden ins Spiel kommen. Das sei näher erläutert. In
heidnischer Zeit war die Situation folgendermaßen: Die klassische Antike setzte in ihrer Wertordnung die Beherrschung der
Sprache, in schriftlicher und mündlicher Form, an die erste
Stelle. Mit anderen Worten: Eines der wesentlichen Ziele der
römischen Erziehung war, das Fortbestehen des Sprachkodes
auf höchstmöglichem Niveau zu sichern. Diese Aufgabe wurde
erfüllt – bis zum Ende des Kaiserreichs in vollem Umfang: Gebildete Sprecher beherrschten den schriftlichen und mündlichen Ausdruck hervorragend, dank des Studiums der Grammatik *(grammatica)*, die als eine der schönen Künste aufgefaßt
wurde, dank der Lektüre der großen Autoren und dank beson-
derer praktischer Übungen. Ein Schriftsteller oder Redner blieb
vor allem der *elegantia* seiner Modelle treu; er ahmte die lateinische Literatur bereitwillig nach und bewahrte sie.

Ablehnung der Volkssprache

Diese ständige Bemühung, eine Norm zu bewahren, die sich
wenig entwickelt, ging einher mit dem bewußten, anhaltenden
Bemühen um soziale Abgrenzung. Fast alle kommunikativen
Handlungen, an denen Sprecher beteiligt waren, die zur Elite
des Reiches (im weitesten Sinne) gehörten, boten nämlich dadurch, daß sie komplexen Regeln unterworfen waren, auch
Gelegenheit, sich von der mündlichen und schriftlichen Ausdrucksweise derjenigen abzusetzen, die keinen Zugang zur geforderten Schulbildung gehabt hatten. Ein gebildeter Mann
konnte keine Rede halten, keinen Brief schreiben, kein Formu-

lar entwerfen, ohne die elegante Korrektheit seiner Sprache, seine umfassende Bildung und sein tadelloses Urteilsvermögen zu demonstrieren, kurz, ohne seine Urbanität *(urbanitas)* unter Beweis zu stellen. Wer sich ohne die Filter der städtischen *elegantia* ausdrückte, bewies, daß er zur unkultivierten Masse *(vulgus)* gehörte, das heißt zur undifferenzierten Menge aller Bürger, die, selbst wenn sie in einer Stadt lebten, keinen Zugang zu den Schulen und keine Hauslehrer gehabt hatten und deshalb in der gleichen Lage waren wie die tölpelhaften Bauern – weshalb man ihre Art als bäurisch bezeichnete *(rusticitas)*. In der Blütezeit des Kaiserreichs wurde selbst ein schriftkundiger Mensch, der also Privatbriefe schreiben konnte, dennoch der Masse der Ignoranten zugerechnet, wenn er fehlerhaftes Latein schrieb.

Sprachliche Dichotomie

Die Dichotomie *rusticitas/urbanitas* war vollkommen: Die lateinische Rede gehörte entweder der einen oder der anderen Kategorie an. Nur eine Form der mündlichen Rede, die in allem der Kunst der Literatur verpflichtet war, genoß Bürgerrecht bei den Eliten. Auf der einen Seite gab es ein Sprachsystem, das die Sprachebenen mit hohem Prestige umfaßte; es war Gegenstand von Bemühungen, die auf eine zweifache Erhaltung zielten – Erhaltung der traditionellen Romanität durch die Zeit hindurch, Erhaltung der notwendigen Einheit von geschriebener und gesprochener Form im Raum –; auf der anderen Seite gab es ein System, das von den wenig geschätzten Registern gebildet wurde und das ganz der Logik der mündlichen Entwicklung überlassen blieb. Diese beiden Systeme existierten nicht getrennt voneinander, sondern waren ständig miteinander in Kontakt. Sprecher aus dem Volk waren nicht immun gegen gelehrte Einflüsse; die gebildeten Sprecher entzogen sich nicht immer den Neuerungen der Sprachgemeinschaft. Aber die Wertordnung war klar: Die soziale sprachliche Praxis war bemüht, die ethische, normative Theorie zu respektieren.

Christentum und neue Sprache

Theorie und Praxis der Beziehungen zwischen der Sprache der Gebildeten, die auf der Schriftnorm basierte, und der Volkssprache, die aus dem spontanen mündlichen Sprachgebrauch schöpfte, wurden nun in der Frühzeit des Kaiserreichs durch die neue christliche Ethik und Ästhetik radikal verändert. Da die neue Religion im Volk wurzelte, zwang sie ihre Verkünder dazu, sich andere Kommunikationsformen anzueignen. Der Inhalt ihrer Lehre setzte freilich eine bedeutende erzieherische und intellektuelle Aktivität voraus. Aber die Zuhörer vermochten Belehrung nur in einer Form aufzunehmen, die zum Verzicht auf die aristokratischen und elitären Traditionen der antiken Schule zwang. Diese radikale Veränderung der geistigen Haltung entsprach im übrigen dem Tenor des Evangeliums. So bildete sich seit dem ersten Jahrhundert eine neue Sprachideologie heraus, die aus dem griechischsprachigen Osten kam; sie erkannte der Sprache der Fischer plötzlich den ersten Rang zu. Im Abendland bedeutete das grundsätzlich den Verzicht auf die *urbanitas* als höchsten Wert und die Entscheidung für die *rusticitas* als wesentliches Kriterium der Kommunikation.

Der Kompromiß

Im Lauf der Jahrhunderte änderte diese Revolution ihre Richtung: Die heidnischen Intellektuellen übernahmen zwar schließlich die christlichen Werte, aber zugleich bereiteten sie die Konversion des Christentums zur antiken Kultur vor. Das führte dazu, daß das Verhältnis zwischen *urbanitas* und *rusticitas* seit dem vierten Jahrhundert, als die lateinische Literatur einen zweiten, christlichen Höhepunkt erlebte, seine ursprüngliche Klarheit verlor. Natürlich widmeten sich die christlichen Intellektuellen den Problemen, die der Religionsunterricht für die Masse der Gläubigen stellte, die mit der Schriftkultur kaum oder gar nicht vertraut waren. Aber andererseits schufen sie ein Latein, das für die allgemeine Kommunikation geeignet war und zugleich die große lateinische Tradition respektierte. So entstand im vierten Jahrhundert eine christliche Eloquenz, die sich als würdige Erbin der klassischen Redekunst erwies; deren Muster blieben in der Sprache der großen griechischen (wie Johannes Chrysostomus oder Gregor von Nazianz) und lateinischen Meister (wie Ambrosius und Augustinus) lebendig. Allmählich nahm das Verhältnis zwischen gelehrter mündlicher Tradition und volkstümlicher mündlicher Praxis wieder seine frühere Form an: Obwohl sich die christlichen Seelsorger grundsätzlich zur Sprache der Fischer und Bauern bekennen, drücken sie sich weiterhin gepflegt aus. Um die Kommunikation mit breiteren Schichten zu ermöglichen, finden sie sich allerdings bereit, ihre Ausdrucksweise so zu vereinfachen, daß sie im Bedarfsfall von allen Zuhörern, selbst von den ganz ungebildeten, verstanden werden können. Das Ergebnis dieser Bemühungen war der *sermo humilis,* der ganz alltägliche Stil, der den intellektuellen Möglichkeiten und sprachlichen Fähigkeiten der Leute aus dem Volk entsprach. Der Bischof war aufgefordert, das Niveau seiner Rede jeweils dem kulturellen Standard der Gläubigen anzupassen. So wurden für ihn erneut die Ziele und Mittel der klassischen Erziehung bedeutsam, die vor allem auf die Angemessenheit (das *decorum*) bedacht war: Jedem Gegenstand, jedem Publikum, jeder Zeit entsprach ein bestimmter Stil.

Schriftgebrauch und Rede in der Spätzeit

Die Beziehung zwischen Schriftgebrauch (insofern, als sich die Sprache der christlichen Redner nach dem Sprachmodell der Grammatik- und Rhetoriktraktate bildete) und Rede (verstanden als mündliche Praxis der Hörer, die über gar keine oder nur eine geringe Schulbildung verfügten) hat also zuletzt alle wesentlichen Merkmale eines Kompromisses angenommen. Eines Kompromisses zwischen der Notwendigkeit, eine ständig wachsende Zahl von Gläubigen in einer Sprache zu unterrichten, die sie auch verstehen können, und dem Wunsch, eine christliche Redekunst zu schaffen, die der antiken Vorbilder nicht unwürdig wäre. So also ist die soziolinguistische Situation im fünften Jahrhundert, als das zerfallende Römische Reich allmählich den sogenannten Barbarenreichen Platz macht. Typologisch betrachtet, gehört die Kultur der Spätantike wesentlich zum lateinischen Kulturkreis. Mit anderen Worten: Die römische Welt ist im Abendland lateinischsprachig. Das bedeutet, daß Latein normalerweise die Muttersprache der gesamten Bevölkerung ist, wenn es auch viele soziale, regionale und kulturelle Unterschiede zwischen den Sprechern gibt.

Schriftgebrauch und Rede im Mittelalter

Im Mittelalter löst sich die Verbindung zwischen Antike und Latein auf. Unter linguistischem Gesichtspunkt gehört das Abendland nicht mehr zur Welt der römischen Einheit, sondern zum Raum der romanischen Vielfalt. Dieser in der Sicht der historischen Anthropologie entscheidende Wandel, der zwei verschiedene Strukturen unserer europäischen Zivilisation voneinander scheidet, ist um das Jahr 1000 vollzogen, wie die ersten literarischen Werke in der Volkssprache beweisen (*Eulalia-Sequenz, Alexiuslied*, dann *Rolandslied* in altfranzösischer Sprache). Der Wandel ist demnach während der Übergangszeit zwischen Antike und Mittelalter (sechstes bis achtes Jahrhundert) in vollem Gange. Er bewirkt radikale Umwälzungen im Verhältnis zwischen Schriftgebrauch und Rede. Denn er setzt voraus, daß zu einem bestimmten Zeitpunkt eine Spaltung zwischen Schriftgebrauch und Rede eintrat. Eine neue Epoche hat begonnen, in der die lateinische Schrift nicht mehr mit der kollektiven Rede übereinstimmt und der volkstümliche Sprachgebrauch nichts mehr von der Redeweise der Gebildeten widerspiegelt.

Drei Stadien

Die Problematik kreist also um die Koexistenz von gesprochener und Schriftsprache auf dem Boden des alten, lateinischsprachigen Reiches unter Berücksichtigung der hier knapp beschriebenen evolutiven Strukturen. Um einige Aspekte des Problems aufzuhellen, muß man zuerst nach dem aktuellen Forschungsstand und den adäquaten Methoden fragen. Nach dieser Bestandsaufnahme werden wir diachronisch in die Jahrhunderte des Übergangs (450–650) eintauchen, ehe wir das

Profil des achten Jahrhunderts, der Periode der Brüche und der neuen Entdeckungen, skizzieren und zuletzt das Konzept der Zyklen der Kreativität behandeln.

2. ALTE FRAGEN, NEUE METHODEN

Lebendiges Latein

Wenn man die Beziehung zwischen Schrift und Rede in den Barbarenreichen untersucht, stellt sich in allgemeinerem Rahmen die alte Frage: Wann hat man aufgehört, Latein zu sprechen? Mit dieser Formulierung ist die Problematik unvollständig erfaßt, und es wurden sogar Zweifel laut, ob die Frage legitim ist (hat sie überhaupt einen Sinn, wenn man davon ausgehen will, daß man nie aufgehört hat, Latein zu sprechen?). Um der Untersuchung die korrekte Ausrichtung zu geben, müssen andere Fragen aufgeworfen werden: Zu welchem Zeitpunkt hat man angefangen, Romanisch zu sprechen? Wie stellte sich die Sprachbeziehung zwischen gebildeten und ungebildeten Sprechern im jeweiligen Zeitabschnitt her? Gab es einen unmerklichen Übergang oder eine schnelle Metamorphose? Evolution oder Revolution? Hier sei in abgekürzter Form eine Übersicht gegeben; dazu formulieren wir die Frage so, wie sie meistens gestellt worden ist, das heißt: Wie lange ist Latein eine lebende Sprache geblieben? Auch in dieser reduzierten Form ist das Thema nicht eindeutig bestimmt, denn der Begriff »lebende Sprache« bedarf seinerseits der Klärung. Die Gelehrten der Karolingerzeit sprachen Latein, schrieben Latein, dachten vermutlich sogar lateinisch: War also die alte Sprache für diese Gruppe nicht immer noch lebendig?

Lebende Sprache und Muttersprache

Eine Einschränkung ist in Hinblick auf den Begriff »unmittelbarer Spracherwerb« nötig. Man könnte sagen, daß das Latein die Bezeichnung »lebende Sprache« verdient, wenn es schon in der Kindheit gelernt wird, quasi als Muttersprache. Genau das traf für die *pueri* zu, die von manchen großen Familien in frühester Jugend in die Obhut der Klöster gegeben wurden und die sehr bald daran gewöhnt waren, täglich Latein zu sprechen. Aber eine solche Definition befriedigt nicht, denn diese Sprecher bildeten so kleine, im Geflecht der Gesellschaft derart isolierte Minderheiten, daß sie nicht einen ihrer Hauptwesenszüge in sich konzentrieren können. Nach einer allgemeineren Definition ist Latein eine lebende Sprache im weiteren und zugleich tieferen Sinne in dem Maße, wie es schon in der Kindheit in einem spontanen sprachlichen Umfeld, außerhalb schulischer Zwänge, gelernt wird. Latein ist so lange eine lebende Sprache, wie man es allein durch mündliche Vermittlung erlernen kann.

Eine entlatinisierte Spätantike?

Diese Eingrenzung gleicht den Begriff »Latinität« dem Begriff »insgesamt lateinischsprachige gesellschaftliche Gruppe« an. Damit ist die Definition im Raum präzisiert; sie hat Anlaß zu sehr zahlreichen zeitlichen Rekonstruktionen gegeben. Überraschenderweise sind diese extrem unterschiedlich. Alle möglichen Datierungen wurden vorgeschlagen. Beginnen wir mit den frühesten: Manche Linguisten, im allgemeinen Romanisten, haben behauptet, das Latein sei schon im Frühmittelalter keine lebende Sprache mehr gewesen. Sie gingen von verschiedenen Veränderungen der Aussprache (phonetischen Entwicklungen) aus und scheuten sich nicht zu versichern, im ersten Jahrhundert unserer Zeitrechnung habe das Volk kein Latein mehr gesprochen. Die Gäste beim Festmahl des Trimalchio wären also nicht mehr lateinischsprachig gewesen. Andere Gelehrte haben diese Entwicklung etwas später angesetzt. Überlegungen, die wiederum auf phonetischen Veränderungen, diesmal des zweiten und dritten Jahrhunderts, beruhen, veranlaßten sie zu der Behauptung, die lateinische Einheit habe seit der Übergangszeit zwischen frühem Kaiserreich und Dominat nicht mehr bestanden, und die so ausgelöste Entwicklung habe im vierten Jahrhundert mit dem Verschwinden des Lateins ihr Ende gefunden. Auch manche Historiker befaßten sich mit dem Problem und behaupteten, schon unter der Dynastie des Theodosius sei die im Volk gesprochene Sprache von der gesprochenen Sprache der Gebildeten völlig verschieden gewesen. Ihre Analyse kam zu dem Ergebnis, in der Spätantike gebe es eine radikale Trennung zwischen lateinischer Schrift und kollektiver Rede.

Latein in den mittleren Jahrhunderten?

Diese frühen Daten sind von anderen Schulen, die hauptsächlich aus Latinisten bestanden, zurückgewiesen worden. Ihrer Ansicht nach nötigen die in der gesprochenen Sprache des Volkes wirklich zu beobachtenden Veränderungen, vor allem im Bereich von Phonetik und Phonologie, aber zum Teil auch in Morphologie und Syntax (in diesem Teilbereich der Linguistik ist der Wortschatz nicht aussagekräftig), nicht dazu, eine unüberwindliche Kluft zwischen Schrift und mündlichem Sprachgebrauch vor Ende des sechsten Jahrhunderts (frühestens) anzunehmen. Das bedeutet, daß das Latein erst um 600 aufgehört hätte, eine lebende Sprache zu sein. Die zeitliche Grenze bleibt allerdings unbestimmt, denn den Spezialisten zufolge gibt es zwischen 600 und 700 eine breite Marge der Unsicherheit. Diese Daten bilden keineswegs eine äußerste Schwelle. Denn einige Gelehrte haben sie noch weiter verschoben; sie meinen, die Veränderungen der gesprochenen Sprache hätten diese nicht vor dem achten, ja dem neunten Jahrhundert radikal von der Schriftsprache geschieden. So würde sich das gesprochene Latein von den Anfängen Roms bis zur Karolingerzeit erhalten haben.

Diese verschiedenen Datierungen entsprechen sehr widersprüchlichen Thesen. Seit mehr als hundert Jahren haben sie zahlreiche Auseinandersetzungen provoziert, und nichts deutet darauf hin, daß diese eines Tages in einer gewissen Einstimmigkeit enden könne, die wissenschaftliche Gewißheit bedeuten würde. Der Historiker hat die wichtige Entscheidung zwischen diesen Thesen zu treffen. Man kann nämlich mit Fug und Recht vermuten, daß es eine Korrelation zwischen gesellschaftlicher und kultureller Entwicklung des Reiches gab: Der Übergang von noch eher antiken zu schon mittelalterlichen Strukturen erfordert komplexe Analysen, wobei die eigentlich linguistischen Aspekte höchst bedeutsam sind. Diese analytische Arbeit geht einher mit einer Revision unserer historischen Wahrnehmung. Seit etwa dreißig Jahren tritt nämlich der Begriff Spätantike allmählich an die Stelle des pejorativen Konzepts »Niedergang des Römischen Reiches«. In der Linguistik ist es ebenso: Die Terminologie wird in Richtung auf mehr Objektivität erneuert, *bas latin* (»niederes Latein«) wird durch »Spätlatein« ersetzt. Sicher ist der Zeitpunkt gekommen, den Platz des Spätlateins in der Kultur des dritten bis achten Jahrhunderts neu zu überdenken. Kann man angesichts der Tatsache, daß die römische Gesellschaft, wie differenziert ihre soziale Schichtung von den *humillimi* zu den *clarissimi* und ihre sprachliche Gliederung auch sein mag, weiterhin eindeutig zur selben sprachlichen Ganzheit gehört, nicht behaupten, daß wir es hier mit einem bedeutenden Faktor kultureller Kontinuität zu tun haben?

Schulen und Theorien

Die linguistische Analyse geht von der historischen Beschreibung aus, kehrt aber auch zu ihr zurück: Die Spätantike stellt sich anders dar, je nachdem, ob eine Theorie auf der Annahme basiert, gelehrte Kultur und Sprache seien in einem geschlossenen Raum isoliert und abgeschnitten von der Sprache und den Traditionen des Volkes, oder sie gehörten im Gegenteil beide zur gleichen, vielleicht konfliktträchtigen, aber symbiotischen

Ganzheit. Die Interdependenz der Urteile, die den beiden Bereichen (dem linguistischen und dem historischen) angehören, erklärt vielleicht teilweise die erstaunlichen Variationen in den für die Entwicklung der Beziehungen zwischen mündlichem und schriftlichem Sprachgebrauch vorgeschlagenen Daten. Kann man hier überhaupt sicher sein? Wenn man die bisher angewandten Analysemethoden betrachtet, ergibt sich, daß sie drei verschiedene Wege beschreiten. Der erste ist charakteristisch für die romanische Philologie, die mit den großen Arbeiten der Gelehrten des neunzehnten Jahrhunderts, von Friedrich Diez zu Hugo Schuchardt, beginnt. Der zweite ist den Latinisten vorbehalten und wurde um die Jahrhundertwende von Max Bonnet und Einar Löfstedt beschritten. Der dritte ergibt sich aus dem historisch-literarischen Zugang. Er ist der Forschung später eröffnet worden, was vor allem Ferdinand Lot, der im ersten Drittel unseres Jahrhunderts wirkte, zu verdanken ist. Sind diese drei Ausrichtungen die einzig möglichen?

Ein neues Instrumentarium

Zur traditionellen Ausrüstung der Forschung in den Humanwissenschaften sind seit der Zwischenkriegszeit etliche Instrumente hinzugekommen. Anthropologie und Soziologie haben die Modelle historischer Beziehungen beträchtlich bereichert. Dialektologie und Sprachgeographie haben die linguistische Reflexion so verändert, daß eine neue Wissenschaft, die Dialektometrie, entwickelt worden ist, deren erste Ergebnisse erst seit kurzer Zeit verfügbar sind. Aus der Verbindung der verschiedenen Neuerungen ist eine unterdessen fest verankerte Disziplin entstanden, die Soziolinguistik. Sie bemüht sich, das Leben der Sprachen im sozialen Kontext in situ zu studieren. Vor allem um triftige Korrelationen zwischen den Sprachgewohnheiten einer bestimmten Gruppe und ihrem soziologischen Profil herzustellen, wurden faszinierende Arbeiten geschrieben. Man hat einige der Rätsel gelöst, auf die jene Spezialisten gestoßen waren, die nach den Gründen für sprachliche Differenzierung und sprachlichen Wandel suchten. Mit dem neuen Instrumentarium wurde versucht, diachronische, das heißt retrospektive soziolinguistische Studien durchzuführen.

Die Kirche und die Kommunikation

Das Frühmittelalter ist ein dankbares Objekt für solche Untersuchungen, unter der Voraussetzung, daß man die Probleme der Kommunikation ins Zentrum rückt. Es hat sich gezeigt, daß die Spätantike durch intensive Informationstätigkeit gekennzeichnet war. Die christliche Kirche war entschlossen, ihr Missionswerk fortzusetzen, und tat das auf dreifache Weise: durch Vertiefung, Ausweitung und Erhaltung. Ihren Seelsorgern lag viel daran, das Heidentum in den Städten in allen gesellschaftlichen Schichten auszurotten, die ländlichen Räume und ihre Bevölkerung für das Christentum zu gewinnen und dort die alten Traditionen auszulöschen, schließlich die Getauften nach und nach auch zur christlichen Moral, nicht nur zum Glauben zu bekehren und dafür zu sorgen, daß auch die künftigen Generationen den neuen Verhaltensformen treu blieben. Das setzt nun zwingend ein Kommunikationssystem voraus, das allen Kategorien von Sprechern ständig offensteht. Es liegt auf der Hand, daß dieses System nur in einer Richtung funktioniert: Es handelt sich um einen Sender der kirchlichen Botschaft, nicht um einen Empfänger für die Reaktionen der Laien. Andererseits konnte sich die Kirche den Luxus nicht leisten, sich allein der Logik ihrer eigenen Rede zu widmen; damit hätte sie nicht nur ihre Mission, sondern sogar ihre Existenz gefährdet.

Ihre gesellschaftliche Legitimität forderte einen gewissen Realismus. Übrigens setzten zahlreiche Handlungen im Leben der Institution voraus, daß man Nichtklerikern aufmerksam zuhörte: Die Verpflichtung, die Seelen zu führen, ging mit dem Privileg einher, Erbschaften zu empfangen. Die Gläubigen vermachten ihren Besitz oft kirchlichen Einrichtungen, besonders den Klöstern. Vor allem bei dieser Gelegenheit kamen die Klosterschreiber, die die Aufgabe hatten, die Erklärungen der Erblasser schriftlich niederzulegen, in direkten Kontakt mit der von diesen gesprochenen Sprache. Es ist nicht notwendig, andere Beispiele anzuführen. Das tägliche Leben schafft so viele Anlässe für Interferenzen zwischen den verschiedenen Sprecherkategorien, selbst in einer hierarchisch gegliederten Gesellschaft, daß man unmöglich annehmen kann, die Kleriker oder Mönche hätten ihre Ohren vor den alltäglichen Worten (und

Schreien!) verschließen können. So wird es möglich, mit Hilfe des Konzepts »Kommunikation« die Vitalität des Lateins zu messen: Lebendig ist es so lange, wie es in der kollektiven Unterweisung von Zuhörern verwendet wird, die unabhängig von jeder Schulbildung nur ihre Muttersprache beherrschen.

Ebenen der Sprachkompetenz

Der Begriff der »aktiven Sprachkompetenz« der Sprecher wird ergänzt durch die Vorstellung einer passiven Kompetenz. Die äußerste Grenze, deren Überschreiten den Tod des Lateins bedeuten würde, wird durch die abstrakte, aber einleuchtende Marke der Rezeption einer lateinischen Botschaft durch die Zuhörer gebildet. Wenn sie nicht mehr verstehen können, was ihnen ein Sprecher, dessen Sprache noch dem schriftlichen Muster folgt, mündlich übermittelt, ist die Auflösung der lateinischsprachigen Welt vollzogen. Dieser Prozeß basiert auf genauen Definitionen, die freilich nicht zu simplifizierenden Beschreibungen (durch mißbräuchliche Anwendung zu einfacher Kriterien) führen dürfen. Besonders kommt es darauf an zu verstehen, daß der Begriff »Latinität« viel weniger starr ist, als es in den herkömmlichen grammatischen Schriften den Anschein hat. Das gesprochene Latein kannte verschiedene Register, je nach der Bildung und gesellschaftlichen Schichtzugehörigkeit der Sprecher, und unterschiedliche Sprachebenen, je nach der Sprachsituation (feierlich, umgangssprachlich, ungezwungen). Auch bedeutsame Veränderungen der Struktur dieser Sprache bedeuteten nicht notwendigerweise, daß die Alltagssprache nicht mehr Latein war oder daß die Sprachgemeinschaft der Analphabeten nicht mehr in der Lage war, eine Botschaft in der traditionellen Sprache zu verstehen.

Spätes Sprechlatein

Folglich gilt es, einige Gemeinplätze zu revidieren und weiter zu fassen. Die traditionelle Dichotomie von Vulgärlatein und literarischem Latein sollte aufgegeben werden, da sie weder die natürliche Flexibilität des Lateins als einer lebenden Sprache noch seine ursprüngliche Vielfalt in der Alltagsrede und seine tiefe Einheit in Zeit und Raum hinreichend berücksichtigt. Die Beschreibung muß auf einem sehr viel anpassungsfähigeren Konzept des lateinischen Diasystems gründen. Nur so vermag man zu verstehen, daß es niemals ein vom literarischen Latein unterschiedenes Vulgärlatein gegeben hat, das im verborgenen, außerhalb des Beobachtungsfeldes der Texte, existiert. Statt von Vulgärlatein sollte man treffender von Sprechlatein reden. Je nachdem, ob es der klassischen oder der späten Zeit angehört, sollte das Sprechlatein näher bezeichnet werden. Für die Zeit des Augustus sollte man also von klassischem Sprechlatein sprechen. Im fünften Jahrhundert kann man dann »spätes Sprechlatein« sagen. Außerdem wird man die Sprache je nach der Stilebene als »[volkstümlich]« oder »[gelehrt]« bezeichnen. (Diese binäre Unterscheidung ist rein schematisch, zahlreiche Unterteilungen sind möglich.)

Stilebenen und Register des Lateins

Das Sprechlatein kann eine volkstümliche Form annehmen und in diesem Bereich bis zu den Ebenen nachlässigster Sprache absteigen. In der Antike war man sich dessen durchaus bewußt. Die Grammatiker hatten all ihre Kraft auf die Ausformulierung von Kodes verwendet, die es ihren Schülern erlaubten, die Stufen des besten mündlichen Ausdrucks zu erklimmen, der auf der konservativen Schriftsprache basierte. Folglich mußte ihnen bewußt sein, daß die Umgangssprache durch zahlreiche Fehler verdorben war, die man ausmerzen mußte. Ihre Aufgabe bestand (nach Ciceros eigenen Worten) ausschließlich darin, aus ihrer Aussprache und ihrem Stil alles zu tilgen, was auch nur annähernd bäurisch und vulgär schien. Für den Wortschatz der Gebildeten in der Spätantike und im Frühmittelalter ist diese klassische Tradition immer noch maßgebend. Als (oft talentierte und gut informierte) Erben des traditionellen Unterrichtswesens geben sie Urteile über die Schriften ihre Zeitgenossen ab. Ihren Bewertungen liegt eine Skala von Termini zugrunde, die sich analog den Maßstäben Ciceros bestimmten ästhetischen und grammatischen Kategorien zuordnen lassen. Diese verdienen es, näher untersucht zu werden.

Die Dokumentation

Ein für die retrospektive soziolinguistische Forschung grundlegender Arbeitsschritt ist, aussagekräftige Corpora von Zeugnissen zusammenzutragen. Diese finden sich vor allem in den Werken der großen Autoren jener Zeit. Keine Seite in ihren Schriften ist a priori auszuschließen. Ein Brief des heiligen Hieronymus, ein Kapitel in einem Musik-Traktat des heiligen Augustinus, aber auch eine Geschichte, die Gregor von Tours erzählt, ein Gedicht des Venantius Fortunatus, eine grammatische Schrift von Bonifatius oder Alkuin können unerwartete Informationen liefern. Keines dieser Dokumente kann ohne die Unterstützung verschiedener Disziplinen analysiert werden: Literaturgeschichte, Institutionengeschichte, Ethnologie, Dialektologie, lateinische und romanische Linguistik. Dieses multidisziplinäre Vorgehen führt zu einer (mitunter beträchtlichen) Erweiterung unserer Kenntnisse. Übrigens darf die Untersuchung auch mögliche Beiträge der sogenannten Barbarensprachen nicht vernachlässigen: Die Begegnung zwischen Christentum, Latinität und Germanentum erzeugt schon im siebten Jahrhundert auf den Britischen Inseln und seit dem achten Jahrhundert in Germanien kulturelle Wirbel, aus denen ein Forscher viele Informationen ableiten kann.

Entstehung, Bewußtsein, scripta

Drei Etappen bestimmen den Übergang von lateinischem mündlichem Sprachgebrauch zu nichtlateinischem mündlichem Sprachgebrauch im Fluß der Jahrhunderte, die diese Zeit so einzigartig machen. Die erste ist die Entstehung der neuen Sprechsprache: in diesem Augenblick, da die Struktur der gesprochenen Sprache nicht mehr lateinisch ist und romanisch wird. Die zweite besteht darin, daß man sich bewußt wird der Koexistenz einer Schrift und einer Sprechsprache, die nicht mehr übereinstimmen. Die dritte ist erreicht, wenn die neue Sprechsprache durch eine Schriftform bestätigt wird, die in ihrer Gestalt eine radikale Veränderung zeigt. Mit anderen Worten: Eine spezifische *scripta* muß beweisen, daß der irreversibel heterogene Charakter der beiden *scriptae* (der alten lateinischen und der neuen romanischen) den gebildeten Sprechern bewußt geworden ist. Für die Chronologie dieser verschiedenen Stadien gibt es a priori keine Regel. Sie können synchron verlaufen; dann stellen sie die aufeinanderfolgenden Ebenen derselben sprachlichen Revolution dar. Bei den romanischen Sprachen haben sie sich je nach Land über eine längere oder eine kürzere Zeitspanne erstreckt.

3. BEWAHRENDE GENERATIONEN

Kein Bruch, sondern Abweichungen

Während des Übergangs von der Antike zum Mittelalter stellte das fünfte bis siebte Jahrhundert eine linguistische Übergangszeit im engeren Sinne dar. Die soziolinguistische Geschichte dieser Periode weist ähnliche Wesenszüge auf. Schrift und gesprochene Sprache bleiben zwar im ersten Teil der zweihundert Jahre in engen Beziehungen zueinander, aber sie erfahren dann eine unterschiedliche Entwicklung, die am Ende dieser Periode zu weitgehender Disharmonie führt. Allerdings provoziert der Abstand zwischen konservativer Schriftform und der sich entwickelnden gesprochenen Sprache noch keine wirkliche Auflösung des Lateinischen.

Das fünfte Jahrhundert: Kulturelle Kontinuität

Im vierten und fünften Jahrhundert, kurz vor dem Ende des Römischen Reiches, erlebt die lateinische Literatur ein zweites Goldenes Zeitalter, als die Werke der großen lateinischen christlichen Schriftsteller entstehen. Daneben sollte man die letzten heidnischen Autoren wie den Dichter Claudian und vor allem den Historiker Ammianus Marcellinus nicht länger als Autoren der Dekadenz, sondern als schöpferische Geister ersten Ranges lesen. Wir wollen auf die anderen interessanten Aspekte der spätrömischen Kultur nicht näher eingehen; aber es gilt zu begreifen, daß der kulturelle und soziale Kontext, in dem sich die lateinische Kommunikation entfaltet, es keineswegs verdient, unter dem Signum der Katastrophe dargestellt zu werden. Trotz der Krise, die im Westen zum Untergang des Reiches führt, sind die Geister im Mittelmeerraum in so intensiver Bewegung, daß auch das Latein dadurch einen kräftigen Aufschwung erfährt. Die Schulen der Gemeinden und Städte, die Grammatik- und Rhetoriklehrer verwenden weiterhin ihre Energie und ihre Begabung hartnäckig darauf, den Regeln und den Fertigkeiten der antiken Kultur das Überleben zu sichern. Das ganze kulturelle Ritual der Gesellschaft in der Spätzeit basiert auf rückhaltloser Treue zur römischen Vergangenheit. Römisches Wesen und Christentum haben sich zuletzt weit eher gegenseitig durchdrungen, als daß sie einander zerstört hätten.

Neue Wege des Lateinischen

Das fünfte Jahrhundert zeigt also in den Beziehungen zwischen geschriebener und gesprochener Sprache eine sehr stabile Situation. Natürlich hat sich die gesprochene Sprache seit der Frühzeit des Kaisertums beträchtlich weiterentwickelt, vor allem auf phonetischem Gebiet. Die wichtigste Veränderung war auf der phonologischen Ebene der Verlust der quantitativen Oppositionen, die durch qualitative Unterschiede ersetzt werden. Von nun an können die Sprecher nur durch geeignete Schulübungen lernen, welche Vokale in bestimmten Wörtern lang und welche kurz sind. Die ersten Handbücher, die das Einprägen der Unterschiede erleichtern, tauchen auf: Solche Kenntnisse sind immer noch unbedingt notwendig für jeden, der Gedichte schreiben will, denn deren Gestaltung bleibt traditionell. Allerdings werden auch Anstrengungen unternommen, um neue poetische Formen zu entwickeln. Augustinus, der ein möglichst großes Publikum von Leuten aus dem Volk erreichen will, schreckt nicht vor radikalen Maßnahmen zurück und verfaßt einen Psalm (einen sogenannten Abecedarius), der eine akzentrhythmische Form verwendet (man findet sie später in romanischen Kantilenen wieder; die heutige englische oder deutsche Dichtung basiert auf solchen Rhythmen).

Ambrosius, der Bischof von Mailand, ist um Ausgleich bemüht und dichtet herrliche Hymnen, die in der Liturgie gesungen werden sollen. Ihre Form genügt sowohl den formalen Kriterien der traditionellen Dichtung (das Metrum basiert oft auf dem Trochäus, einer sehr alten Takteinheit) wie auch den Erfordernissen der allgemeinen Kommunikation, denn dank kluger Wortwahl können die Verse auf rein akzentuierende Art gelesen werden.

Macht des literarischen Lateins

So ergibt es sich, daß in den Basiliken des Abendlandes etwa seit dem Jahr 400 Hymnen erklingen, die die Synthese zwischen einer traditionellen literarischen Form und einem mündlichen Vortrag verwirklichen, an dem die Masse der Sprecher, unabhängig vom Bildungsniveau, aktiv teilnehmen kann. Bedenkt man, daß diese Dichtungen geschaffen wurden, als heftige Konflikte den katholischen Bischof von Mailand in Gegensatz zu seinen arianischen Rivalen und sogar zum Herrscher brachten, dann wird erkennbar, daß es dabei nicht nur um ein abstraktes ästhetisches Ideal, sondern um ein Kampfmittel ging. Ambrosius wollte die katholische Christologie preisen, sie seinen Gläubigen näherbringen und deren Mut stärken. Mailand, eine der wichtigsten Städte des Reiches, ein bedeutendes urbanes Zentrum, bot natürlich ein günstiges Umfeld für literarische Neuerungen: Das Bildungsniveau der Bevölkerung war sicher hoch und der Anteil der Analphabeten niedrig. Trotz allem ist es frappierend zu sehen, in welchem Maße das Lateinische ein wirksames Mittel im ideologischen Streit bleibt. Der Bischof von Mailand hat endgültig sein Recht auf die Waffen des Kaisers durchgesetzt, mit Unterstützung der Gläubigen, die allein durch die Kraft seiner Rede wie elektrisiert sind. So wird bei dieser Gelegenheit auf unerwartete Weise dem alten Gebot Folge geleistet: *Cedant arma togae!* Die Hymnen des Ambrosius blieben nicht auf den Kreis der Mailänder beschränkt, sie verbreiteten sich und waren in der Kirche allgemein in Gebrauch.

Die Hymnen gehören zur höchsten Kategorie des lateinischen Stils. Neben diesen kulturellen Gipfeln gibt es die bescheidenere, unmittelbare Praxis der Predigt für einfache Leute. Sie erhalten – wenn der Prediger sein Talent souverän beherrscht – Unterweisung nach den Kriterien des *sermo humilis*. Dieser »alltägliche Stil« wird in der klassischen Rhetorik zum sogenannten *genus submissum* gerechnet. Man bezeichnet damit ein Register der Rede, das sich vom erhabenen *(genus grande)* und vom mittleren Stil *(genus mixtum)* unterscheidet. Der *sermo humilis* ist keine völlige Neuschöpfung. Er entsteht durch rigorose Auslegung der Vorschriften für den einfachen Stil, die durch die Anforderungen der Seelsorge notwendig wurde. So hat ein Meister der Kommunikation wie der heilige Augustinus rund tausend Predigten hinterlassen; ein beträchtlicher Teil davon ist im *sermo humilis* abgefaßt. Diese Texte wurden von den Tachygraphen mitgeschrieben, denn der Bischof von Hippo hatte weder Zeit noch Lust, sie zu edieren. Sie sind zwar kein Ersatz für den Vortrag des Predigers, geben aber wenigstens ein getreues Bild von seiner Rede. Augustinus vollbringt die gewaltige Leistung, substantielle Lehre zu bieten, sie aber dennoch einfach auszudrücken und dadurch allen zugänglich zu machen. Darüber hinaus belebt er seine Predigten mit den traditionellen Verfahren der Redekunst, so daß er seine Zuhörer wirklich unterrichtet, begeistert und überzeugt. Das explizite Zeugnis des Textes erlaubt, in diesem Publikum das ganze einfache Volk des römischen Afrika zu vermuten, das nicht etwa passiv der Entwicklung der lateinischen Rede beiwohnt, sondern gelegentlich in stürmischen Dialog mit seinem Seelsorger tritt.

Sozialer und geographischer Zusammenhalt

Während der letzten zweihundert Jahre, die das Römische Reich besteht, hat sich die Beziehung zwischen schriftlichem und mündlichem Sprachgebrauch im Verhältnis zur klassischen Zeit also nicht wirklich verändert. Die Verchristlichung der Kultur hat in einem gewissen Rahmen zur partiellen Be-

freiung der traditionellen Sprache und der traditionellen Stilebenen geführt, die für den Erhalt einer ausreichenden Symbiose zwischen geschriebener und gesprochener Form des Lateins nur günstig war. Andererseits – und das ist eine
gegenläufige Entwicklung – hat die Bewahrung der institutionellen und der Schulstrukturen die Maschen des linguistischen
Netzes, in dem die gesprochene Sprache gefangen war, für lange Zeit immer enger gezogen und einen Fortschritt verhindert.
Die Einheit des Reiches forderte und förderte die Einheit der
Sprache, mindestens auf der Ebene der Strukturen. So gibt es
gewichtige Gründe, die Vorstellung abzulehnen, daß sich die
lateinische Sprache schon im fünften Jahrhundert in den Barbarenreichen in verschiedene Dialekte aufgespalten hätte. Epigraphische Untersuchungen haben gezeigt, daß es nicht möglich ist, in bezug auf das Lateinische deutliche Trennungslinien
zwischen Italien und Gallien, Gallien und Afrika oder etwa
Afrika und dem Balkan zu ziehen. Wie steht es damit zu dem
Zeitpunkt, da die institutionellen Faktoren der lateinischen
Einheit zusammenbrechen? Zunächst einmal müßte man zwischen den verschiedenen Gebieten unterscheiden, in denen es
zu diesem Zusammenbruch kommt: Es ist nicht alles auf einmal hinweggefegt worden. (Man denke besonders an die konservative Haltung der Barbarenfürsten in Fragen der Steuer-
verwaltung!) Aber die räumliche Einheit geht unbestreitbar
verloren. Wie soll man die Entwicklung in den folgenden Jahrhunderten deuten?

Merkmale des sechsten Jahrhunderts

Zunächst einmal spielen die konservativen Faktoren auch nach
dem Verschwinden der Struktur, der sie ihre Wirksamkeit ver-
dankten, noch eine gewisse Rolle, und sei es nur durch den tiefen Eindruck, den sie in der Mentalität der Bevölkerung hinterlassen haben. Dann hat die Kirche, der wichtigste kulturelle
Bezugspunkt, ihre Einheit bewahrt. Sie spannte ein schützen-
des und einengendes Netz über das ganze Abendland. Und
schließlich gehört die gesprochene Sprache noch vollständig
zum Latein: Ihre Entwicklung hin zu sowohl geographisch wie
chronologisch ausdifferenzierten Formen beginnt gerade erst.

Bis zum Jahr 500 hat es also wenig Veränderungen gegeben. Es existiert immer noch eine Rhetorik der Prunkrede, wo die Pracht des gelehrten Lateins ein Publikum von Kennern erreicht, die die Verdienste des Redners zu würdigen verstehen (Predigten Avitus', des Bischofs von Vienne, der Panegyricus auf Theoderich von Ennodius, Bischof von Pavia). Neben diesen Schöpfungen des *sermo grandis* steht die auf dem Gebrauch des *sermo humilis* basierende seelsorgerische Tätigkeit, die nicht etwa nachläßt, sondern im Gegenteil neu auflebt, als die Kirche eine Kampagne zur Bekehrung der Massen auf dem Land startet. Denn die Christianisierung der Bauern, die im vierten Jahrhundert noch kaum begonnen hat, beschleunigt sich (vor allem durch das Wirken Martins in Gallien) und zieht eine Reihe von kulturellen und linguistischen Konsequenzen nach sich.

Interpenetration von Stadt und Land

Es ist eine bekannte Tatsache, daß ein bedeutender Teil der lebendigen Kräfte der antiken Kultur sich damals aus den urbanen Räumen in die Weite der ländlichen Gebiete zurückzieht. Das führt in kultureller Hinsicht zu einem doppelten Ergebnis: Einerseits erfolgt mit Sicherheit eine gewisse Verbäuerlichung der alten städtischen Eliten; aber umgekehrt darf man auch die andere Seite dieses Phänomens nicht vernachlässigen, eine gewisse kulturelle Urbanisierung der bäuerlichen Gesellschaften, die plötzlich in die Nähe ihrer ehemaligen Herren geraten. Die Missionstätigkeit der Kirche schreibt sich in diesen neuen Kontext ein. Es ist sehr wahrscheinlich, daß die Resultanten ihrer eigenen Veränderung Wirkungen zeitigen, die den für die Gesamtgesellschaft beschriebenen analog sind. Die urbane Kultur, die die Kirche mitbringt, und die volkstümlichen Traditionen, denen sie sich gegenübersieht, treffen aufeinander. In ihrem Bemühen, sich der neuen Umgebung anzupassen, wird die Kirche kräftig durch die – oft radikalen – Entscheidungen des Mönchtums unterstützt. Die geistigen Führer des Mönchtums, das schon seit langem Verbindung zur Landbevölkerung hat, verändern die christliche Lehre schon in Richtung auf mehr Askese und mehr Demut auf literarischem Gebiet.

Die lateinische Rede an die Adresse der Bauern

So zeugen die erhaltenen Werke ausnahmslos von einer Kampagne zur Akkulturation der ländlichen Gemeinschaft und darüber hinaus von dem Bemühen der Prediger, um dieser Kampagne willen Stil und Sprache der Zielgruppe anzupassen. Die Predigten des Caesarius von Arles (Provence, erste Hälfte sechstes Jahrhundert) und des Martin von Braga (Spanien, zweite Hälfte sechstes Jahrhundert) sind eindeutig von diesem Prozeß geprägt. Beide sind sie Erben des augustinischen Predigtstils, aber aufgrund ihrer mönchischen Ausbildung stellen sie in ihren Predigten höhere Anforderungen; an ihrem Beispiel läßt sich genau verfolgen, was für eine Beziehung sich im sechsten Jahrhundert zwischen einer veränderten, den neuen Funktionen angepaßten lateinischen Schreibweise und einem Publikum entwickelt, dessen Bildung und Sprache plötzlich weiter entfernt erscheinen, unter dem Eindruck einer Verschiebung im Raum (die Stadt ist weit weg) und in der Zeit (es gibt weniger kulturelle Zentren, oder sie vegetieren dahin). Die soziale und linguistische Umwälzung hätte einen Bruch in der Sprache bewirken müssen, wären nicht die Tiefenstrukturen, die die Kontinuität der Kommunikation gewährleistet, stärker gewesen als die Transformationen an der Oberfläche, die sie zu gefährden drohten. So kommt es nicht dazu. Eine Analyse der Predigten unter soziolinguistischem Gesichtspunkt beweist es. Der Bischof als Dolmetscher vermittelt die lateinische Schriftsprache sogar ungebildeten Zuhörern, und zwar so effektiv, daß die Schlußfolgerung berechtigt ist, die mündliche Rede dieser Zuhörer stehe nicht in einem unlösbaren Widerspruch zur traditionellen Literarität.

Unwiderlegbare Beweise

Es ist nicht möglich, andere Wege der Vermittlung zu erfinden: Alles deutet auf Kontinuität beim Übergang vom geschriebenen Dokument zur mündlichen Verbreitung. Nie ist von Übersetzung die Rede; im Gegenteil: Eindeutige Hinweise zeigen, daß der Priester oder der Bischof oft einfach nur die Predigt vorliest, die er vor sich hat. Die Anpassung, die das Aufeinandertreffen von bäuerlicher Welt und christlicher lateinischer Kommunikation nach sich zieht, schlägt sich nicht nur in den Taten, sondern auch in den Worten nieder. Denn die Intellektuellen des sechsten Jahrhunderts sind sich ihrer Verpflichtungen im sprachlichen Bereich bewußt geworden und haben sie analysiert. Das führt dazu, daß der Stil der Unterweisung der Masse allmählich statt *sermo humilis* (»schlichte, alltägliche Sprache«) die Bezeichnung *sermo rusticus* (»Bauernsprache«) erhält. Die Rückkehr zu den Quellen des ciceronischen Wortschatzes geht einher mit einer kleinen mentalen Revolution. Die Bauernsprache wird nicht mehr kontrastierend abgelehnt, als das, was der Gebildete unter allen Umständen vermeiden muß, sondern im Gegenteil als Muster vorgestellt; es ist die Pflicht des Seelsorgers, sich daran zu orientieren. Man darf daraus nicht schließen, der Abstand zwischen lateinischer Schrift und mündlicher Rede der Massen wäre verschwunden. Die Prediger sprechen nicht die Sprache der Bauern. Aber sie bemühen sich, diese Sprachform nicht in den Orkus der Nicht-Kultur und Nicht-Sprache zu stoßen. Umgekehrt ist die Tatsache, daß der von ihnen gewählte Stil so bezeichnet werden kann (schließlich sprechen sie von kunstlosem Latein, aber immerhin von Latein), der Beweis für den Fortbestand des lebendigen Lateins in dieser Gesellschaft.

Vom alltäglichen Stil zum Stil der Ungebildeten

Unsere wichtigste Quelle für die Geschichte der Merowinger, das Werk des Bischofs Gregor von Tours, wirft ein sehr helles Licht auf diese Entwicklung, sowohl wenn man die zufälligen *testimonia* in seinen *Libri historiarum* betrachtet, wie wenn man die reflektierten Stellungnahmen in den Vorworten seiner hagiographischen Erzählungen untersucht. Diese machen den der Seelsorge im engeren Sinne gewidmeten Teil seines Werks aus. Alle seine Äußerungen nehmen in erweiterter Form die Empfehlungen wieder auf, die Caesarius rund fünfzig Jahre früher ausgesprochen hat. Er erklärt ohne Umschweife, daß der Bauernstil unbedingt notwendig ist, um eine möglichst große Verbreitung seiner Lehre sicherzustellen. Auch wenn seine Beteuerungen, die Grammatik nicht zu beherrschen, nur ein Vorwand sind, um die

Grundsätze sprachlicher Schlichtheit noch schroffer zu formulieren als Caesarius, bleibt doch die Tatsache, daß nie zuvor ein solches ästhetisches Programm von christlichen Schriftstellern mit diesen Worten formuliert wurde. Gregors Position muß in vielfacher Hinsicht als Zeichen gedeutet werden: für das Sinken des Bildungsniveaus, die Entwicklung der sprachlichen Kompetenz bei der Masse der Getauften, als Vorbote eines neuen Zustands der gesprochenen Sprache und Symptom der aktuellen Veränderungen sowie der ständigen Aufmerksamkeit, die die Spezialisten für Kommunikation den Problemen widmen, die diese im sechsten und siebten Jahrhundert aufwirft. Der Ersatz der Bezeichnung *sermo humilis* durch *sermo rusticus* ist an sich schon ein Indiz für eine Entwicklung; darüber hinaus erhält *rusticus* selbst die Bedeutung »ungebildet«.

Kontinuität und Alarmsignale im siebten Jahrhundert

Im siebten Jahrhundert bleibt die Situation mehr oder weniger die gleiche wie im sechsten. Die Kontinuität ist im lateinischen Abendland eigentlich überall zu beobachten, bei Gregor dem Großen wie bei Isidor von Sevilla, der für die gesprochene lateinische Umgangssprache den bezeichnenden Terminus »Mischsprache«, *lingua mixta,* einführt. Verrät eine solche Bezeichnung ein Gefühl der Unsicherheit bei einem Grammatiker wie Isidor? Das zu behaupten hieße die Entwicklung schneller zu machen, als sie ist (sie beschleunigt sich im siebten Jahrhundert, kommt aber noch nicht zum Abschluß). Isidors neuer Terminus bedeutet jedoch, daß der Abstand zwischen traditioneller Schriftsprache und der gesprochenen Sprache, die sich weiterentwickelt, tendenziell größer wird. Die Heiligenleben, die nach 600 unsere wichtigste Auskunftsquelle werden, bestätigen das. Die Vita des heiligen Richarius, die den Gläubigen im pikardischen Ponthieu jährlich am Fest des Heiligen vorgelesen wird, ist, wie die Mönche selbst zugeben, in sehr fehlerhafter Sprache geschrieben, zur Freude der Zuhörer, die sie so leichter verstehen. Die sprachliche Analyse zeigt, daß die Unkorrektheiten nicht ohne Ordnung sind: Es bilden sich präromanische Strukturen heraus. Die Predigten des heiligen Eligius nehmen noch nach 650 die Themen des Caesarius auf, dessen

Stil sie nachahmen, aber im Sinne einer weitergehenden Vereinfachung überarbeiten. Die Sprache der Urkunden dieser Zeit – viele sind im Original überliefert – verrät durch ihre Inkohärenz die verminderte grammatische Kompetenz der Verfasser und zugleich die Vernachlässigung der aktiven lateinischen Sprachkompetenz.

4. Hundert Jahre Konflikte und Neuerungen

Sprachliche Kompromisse

Unter dem Gesichtspunkt der Beziehungen zwischen schriftlichem und mündlichem Sprachgebrauch weist das siebte Jahrhundert somit alle Merkmale einer Endzeit der Spätantike auf, zumindest in Nordgallien. Muß man Unterschiede zwischen den behandelten Regionen oder Ländern machen? Wenn man diese Frage mit Ja beantwortet, führt das jedenfalls nur dazu, die Beschreibung ein wenig zum achten Jahrhundert hin zu verlängern. Das Ende der Antike bedeutet vor allem, daß die ungebildeten Sprecher noch in der Lage sind, eine Botschaft im *sermo rusticus* zu verstehen. Mit anderen Worten: Die Merowingerzeit endet damit, daß es zu einem sprachlichen Kompromiß zwischen ungebildeten Sprechern und lateinischsprachigen Rednern kommt, zu einem impliziten Kompromiß, der es dem traditionellen Kommunikationssystem erlaubt, weiter sein (wenn auch kümmerliches) Dasein zu fristen.

Kultureller Tiefstand und sprachliche Kreativität

Der Kompromiß gerät in Gefahr durch die karolingische Reform, die dank des massiven Eingreifens von Grammatikern aus allen Teilen Europas eine ungestüme Rückkehr zur lateinischen Norm betreibt. Als Mitte des achten Jahrhunderts, forciert durch Bonifatius, die Reorganisation der fränkischen Kirche beginnt, haben sich die religiösen Strukturen des Reiches gelockert, vielleicht weniger als der engagierte, strenge Reformer behauptet, aber doch so sehr, daß bedeutende regionale Unterschiede erkennbar werden. Die soziolinguistische Situation bietet offenbar das gleiche Bild: Durch die kollektive Entwicklung der Sprache ist innerhalb einiger Generationen ein ganz neues Formensystem geschaffen worden, das das alte ablöst beziehungsweise mit ihm konkurriert. Die alltäglich gebrauchte mündliche Sprache hat sich relativ frei entfaltet, und die individuellen und schichtenspezifischen Varianten konnten sich um so ungehinderter artikulieren, als zahlreiche Diener der Kirche (Kleriker und Mönche) nur über beschränkte theologische Kenntnisse verfügen und auch in der Sprache kaum vom geschriebenen Latein beeinflußt sind. So vollzieht sich das von allen erwartete Ritual, das Vorlesen der Vita des heiligen Stadtpatrons, mit der beabsichtigten Wirkung, weil die christlichen Gemeinden seit Menschengedenken Gewohnheiten haben, die in kultureller und linguistischer Hinsicht Kompromisse oder geradezu Komplizenschaft darstellen.

Gedächtnis und Kompetenz

Neben dem *sermo rusticus,* den ihre Bischöfe sprechen (das Possessivpronomen hat seinen guten Sinn), nimmt sich die Feld-, Wald- und Wiesensprache nicht allzu lächerlich aus. Natürlich impliziert der feierliche Akt des Vorlesens, daß man vernünftige Distanz gegenüber der Diktion und den Wendungen wahrt, die der Sprache des Volkes eigen sind. Aber da diese Distanz nicht demütigend ist, erfahren die ungebildeten Sprecher das Gefühl der festen Zugehörigkeit zu den regionalen religiösen Verbindungen, die an die Stelle der alten ethnischen Gemeinschaften getreten sind. Das Verständnis wird dadurch erleichtert, daß der Text einfach und die Aussprache wenig normiert ist; die Erinnerung an die vorangegangene Zeremonie, die ihrerseits eine frühere, altgewohnte wiederholt, unterstützt die Aufnahme der Erzählung: In diesem stimulierenden Rahmen kann schließlich das Gedächtnis die Anstrengung unternehmen, den Sinn von Wendungen und Morphemen zu speichern, die aus dem kollektiven Sprachbewußtsein zu verschwinden drohen. So gibt es ein stillschweigendes Einverständnis zwischen Kommunikations-Produzenten und -Konsumenten. Die relative Anarchie am Ende des siebten Jahrhunderts hat die Entstehung solcher kulturellen Inseln erlaubt.

Gefahren

Diese unkontrollierte Entwicklung der Beziehungen zwischen schriftlicher und mündlicher Sprache wie auch der Beziehungen zwischen den örtlichen Kirchen und der Zentralgewalt (des Abtes, des Erzbischofs oder des Papstes) bietet keinen wirksamen Schutz gegen Extravaganzen, zumindest vom orthodoxen Standpunkt aus, sei es in linguistischer, sei es in theologischer Hinsicht: In der Tat führt auf religiösem Gebiet die Lockerung der Verbindungen zwischen Spanien und der übrigen Christenheit, nach der Besetzung der Pyrenäenhalbinsel durch die Araber, zu unerwarteten christologischen Neuerungen wie dem Adoptianismus des Elipand von Toledo und später dem Anthropomorphismus des Hostegesis von Málaga. Der Aufruhr des Bildersturms, der den christlichen Orient zu verheeren beginnt, zeugt bereits von den Gefahren aggressiver Gärung. Und die Kirchengeschichte weist eine zu umfangreiche Liste von Häresien auf, als daß die Mächtigen lange das Risiko eingehen könnten, die Landeskirchen in ideologischer Autarkie leben zu lassen. Die festere Anbindung beginnt also aus prinzipiellen Gründen. Sie wird gewünscht und aktiv gefördert vom Zentrum einer aufsteigenden Macht, die die Begabten an sich zieht und die Befehle gibt. Die karolingische Reform wollte die Ordnung wiederherstellen; zu diesem Zweck wurden die Spezialisten berufen.

Das Eingreifen der Grammatiker

Die königliche Kanzlei hat es schon um 750 unternommen, die traditionelle Orthographie wiederherzustellen, die meistens durch Unkenntnis der Regeln korrumpiert, manchmal aber auch absichtlich mißachtet wurde, in vielleicht unbewußtem Streben nach Anpassung an die gesprochene Sprache. Der Beginn der intellektuellen Rückeroberung ist schon unter

Pippin III. spürbar; seit der Regierungszeit Karls weitet sie sich auf beispiellose Weise aus. Dank des massiven, energischen Eingreifens der Grammatiker wird in der geschriebenen Sprache insgesamt wieder Ordnung geschaffen. Freilich findet diese Restauration zunächst nur in einem begrenzten Epizentrum statt: Alles geht vom Hof aus und verbreitet sich dann in den großen Klöstern (Fulda, Saint-Riquier, Tours, Sankt Gallen). Aber es werden eingewanderte Intellektuelle aus ganz Europa herangezogen: Nach dem Angelsachsen Bonifatius und dem Austrier Chrodegang treten – diesmal im Umkreis Karls – der Mozaraber Theodulf, der Friauler Paulus Diaconus, der Toskaner Petrus von Pisa und später der Franke Einhard auf. Der bedeutendste ist der Angelsachse Alkuin. Jeder dieser Meister ist natürlich viel mehr als bloß Grammatiker. Aber ihre Bildung baut ganz auf dem traditionellen Fundament einer soliden grammatischen Schulung auf. Alkuin, der sich auf das reiche Erbe von Gelehrten wie Beda Venerabilis stützen kann und selbst Cassiodor und Donat gelesen hat, hat verschiedene kleinere grammatische Schriften verfaßt, darunter ein Traktat *De orthographia*.

Eine neue Sprechsprache für die Gebildeten?

Geht diese Rückkehr zur Schriftnorm einher mit einer Veränderung der Sprechsprache der Gebildeten? Diese schwierige Frage ruft in unserer Zeit Kontroversen hervor und ist Gegenstand der Forschung. Mit Sicherheit hat jeder, der Latein spricht, einen dialektalen Akzent: Das altenglische Substrat dürfte die Aussprache Alkuins stark beeinflußt haben, wie das fränkische Substrat die Diktion Karls oder Einhards prägte. Demnach muß man annehmen, daß es in ihrer mündlichen Kommunikation einen gemeinsamen Nenner gab, andernfalls wäre eine Verständigung unmöglich gewesen. Welchen Ausgangspunkt gab es? Logisch wäre, daß sie sich um eine Aussprache bemühten, die so wenig wie möglich von der Schrift abwich. Dann muß die Sprechweise der italienischen oder spanischen Gelehrten Vorbild gewesen sein in diesem Bemühen, den Abstand zwischen Graphie und Phonie zu verringern, der im zukünftigen französischen Sprachgebiet sehr groß geworden war. Diese Tendenz (gleichgültig, in welchem Ausmaß sie verwirklicht wurde) markiert eine erste soziolinguistische Grenzlinie gegenüber den ungebildeten Sprechern in Frankreich. Wenn es den Predigern auch nur in geringem Maße gelungen sein mag, sich von der volkstümlichen Aussprache abzuheben, bedeutet das doch, daß der gewohnte Kompromiß und das gewohnte Einverständnis wieder in Frage gestellt werden.

Nicht wiederzuerkennende Heiligenleben

Nun wird aber der Riß, der durch die Sprache geht, schnell größer, nicht so sehr in der Praxis, was auf Reichsebene schwer vorstellbar wäre, sondern in der Mentalität. Denn in der Theorie sollen die Mönche und Kleriker wieder beim lateinischen Grammatiker in die Schule gehen und die Grundlagen der korrekten römischen Sprache in Rede und Schrift erwerben. Das Sprechen, Beten, Singen und laute Lesen soll einer energischen Säuberung unterzogen werden: Die Kapitularien wiederholen diese Vorschrift immer wieder. Im Norden des Reiches wird die Theorie schnell in die Praxis umgesetzt. Alkuin sorgt dafür, daß im Kloster Tours ein Skriptorium eingerichtet wird, das die Regeln von Interpunktion und Orthographie wieder genauer befolgt. So verschwindet allmählich das sprachliche Niemandsland, wo sich die (approximative) lateinische Schrift und der (noch konservative) mündliche Sprachgebrauch begegneten. Noch schwerer wiegt, daß die dem Ohr und dem Gedächtnis der Ungebildeten vertrauten Heiligenviten umgeschrieben werden: Der Ton verändert sich hin zum hohen Stil, die Diktion des Vorlesers unterscheidet sich jetzt von der vulgären Sprechweise. Die schmalen Stege, über die ein Minimum an Information vom Vorleser zu den Zuhörern gelangte, brechen zusammen. Die Zuhörer sind desorientiert angesichts der Bearbeitungen, die für sie den Bruch mit Traditionen bedeuten, die von alters her bestanden und um deren Aufrechterhaltung sie sich immer bemüht hatten.

Normierung der mündlichen Rede des Volkes

Der Angriff auf ihr sprachliches Universum vollzieht sich nicht nur indirekt, denn die Weisungen der karolingischen Reformer bedrohen auch die Glaubensvorstellungen, die Sitten und die Redeweise aller Gläubigen: Nicht nur die Großen, auch die kleinen Leute, auf dem Land und in der Stadt, Freie und Sklaven (oder Leibeigene?), Männer und Frauen, unterliegen zwingenden Vorschriften. Jeder Christ muß die wichtigsten Gebete auswendig lernen, das *Pater noster* und das *Credo*. Er muß in der Lage sein, sie den Priestern fehlerlos aufzusagen. Denen, die nicht gehorchen, droht man mit der Peitsche. Ehe die Taufe vollzogen werden kann, müssen sich Paten und Patinnen einer Prüfung unterziehen. Diese Bestrebungen reichen hinunter bis auf die Ebene der schlichten Dorfkirche. Der Bischof muß dafür sorgen, daß Schluß gemacht wird mit dem alten, nachlässigen Stil. Fast zwei Generationen lang ist die Gesellschaft also zumindest an der Oberfläche dem immer anspruchsvolleren und zunehmend autoritären Ordnungsstreben unterworfen. Natürlich sind die praktischen Auswirkungen vor allem in den Regionen zu spüren, die dem Zentrum der Reform am nächsten liegen. Von dort geht die kulturelle und linguistische Reaktion auf die angeordneten Reformen aus.

Das Volk wird abtrünnig

Die Radikalität dieser Reaktion entspricht dem ausgeübten Zwang. Die breite Mehrheit der ungebildeten Sprecher läßt ihre Rede frei ihren eigenen Neigungen folgen und verzichtet damit völlig auf passive Kompetenz im Lateinischen. So stoßen sich das Sprachsystem, nach dem gelehrte Rede und Schrift funktionieren, und das Sprachsystem, in dem sich die Rede des Volkes strukturiert, gegenseitig ab. Die Entscheidungen der Karolingerzeit beenden den Kompromiß aus der Epoche der Merowinger und führen so zur Trennung zwischen schriftlichem und mündlichem Sprachgebrauch. Es liegt an der Art des Prozesses selbst, daß er so schnell verläuft. Die unmittelbare Folge ist, daß die Prediger verzweifeln: Jetzt stoßen nämlich ihre Bemühungen um anspruchsvollere und wirksamere religiöse Rahmenbedingungen auf ein Hindernis, und sie können schwer einschätzen, ob es auf Absicht oder auf Zufall beruht: Gemeint ist die Unfähigkeit, ihre Sprache zu verstehen. Denn die Ungebildeten beharren nicht nur auf ihrer Sprechweise, sie haben auch in einer Art Taubheit einen Schutz vor neuen christlichen Akkulturationsbestrebungen gefunden. Das führt die Reformatoren in eine Aporie: Je mehr sie ihre eigene Sprache verfeinern, desto weniger vermögen sie das allgemeine sittliche Niveau zu heben.

Neue Identität und neue Entscheidungen

Auf diese Weise erlangt die Sprache des Volkes plötzlich das Bürgerrecht. Da einerseits der Rückgriff auf eine künstlichere Form des Lateins offensichtlich scheitert, andererseits aber die absolute Notwendigkeit besteht, die Massen zu unterweisen, werfen die Intellektuellen ihre soziolinguistischen Entscheidungen auf spektakuläre Weise über Bord. Sie kommen zu dem Schluß, daß man unbedingt auf den alten bäurischen Stil, genauer gesagt, auf die Sprache der Ungebildeten *(sermo rusticus)* zurückgreifen muß. Da sie selbst ihre Beherrschung einer gediegenen Sprache mit einer schwierigen grammatischen Schulung teuer bezahlen mußten, können sie die Distanz ermessen, die ihr (der Schriftform näheres) Latein von der mündlichen Rede der Massen trennt, die sich obendrein gerade wesentlich verändert. Deshalb ordnen sie zum erstenmal in der Kultur- und Sprachgeschichte des Abendlandes an, daß die Bischöfe die Predigten geradezu übersetzen sollen *(aperte transferre),* die sie Gläubigen, welche nicht der Schrift kundig sind, vorlesen. Die Intellektuellen werden also dazu verpflichtet, auf den Prunk und das Prestige ihres guten Lateins *(lingua romana)* zu verzichten und sich dem schlechten Latein anzupassen, das die Gläubigen sprechen *(lingua romana rustica).* Manche Prälaten werden diese vollständige sprachliche Kehrtwendung überrascht und widerwillig aufgenommen haben; es ist nicht verwunderlich, daß ihnen nicht erlaubt, sondern ausdrücklich befohlen wurde, die Predigten zu übersetzen. Wie immer gibt es verschiedene Tendenzen innerhalb der Kirche: Manche haben die mühsame Korrektur vorweggenommen und vorbereitet; andere akzeptieren sie und gehorchen widerwillig; einige (wie Agobard von Lyon und Hinkmar von Reims) leisten Widerstand.

Grenzen der Umorientierung bei den Gebildeten

In ihrem vormals römischen Teil geht die karolingische Gesellschaft also von der Situation einer sprachlichen Einheit, die gebrochen war in diatopische und diastratische Varianten, zu einem neuen Zustand über, in dem nicht mehr verschiedene Sprachformen nebeneinanderstehen (das Latein der Gebildeten mit seinen verschiedenen Registern und die gesprochene Sprache des Volkes in allen ihren Erscheinungsformen), sondern zwei Sprachen, die jeweils ihren eigenen Gesetzen folgen. Für die Zeitgenossen ist es sehr schwierig, die Bedeutung dieser Revolution zu begreifen. Die Grammatiker wissen seit langem, daß sich geschriebene und gesprochene Sprache voneinander unterscheiden und daß letztere sich in elegante und vulgäre Formen aufgliedert. Wie soll ihnen bewußt werden, daß an die Stelle der verschiedenen Ebenen jetzt ein wesensmäßiger Gegensatz getreten ist? Zu alledem ist der Abstand zwischen geschriebenem Latein und gesprochenem Protoromanisch noch nicht sehr groß. Erst nachdem die kollektive Kommunikation nicht mehr funktionierte, fand die notwendige Bewußtseinsbildung statt, wenn auch nur unter vielem Zagen und Widerstreben. Unter diesen Umständen ist die Existenz einer *scripta* im Latein der Ungebildeten eher verwunderlich. Warum sollte man der Volkssprache den Schriftstatus zugestehen, der sie gleichberechtigt mit dem alten Idiom auf eine literarische Ebene hebt und ihr dadurch die höhere Weihe verleiht? Die ungebildeten Sprecher können mit einer Schriftform, die ihnen auf jeden Fall fremd bleiben wird, nichts anfangen. Die gebildeten Prediger sind an die lateinische *scripta* gewöhnt; die Übersetzung in die Volkssprache läßt sich sehr leicht mündlich anhand des lateinischen Manuskripts bewerkstelligen, das ihnen vertraut ist.

Außerdem ist es nicht einfach, eine *scripta* für die Volkssprache zu entwickeln. Nur kompetente Grammatiker können eine kohärente, brauchbare Schreibweise schaffen. Darüber hinaus schränkt die schriftliche Fixierung von Übersetzungen ihren Wirkungskreis ein. Eine Predigt des Caesarius von Arlês, die in einen östlichen Dialekt übersetzt wird (Lothringisch oder Champagnisch), kann nicht einem Publikum aus der Provence oder aus den Pyrenäen vorgelesen werden, wenn auch die Dialektdifferenzierung im neunten Jahrhundert weniger ausgeprägt ist als im zwölften. Der größte gemeinsame Nenner nützt dem Prediger am meisten: die lateinische Fassung der Predigt. Man sieht also, daß ebenjene, die über das notwendige Rüstzeug verfügen, um eine romanische *scripta* zu entwickeln, am allerwenigsten Grund haben, ihre Kräfte darauf zu verwenden. Weshalb haben sie schließlich doch ihre Haltung geändert? In diesem Rahmen eine detaillierte Analyse zu versuchen, würde zuviel Zeit in Anspruch nehmen; aber aus dem europäischen Kontext dieser Übergangszeit läßt sich doch einigermaßen Aufschluß gewinnen.

Konzeption einer insularen scripta

Die hier beschriebene entscheidende Entwicklung betrifft nämlich die vormals lateinischsprachigen Regionen, die im vierten Jahrhundert den schönen Namen Romania erhalten hatten. Die Kultur- und Sprachgeschichte der Barbarenländer, das heißt vor allem der Britischen Inseln und Germaniens, verläuft anders. Die Bevölkerung dieser vom Christentum eroberten oder zurückeroberten Räume spricht zahlreiche Dialekte, die zum alten keltischen Fundus (Irland, Wales), zur Sprache der germanischen Einwanderer (Altenglisch) oder zum traditionellen germanischen Sprachbestand gehören (Fränkisch, Sächsisch usw.). Für Sprecher, die die christliche Botschaft nicht in der originalen lateinischen Form verstehen können, formulieren die Intellektuellen mühelos eine klare Lehre, die ihre vollkommenste Form schon Ende des siebten Jahrhunderts bei Beda Venerabilis findet. Er analysiert die Bedingungen der Seelsorge genau, nimmt selbst Übersetzungen ins Altenglische in Angriff und schafft eine *scripta,* die in einigen Zeugnissen überliefert ist. Denn es besteht ein dringendes Bedürfnis, die Volkssprache schriftlich zu fixieren: Innerhalb des britischen Klerus bilden diejenigen, die Latein sprechen, eine Minderheit. Nun ist es aber wichtig, daß sie die orthodoxe christliche Lehre fehlerfrei verbreiten: Wie kann man der Christengemeinde auch nur die Evangelien vorlesen, wenn der Priester nicht genug Latein kann und keine altenglische Version der Heiligen Schrift zur Verfügung hat?

Herausbildung der germanischen scriptae

Ein weiterer Faktor mochte eine Rolle spielen. Die sehr vitale mündliche – heidnische – Literatur der Britischen Inseln konnte nicht ausgerottet werden. Die britische Kirche begreift schnell, wie nützlich eine christliche Literatur wäre, die mit der Volksüberlieferung rivalisieren könnte: Auch deshalb ist also die Schaffung einer volkssprachigen *scripta* geboten. Im achten Jahrhundert breitet sich Bedas Konzeption auf dem Kontinent aus, dank der Vermittlung des Bonifatius, der von seiner Heimat Wessex aufgebrochen ist, um die Germanen zu missionieren. Am Ende des Jahrhunderts ist dann Karl der Große (der selbst zweisprachig ist) bemüht, die alten germanischen Sagen schriftlich fixieren zu lassen; er fordert die Spezialisten auf, eine Grammatik des Fränkischen zu entwickeln. Daß ihnen das nicht gelingt, zeigt, wie groß die Aufgabe ist. Die deutschsprachigen Klöster fangen an, Bibelübersetzungen zu erarbeiten, was bedeutet, daß jedes Skriptorium seine eigene *scripta* entwickelt (die Graphie der ältesten germanischen Zeugnisse ist sehr schwankend). Um das Jahr 800, genau zu dem Zeitpunkt, da die lateinischsprachige Einheit der Sprachwirklichkeit und des Kulturbewußtseins in eine gebildete Minderheit und eine romanophone Mehrheit zerfällt, gebiert Europa also einen Teil seiner Literaturen.

Die Entwicklung im alten Raum der Romania könnte sich so darstellen: Ursprünglich war das linguistische System im Gleichgewicht; der lateinischen Sprechsprache (wenn sie auch diversifiziert war und sich weiterentwickelte, wie wir gesehen haben) entsprach eine (sehr konservative) lateinische Schrift. Diese Symmetrie zerbricht in dem Moment, wo zwar immer noch lateinische Schrift und Sprechsprache zueinander in Wechselbeziehung stehen, wo aber der romanischen Sprechsprache keine Graphie mehr entspricht. Konstrastierend zu dieser Dissymmetrie erscheint nun im achten oder neunten Jahrhundert ein ausgeglichenes System, wo zur germanischen Sprechsprache eine *scripta* gehört. In einem offenen europäischen Kulturraum, wo die Intellektuellen gleichzeitig mit romanischen und germanischen soziolinguistischen *realia* in Kontakt stehen, kann die strukturelle Ungleichheit im romanophonen Raum keinen Bestand haben. Vielleicht hat gerade der Vergleich mit der Entwicklung in den Barbarenländern bei einem Teil der Intellektuellen den Eindruck hervorgerufen, daß ein erneuter Ausgleich notwendig ist, und das führt zur Entwicklung einer *scripta* in den romanischen Volkssprachen.

5. ZYKLEN DER KREATIVITÄT

Uneindeutiger Charakter der Epoche

Die Geschichte der Beziehungen zwischen Schrift und Sprechsprache in den Barbarenreichen endet mit einigen Schlußfolgerungen und vielen Fragen. Nur einige Aspekte konnten zur Sprache kommen. Die weitere Entwicklung der Beziehungen zwischen Schrift und Sprechsprache nach 800 im Süden Europas wurde nur gestreift: Von dem Zeitpunkt an, da sich der Übergang zur mittelalterlichen Kultur beschleunigt, sind die Quellen zahlreich, und ihre Interpretation ist schwierig. Die Grenzen dieser Darstellung ergeben sich auch aus dem Wesen der behandelten Epoche selbst. Der Historiker, der eine frühere Zeit, das fünfte Jahrhundert, untersucht, befaßt sich mit der Antike. In der späteren Zeit, im achten Jahrhundert, entdeckt er die Vorläufer des Mittelalters. Typologisch sind diese Jahrhunderte, wie sie sich in den unterschiedlichen Ländern darstellen, schwer einzuordnen.

Eindeutigkeit der soziolinguistischen Zeugnisse

Die Frage nach dem jeweiligen Status der traditionellen Schriftsprache und der gesprochenen Alltagssprache führt zu einer analogen Problematik. Im fünften Jahrhundert gehören sie zum selben Sprachganzen. Im neunten Jahrhundert ist das eigentlich nicht mehr der Fall. Eine Untersuchung nach den Methoden der retrospektiven Soziolinguistik hat ergeben, daß die romanischen Sprachen mit hoher Wahrscheinlichkeit sozusagen vor den Augen des Historikers entstehen, wenn er nur bereit ist, die Zeitgenossen von damals ernsthaft zu befragen.

Brüche im achten Jahrhundert

Nichts rechtfertigt nämlich die Behauptung, die ungebildeten Sprecher wären schon vor dem achten Jahrhundert nicht mehr in der Lage gewesen, einen gebildeten Sprecher zu verstehen, der sich in der Form der Schriftsprache ausdrückte. Im Gegenteil deutet alles darauf hin, daß die Sprachkrise und die Bewußtseinsveränderung, die sie begleiten mußte, beinahe gleichzeitig eintraten. Das bedeutet, daß die Trennung zwischen geschriebener und gesprochener Sprache Ende des achten Jahrhunderts erfolgte, zumindest in Frankreich. Schließlich erklärt der kulturelle Kontext zufriedenstellend, daß die Schaffung einer romanischen *scripta*, das heißt einer Graphie, die nicht die lateinische Kontinuität aufrechtzuerhalten, sondern den sprachlichen Bruch endgültig zu machen sucht, keineswegs eine dringende Notwendigkeit war.

Das erfordert einige zusätzliche Bemerkungen. Die fraglichen Jahrhunderte stehen mindestens ebensosehr im Zeichen der Kreativität wie dem der Dekadenz. Während das Latein aus dem Kreis der lebendigen gesprochenen Sprachen ausscheidet, tauchen gleichzeitig neue Sprachen auf, die von der Sprachgemeinschaft geschaffen worden sind. Das Problem der Barbarisierung das Lateins hat den Blick für die Tatsache verstellt, daß es ebensosehr darauf ankam, eine neue Romanität zu erfinden. Die ganze Periode wird durch einen Zyklus von Erfindungen charakterisiert: Einführung der Substantivflexion mittels Präpositionen, des analytischen Passivs, des *passé composé* (des analytischen Perfekts) usw. Kurz und gut, neben und anstelle der lateinischen Grammatik ist eine romanische Grammatik entwickelt worden, ehe sich die Grammatiker um deren Strukturen, Regeln und Normen gekümmert haben. Und zuletzt fängt man damit an, für die neue Sprechsprache eine passende Schrift zu erfinden.

Warten auf die Nationalliteraturen

Die Straßburger Eide in Frankreich (neuntes Jahrhundert), die Eide von Capua in Italien (zehntes Jahrhundert) und die Glossen von Silos und San Millán de la Cogolla in Spanien (zehntes Jahrhundert) sind ein Zeichen für die Kreativität Europas, das nicht wie andere Kulturen auf einer hartnäckigen Trennung zwischen der Sprache der Gebildeten, die durch eine unveränderliche Schriftform fixiert wird, und der aus Schrift, Literatur und Unterricht verbannten Volkssprache besteht. Es müssen nur noch, um die Jahrtausendwende, die romanischen Nationalliteraturen geschaffen werden. Motive, Formen und die Chronologie dieses kulturellen Wagnisses gehören nicht mehr zu unserem Thema.

VII
VOR DER ENTSTEHUNG DER
MITTELALTERLICHEN LITERATUREN

1. SCHLUSSFOLGERUNGEN: ANTEIL DES VERLORENGEGANGENEN
   UND DES BEWAHRTEN

Typologie

Zunächst sollen einige signifikante Züge hervorgehoben werden, wodurch es im Vergleich mit der Übersicht in Kapitel III möglich wird, den bis 774 in der Entstehung der europäischen Kultur zurückgelegten Weg abzuschätzen.
Vorwiegend orale Kultur.
Fehlen öffentlicher Schulen.
Wenig private Lehranstalten.
Neuer, vorgeschriebener intellektueller Entwicklungsgang: Gebete, Kirchengesang, Psalmodieren.
Lektürekanon: heilige Schriften.
Nur Privatbibliotheken (Klöster).
Codices, tabulae.
Schreibrohr, Griffel.
Karolingische Minuskel.
Wenig geschriebene Gebrauchstexte.
Sporadische Wiederaufnahme der gehobenen Schriftproduktion.
Neue Unterrichts- und Kulturzentren (Jarrow, York, Fulda, Reichenau, Ravenna, Pavia).
Sporadische epigraphische Aktivität von regionaler Bedeutung.
Nur zu einem kleinen Teil auf die Schrift gestützte Administration.
Auf bestimmte Regionen beschränktes geschriebenes Recht, wenige Rechtsschulen.
Regionalisierung der Gesetze.

Verschwinden des Begriffs Staatsbürgerschaft, der durch einfache Verbindungen von Mensch zu Mensch ersetzt wird. Fragmentierte Gelehrtenkultur; absoluter Vorrang der Grammatik. Veränderung der literarischen Tradition.
Partielle Bewahrung der *artes liberales;* Beschränkung auf christlichen Utilitarismus.
Verschwinden, aber gelegentliche Wiederbelebung der ruhmreichen Vergangenheit des Reiches.
Dialektale Fragmentierung des gesprochenen Lateins.
Interkulturelle Dispersion des gesprochenen Lateins.
Verschwinden des Lateins als Sprache der allgemeinen Kommunikation.
Herausbildung von *scriptae* der Volkssprache.

Barbaria *und* romanitas

Auf der Grundlage dieser synoptischen Bilanz wollen wir einige Schlußfolgerungen ziehen. Die Epoche der Barbarenreiche verdient ihren Namen und ihre Reputation nur zum Teil: Zunächst einmal besetzen diese Reiche die Territorien des alten Reiches nicht auf Dauer. In Italien, in Spanien und vor allem in Afrika führt die oströmische Rückeroberung unter Justinian zu einer Diskontinuität, die man vielleicht zu Unrecht als bloße historische Parenthese betrachtet hat. Andererseits sind zwar die Wanderungen, die zum Vordringen jener Völker auf römischen Boden führen, von dramatisch gewalttätigen Episoden begleitet; trotzdem kann man für sie die Bezeichnung »barbarisch« in der traditionellen Bedeutung nicht mehr verwenden. Denn in der klassischen Kultur bezeichnet man als Barbaren denjenigen, der nicht zur Stadt oder zur *oikoumene,* zum *orbis Romanus,* gehört. Diese Definition trifft aber schon Ende des sechsten Jahrhunderts nicht mehr auf die germanischen Völker zu: Es sind keine Fremden mehr, weil sie im Lauf der Zeit mit den ursprünglichen Einwohnern verschmelzen. Die beiden schlagendsten Indizien dafür sind ihre Bekehrung zum Christentum, in vielen Fällen sogar zum Katholizismus (also zur Religion der alten Hauptstadt), und dann die Abkehr von ihrer eigenen Sprache zugunsten der Sprache Roms. Für diese Völker bedeutet also der Eintritt ins Frühmittelalter eigentlich die Beschleunigung eines Prozesses, der schon im dritten Jahrhundert begonnen hat, des Übergangs von der *barbaria* zu einer bestimmten *romanitas*.

Zufluchten

Die traditionellen Strukturen der *romanitas* werden infolge der von den Neuankömmlingen geschaffenen Spannungen deformiert und dabei bedeutend verändert. Am stärksten scheint die Remanenz der Antike im kulturellen Bereich. Das geht so weit, daß sich hier der Übergang von der Spätantike zum Mittelalter ohne Brutalität, durch eine Reihe von Übertragungen vollzieht. Am Ende entsteht aus den modifizierten traditionellen Formen zwangsläufig eine neue Welt. Das fünfte Jahrhundert bewahrt die ganze Bandbreite der antiken Kultur, keiner der Wesenszüge, die seit der hellenistischen Epoche für diese Kultur charakteristisch sind, fehlt, und keiner ist bis zur Unkenntlichkeit verändert.

Auch die Erschütterungen durch die Invasionen und vor allem die Auflösung des Römischen Reiches im Westen gefährden die Nachfolger der verschwindenden Institutionen nicht. Es werden neue Arten erfunden, das traditionelle Wissen am Leben zu erhalten. Die Rolle des Christentums in diesem Bereich ist bedeutend, und die Klöster, die sich zu wichtigen Konservatorien entwickeln, sind kräftige Stützpfeiler. Es muß zwar darauf hingewiesen werden, daß der Triumph des Christentums und die Ausbreitung des monastischen Ideals zum Niedergang eines Teils der *artes liberales* führen; man darf jedoch nicht übersehen, daß das Verschwinden einer Gesellschaft, die die Überlieferung aller Arten profanen Wissens sicherzustellen vermochte, einen radikalen kulturellen Bruch im Abendland hätte zur Folge haben können. Die hier beschriebenen Lücken und Rückschritte sind keineswegs Grenzfälle: Daß es nicht zur Auslöschung der Kultur kommt, liegt nur an der hartnäckigen Tätigkeit derer, die – jeder an seinem Platz und auf seinem Niveau – daran arbeiten, die Kontinuität des Wissens zu sichern, das sich in die Kult- und folglich Kulturstätten als Zufluchten rettet.

Allerdings gibt es zu viele abweichende Faktoren, als daß die Bewahrung des kulturellen Erbes der Antike zu seiner rekurrenten Reproduktion hätte führen können. Es kommt im Gegenteil ein komplexer Prozeß der Tilgung, Bewahrung und Erneuerung in Gang, an dessen Ende sich die Strukturen der westlichen Kultur bedeutend verändert haben. Der zwischen dem fünften und dem achten Jahrhundert, dem Schiffbruch des Römischen Reiches im Abendland und dem Stadium der wechselseitigen Durchdringung der fränkischen und italienischen Welt, zurückgelegte Weg führt zu einem neuen kulturellen Universum, dem mittelalterlichen, dessen Entstehung sich so vor unseren Augen vollzogen hat. Drei Ebenen charakterisieren diese Entwicklung: die fossile Ebene, wo bestimmte Merkmale der antiken Kultur ganz aus dem Leben heraustreten und nur noch in einem friedhofsgleichen Schneckenhaus weiterbestehen wie eine abgestorbene Erinnerung; die remanente Ebene, wo andere Formen der antiken Kultur aktiv weiterwirken, aber die dominante Stellung verlieren, die sie in der älteren Kultur innehatten; und eine dynamische Ebene, wo neue Strukturen entstehen, deren Erscheinen auf der Bühne der Geistesgeschichte eine Metamorphose in Gang bringen. So wird zum Beispiel die antike Mythologie nur als ein sekundäres Element bewahrt, und sie nimmt als nutzloses, erstarrtes Wissen eine kulturelle Randposition ein. Dagegen werden die Regeln der alten Redekunst aktiv weitergegeben, obwohl sie ihren früheren Vorrang verloren haben. Die Wissenschaft des Grammatikers schließlich, die neuen Sprachen dienstbar gemacht wird, führt Volksgruppen, die bis dahin auf die rein mündliche Rede beschränkt waren, aus dem Orkus des Analphabetentums heraus.

Die Beispiele für die drei Arten der Entwicklung ließen sich beliebig vermehren: Sie verdeutlichen die Verknüpfung von Phänomenen, die an der kulturellen Genese des mittelalterlichen Europa maßgeblich beteiligt sind. Die Komplexität der Entwicklungen macht die chronologische Darstellung der ablaufenden Prozesse schwierig. Die äußersten Grenzen werden hoffentlich hinreichend deutlich, vor allem dank der beiden erstellten Typologien (am Ende des dritten Kapitels und auf Seite 215f.). Aber während sich die Umrisse der neuen Kultur recht gut erfassen lassen, ist die zeitliche Reihenfolge, in der sie erkennbar werden, sehr viel weniger offensichtlich. Es sieht ganz so aus, als wären das sechste und vor allem das siebte Jahrhundert Zeiten der Vorbereitung gewesen: In fragmentarischer Form, verstreut, sogar auf verschiedene Regionen verteilt, entwickeln sich die Wesenszüge dessen, was einmal die europäische Kultur werden soll, gewissermaßen unabhängig voneinander. Während dieser Übergangszeit sucht das durch die Veränderungen schwer geprüfte Europa nach Mitteln, um seine Vergangenheit zu bewahren, probiert die Instrumente aus, mit denen es seine Identität bestätigen will, entwirft skizzenhaft die Zukunft und entwickelt dabei, manchmal unabsichtlich, neue Formen und eine neue Welt. Kurz, Europa ist auf der Suche nach sich selbst.

2. Herausbildung der Gegensätze

Einheitliches Fortbestehen

Bedeutet diese teleologische Sicht der Jahrhunderte, in denen das Westreich den Barbarenreichen weichen muß, Verrat an der historischen Realität? Immerhin kann man mit Fug und Recht behaupten, daß in der langsamen Erschaffung des Neuen ein unter seinen in Raum und Zeit verschiedenen Formen doch einheitliches Denken am Werk ist. Denn was verpflichtete die alten Provinzen des Reiches dazu, nach dem Schock der Invasionen und vor allem angesichts der vollständigen Abwesenheit der Reichseinheit die kulturelle Kontinuität zu wahren? Es hat sich gezeigt, in welchem Ausmaß die politischen und sozialen Strukturen des Tardoantico auf den Formen der späten Kultur lasteten und wie diese wiederum in den Lebens- und Denkweisen der Bürger nachklangen. Müßte man unter diesen Bedingungen nicht eher die folgende Frage stellen: Warum ist die lateinische, römische und spätzeitliche Kultur nicht zu der Zeit nahezu vollständig aufgegeben worden, als die traditionellen Strukturen des politischen Lebens zusammenbrachen?

Eine Antwort, die sich einzig auf das Kriterium der Nütz-lichkeit beruft, vermag nicht zu befriedigen. Von dem Augen-blick an, wo man einräumt, daß die Auflösung des Reiches mit einer fast völligen Vernichtung der kulturellen Tradition hätte einhergehen können, zwingt nämlich die letztendlich sehr um-fassende Bewahrung dieser Tradition zu dem Schluß, daß eben nicht nur praktische Motive im Spiel waren. Sie im Detail zu analysieren wäre zu langwierig. Es ist aber auffallend, daß alle Eroberungsvölker in den eroberten Gebieten eine so starke As-similation durchmachten, daß sie selbst zu Trägern der frühe-ren Identität dieser Gebiete wurden: Nie zuvor wollte Spanien so römisch und so christlich sein wie zur Zeit der Westgoten! Die Kräfte der Kontinuität haben einen ziemlich deutlichen Sieg über die Faktoren davongetragen, die einen Bruch begün-stigten.

Unterschiedliche Neuschöpfungen

Das bedeutet, daß durch das lange Bestehen des Reiches seine Kultur Zeit genug hatte, für die Mentalitäten im Inneren und an den Rändern außerhalb des Reiches Attraktivität zu ent-wickeln. Die einheitliche Schrift, deren sich die verschiedenen europäischen Sprachen bedienen, ist eines der signifikantesten Merkmale des Phänomens der Fortführung dieser Kultur. Man kann ein Gegenbeispiel anführen: Als man im neunten Jahr-hundert in Spanien anfängt, lateinische oder romanische Texte in arabischer Schrift aufzuzeichnen, bricht die kulturelle Kon-tinuität auf der Pyrenäenhalbinsel plötzlich ab (obwohl es sich immer noch um christliche Texte handelt).

Allerdings hat die römische Einheit nicht allen Kräften der Erneuerung widerstanden. So bilden sich neben den germani-schen Sprachen, die künftig über eine *scripta* verfügen, die romanischen Sprachen heraus; bis man sich entschließt, sie schriftlich zu fixieren, wird noch viel Zeit vergehen. Das wird eine der letzten und schwierigsten Etappen des Verzichts auf die alte Einheit des Lateinischen sein; die Vorteile einer *scripta*, die immer noch funktioniert, als wäre das alte lateinische Dia-system weiterhin überall lebendig, animieren diejenigen, die über den schriftlichen Kode verfügen, nicht gerade dazu, diesen vollständigen Bruch in der Zeit (man entfernt sich etwas weiter von Rom) und im Raum zu vollziehen (jedes Land und jede Region ist plötzlich weit weg, die neuentstandenen sprachlichen Kontinente streben auseinander). Schon im achten Jahrhundert sind die Voraussetzungen dafür gegeben, daß die sprachliche Vielfalt sich auf der wichtigen Ebene der sprachlichen Fixierung durchsetzt.

Spannungsreiche Entwicklungen

Die Schöpfung dieser *scriptae* ist das deutlichste Zeichen dafür, daß die Entstehung der europäischen Kultur zum Abschluß kommt. Die *scriptae* sind nämlich Anzeichen dafür, daß sich neue kulturelle Einheiten, deren Umrisse bis dahin unscharf waren, klar abzeichnen: die Nationen. Mag es nun einen Gewinn (auf germanischem Boden) oder einen Verlust (in den ehemals lateinischsprachigen Gebieten) bedeuten, es kommen Sprachen und Kulturen zum Vorschein, die Europa ausmachen: Englisch, Deutsch, Französisch, Okzitanisch, Katalanisch, Spanisch (das Italienische hält Europa bis zum zehnten Jahrhundert in Reserve). Sie entstehen durch die Anziehung des Christentums oder durch die Flucht aus der Latinität. Die Formen der christlichen Kultur drängen sich den Völkern am nördlichen Rand Europas auf; die Redeweisen des Volkes brechen mit der römischen Tradition.

Das vollzieht sich durch die wachsame Vermittlung der Intellektuellen, das heißt des klerikalen und mönchischen Milieus. Sie haben mit größten Anstrengungen versucht, das Fortleben alles dessen zu sichern, was ihnen in der Kultur des Tardoantico mit ihrer Aufgabe als Seelsorger in Einklang zu stehen schien, und insgesamt ist ihnen das ziemlich gut gelungen. Das bedeutet, daß sie sich manchen Entwicklungen und Veränderungen widersetzt, daß sie aber auch andere ausgelöst haben. Ihre Konfrontation mit den heidnischen Glaubensvorstellungen, den Kulturen der Barbaren und den volkstümlichen Überlieferungen hat das Territorium des Römischen Reiches in ein weites Spannungsfeld verwandelt. Die Geschichte des Frühmittelalters wird von nun an von einem Bündel gegensätzlich wirkender Vektoren bestimmt. Was dabei herauskam, entsprach weder den Vorstellungen der allmächtigen Minderheit der Intellektuellen noch den kollektiven, verschiedenartigen und mitunter unbewußten Wünschen der Analphabeten, die die breite Mehrheit bildeten: Es waren unerwartete und scheinbar zufällige, aber nichtsdestoweniger schöpferische Ergebnisse.

3. Entstehung einer Identität

Kulturelle Verschmelzung

Es stimmt zum Teil, daß die Herren der Schriftkultur die Volkskultur einzuschränken und zu vertuschen suchten. Das klerikale Modell bietet wenig Raum für profane Neigungen der Laien (dasselbe Modell wird aber im achten Jahrhundert vorherrschend, weil es daneben kaum noch eine Schriftkultur gibt). Es gab eine Zensur, aber man ist anderen Impulsen gegenüber nicht wirklich verschlossen gewesen: Die Ausbreitung des Heiligenkults und besonders die Art und Weise, wie er sich durchsetzt, zeigen, in welchem Maße die vielgescholtenen Wünsche des Volkes in christianisierten, aber durchaus noch erkennbaren Formen wiederaufgetaucht sind. Der simple Taufakt hat das ungebildete Individuum nicht von seinen Ängsten befreit: Die Angst vor Hunger, Krankheit, den Unbilden des Wetters, vor Gewalt, die von alters her durch ein ganzes System von Glaubensvorstellungen und Ritualen kanalisiert wurde, mußte zumindest symbolisch beschwichtigt werden.

Standen außerdem die einfachsten Diener der Kirche diesen Problemen immer ganz fern, und vertrauten sie immer fest auf die christlichen Wege zu ihrer Lösung? Die Konfrontation von Volkskultur und Klerikerkultur führte schließlich dazu, daß sie sich gegenseitig beeinflußten. Die Volkskultur ist strenggenommen nur zum Teil von der Klerikerkultur vereinnahmt worden: Schon im achten Jahrhundert bahnt die Vermischung beider Kulturen den Weg für die erdichteten Vorstellungen der mittelalterlichen Literatur (in der *Vision des Wettinus* aus dem neunten Jahrhundert sind sie vorgebildet) und für die phantastischen Erfindungen, aus denen dann die Märchen und Sagen der mündlichen Volksüberlieferung entstehen, die bis zum neunzehnten Jahrhundert lebendig bleiben. Die Chronologie der Verschmelzung geht die retrospektive Ethnographie an: Das ist ein wichtiges Kapitel der Kulturgeschichte im weitesten Sinne.

Literarische Konkurrenz

Die Entwicklung der literarischen Formen und Gattungen verlief ähnlich. Aufgrund der Zwänge, die ihnen ihre Missionstätigkeit auferlegte, haben die Seelsorger schließlich den Mundarten des Volkes, dem Latein der Ungebildeten, an dessen Verbesserung sie verzweifelten, den Status einer Sprache zugestanden. Um den Status der verschiedenen Volkssprachen zu harmonisieren, haben die Intellektuellen weiterhin den romanischen *scriptae* einen (bescheidenen) Platz eingeräumt. Im neunten Jahrhundert fangen die germanischen Christen an, sich eine erbauliche Literatur in der Volkssprache zu schaffen. Diese Entwicklung verläuft um so schneller, als dank des Einbruchs der Schriftkultur in die rein mündlichen Überlieferungen vormals heidnischer Volksgruppen eine volkssprachige lateinische Literatur Gestalt annimmt. So kommt es zur Konkurrenz zwischen einer heidnischen mündlichen Tradition, die die Bestätigung durch eine *scripta* erfährt (und so das Prestige der Schriftkultur erwirbt), und der christlichen Kommunikation, die ausschließlich auf der homiletischen und hagiographischen Tradition basiert. Die Intellektuellen müssen folglich eine christliche Literatur in der Volkssprache schaffen.

In den romanischsprachigen Gebieten verläuft die Entwicklung ähnlich. Allerdings scheint die zeitliche Abfolge umgekehrt. Es sind nämlich die Kleriker und Mönche, die an der Wende zum zehnten Jahrhundert ein erstes erbauliches Werk in der Volkssprache schaffen (zu diesem Zeitpunkt entsteht die altfranzösische *Eulalia-Sequenz)*. Die Entstehung der romanischen Literatur geht langsam vor sich und steht ganz im Zeichen der geistlichen Dichtung: Es scheint kaum die Absicht dahinterzustehen, auf eine hypothetische poetische Produktion in der Volkssprache zu antworten. Wo es eine solche Produktion geben sollte, bleibt sie notwendigerweise ganz auf das volkstümliche Register beschränkt, denn sie kann sich zu dieser Zeit noch nicht zu den erhabenen Formen aufgeschwungen haben, die sie in den germanischen Ländern annimmt. Zumal die epische Dichtung setzt Nachfrage von seiten des Adels voraus, der zugleich Quelle, Stoff und Publikum dieser Gattung ist. In der Romania ist die Elite der verschiedenen Königreiche noch ganz auf die lateinische Literatur fixiert, wie die Produktion an Hofdichtung von Venantius Fortunatus bis hin zu Alkuin beweist. Die großen Gattungen wie das Heldenepos gehen also dem Bemühen der Intellektuellen, geistliche Dichtung in der Volkssprache (die in jedem Fall gelehrt ist) zu schaffen, nicht voraus, sondern folgen ihm.

Vorspiel zu den Erfindungen des Mittelalters

Damit die großen dichterischen Gattungen des Mittelalters entstehen können, müssen in der Tat zwei Bedingungen erfüllt sein: Die Aristokratie muß sich eine Ideologie schaffen, die von der Geistlichkeit im engeren Sinne klar abgegrenzt ist; und sie muß das Bedürfnis verspüren, ihre ideologische Unabhängigkeit durch die Schaffung einer Literatur zu demonstrieren, die auf ihren eigenen Werten basiert. Die erste Bedingung wird durch die Entwicklung und allgemeine Verbreitung des Lehnswesens erfüllt (eine erste Stufe auf diesem Weg ist schon in der Karolingerzeit mit der Vasallität erreicht); der zweiten Bedingung wird ebenfalls Genüge getan, wenn das literarische Wissen der Kleriker und die Formen der lateinischen Dichtung zugunsten eines neuen literarischen Ausdrucks zweckentfremdet werden (er ist in der volkssprachigen geistlichen Dichtung schon vorgebildet). So wird in der Endphase der Entwicklung der Kleriker-Kultur bis zum achten Jahrhundert in einer Abfolge von Aktionen und Reaktionen die Entstehung der profanen Laien-Literatur vorbereitet. Die Jahrhunderte des Übergangs sind also in vollem Sinne nicht nur ein zeitlicher Rahmen, sondern auch der kulturelle Grund gewesen, auf dem die Identität der europäischen Kultur geschaffen worden ist. Ihr wesentlichstes Merkmal scheint schon im Frühmittelalter die Fähigkeit zu

sein, die Tradition zu bewahren, ohne zu erstarren, einer ruhm-
vollen Vergangenheit treu zu bleiben, ohne sich Neuschöpfungen zu versagen.

Roquemarceau,
31. März 1989

Kulturzentren in England und den keltischen Gebieten der Britischen Inseln im siebten Jahrhundert

Aus: Pierre Riché, *Education et Culture dans l'Occident barbare*

Kulturzentren in Germanien
im achten Jahrhundert

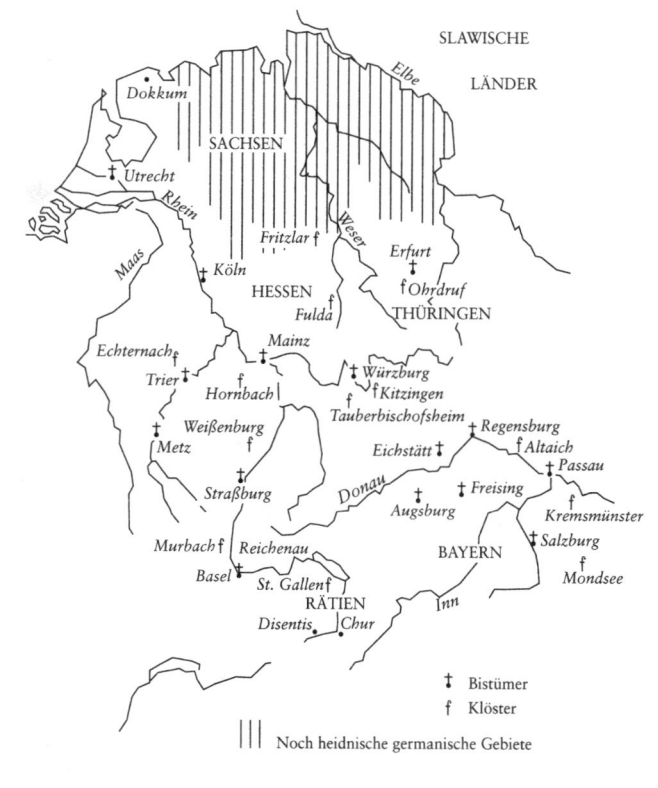

SLAWISCHE

LÄNDER

Dokkum

SACHSEN

Utrecht

Fritzlar f

Erfurt

Köln

f Ohrdruf

HESSEN

THÜRINGEN

Fulda

Echternach

Mainz

Trier

Würzburg

Hornbach

f Kitzingen

Weißenburg

Tauberbischofsheim

Regensburg

Metz

Eichstätt

Altaich

Passau

Straßburg

Freising

Augsburg

Kremsmünster

Murbach f

Reichenau

Salzburg

Basel

BAYERN

St. Gallen f

RÄTIEN

Mondsee

Disentis

Chur

‡ Bistümer

f Klöster

||| Noch heidnische germanische Gebiete

Aus: Pierre Riché, *Education et Culture
dans l'Occident barbare*

ZEITTAFEL
HISTORISCHE BEZUGSPUNKTE
400–800

402 Honorius, Kaiser des Weströmischen Reiches, verläßt Rom und residiert in Ravenna.

406–415 Die Barbaren dringen erstmals über den oberrheinischen *limes* vor und gelangen bis nach Gallien, Spanien und Italien.

407 Die römischen Truppen räumen Britannien.

410 Rom wird von den Goten unter Alarich geplündert.

415–423 Stabilisierung der Eindringlinge, die den Status von Verbündeten *(foederati)* im Reichsgebiet erhalten und mit militärischen oder diplomatischen Mitteln im Zaum gehalten werden.

423 Beginn der Missionierung Irlands durch den heiligen Patrick.

418–451 Die Westgoten siedeln sich in Aquitanien an (Königreich Toulouse) und erobern nach und nach die Herrschaft über Spanien (429).

449 Invasion Britanniens (Jüten, Angeln und Sachsen). Ein wichtiger Teil der Insel kehrt zum heidnischen Glauben zurück.

429–439 Die Vandalen, die durch Gallien und Spanien gezogen sind, setzen nach Nordafrika über und erobern diese römische Provinz.

451 Eine Armee aus römischen Truppen und westgotischen Verbündeten unter dem Kommando des Patriziers Aetius und des Königs Theoderich II. stoppt den Vormarsch der Hunnen Attilas in der Schlacht auf den Katalaunischen Feldern.

455 Erlöschen der Dynastie des Theodosius (Ermordung Valentinians III.); Eroberung und Plünderung Roms durch die Vandalen.

457–461 Kaiser Majorianus unternimmt die letzte vom Römischen Reich unterstützte militärische Anstrengung im Westen (458 Rückeroberung des von den Burgundern besetzten Lyon, 461 zieht der Kaiser in die Rhône-Stadt ein).

um 450 Spanien wird künftig fast ausschließlich von den westgotischen Verbündeten beherrscht.

um 475 Die Auvergne fällt den Westgoten in die Hände.

476 Die Barbaren, die als Söldner in Italien stehen, meutern. Ihr Anführer Odoaker setzt den letzten Kaiser (Romulus Augustulus) ab und erreicht seine Anerkennung durch den Kaiser des Ostreichs.

486 Chlodwig, der heidnische König der Franken, schlägt in Nordgallien die letzte römische Armee unter dem Kommando des Syagrius: Beginn der Merowinger-Dynastie.

493	Die Ostgoten des Theoderich dringen im Namen des oströmischen Kaisers Zeno in Italien ein, besiegen die Truppen Odoakers und errichten einen römisch-gotischen Staat, der Italien und die Provence umfaßt.
496	(oder 506) Bekehrung Chlodwigs zum Katholizismus.
507	Die Franken rücken nach Aquitanien vor, schlagen die westgotische Armee in Vouillé (in der Nähe von Poitiers) und veranlassen ihre Gegner, sich nach Spanien zurückzuziehen.
511	Tod Chlodwigs, Aufteilung des fränkischen Reiches (Austrien, Neustrien). Beginn der Bruderkämpfe zwischen den Erben.
533	Die von Justinian, dem Kaiser des Ostreichs, angeordnete Rückeroberung des lateinischen Abendlandes beginnt in Afrika, das die von Belisarios geführte römische Armee bis 533 zurückgewinnt.
534	Reorganisation der Verwaltung in Afrika.
536–552	Rückeroberung und Reorganisation der Verwaltung in Italien (Pragmatische Sanktion, 534).
536	Aufgehen des Burgunderreiches in den fränkischen Reichen.
544	Partielle Rückeroberung Spaniens (nur die Spitze der Baetica im Süden) durch die kaiserlichen Truppen.
568	Langobardische Invasion in Norditalien. Die Römer ziehen sich auf Positionen im Exarchat Ravenna zurück (Rom ist bedroht, wird aber nicht erobert).
589	Beim dritten Konzil von Toledo wird die Bekehrung des Königs Rekkared vom arianischen zum katholischen Christentum gefeiert, und die religiöse und politische Reorganisation des Reiches wird in Angriff genommen.
596	Beginn der Wiederbekehrung Britanniens durch Missionare, die Papst Gregor der Große ausgesandt hat.
629–639	Höhepunkt der Merowinger-Macht unter König Dagobert, der über ganz Gallien herrscht.
633	Beim vierten Konzil von Toledo schafft Bischof Isidor von Sevilla die Grundlagen für eine religiöse und politische Reorganisation des Westgotenreiches.
um 650	Bekehrung der Langobarden vom arianischen zum katholischen Christentum.
663	Letzter Aufenthalt eines Kaisers des Ostreichs in Rom (wo er einen Teil der archäologischen Schätze raubt).
672	Erste geistliche Weihe eines Königs im Abendland (Krönung des westgotischen Königs Wamba).
668	Zweite christliche Mission durch römische Mönche in Britannien; Rückgang des Heidentums.
698	Karthago, die letzte römische Bastion in Afrika, fällt den islamischen Eroberern in die Hände.
711	Die Niederlage am Río Guadalete liefert den islamischen Sturmtruppen Tariks das ganze spanische Territorium bis auf

eine kleine christliche Zuflucht am Atlantik (Königreich Asturien) aus.

716   In Austrien kommt der Hausmeier Karl, genannt Martell, an die Macht, der Neustrien mit militärischen Mitteln unterwirft und so die Karolinger-Dynastie begründet. Verfall der alten Dynastie.

712–744   Bestrebungen des Langobardenkönigs Liutprand, ganz Italien zu unterwerfen.

732   Schlacht bei Poitiers: Die »europäischen« Truppen (ein Chronist verwendet das Wort bei dieser Gelegenheit) bringen einen von Spanien ausgehenden Vorstoß der Muslime zum Stehen.

753   Pippin I., genannt »der Kurze« (der Kleine), verschafft der neuen Karolinger-Dynastie eine Legitimation, indem er sich in Saint-Denis von Papst Stephan II. zum König der Franken salben läßt.

754–756   Pippinische Schenkung an den Heiligen Stuhl: Begründung des Kirchenstaats. Militärische Intervention der Franken in Italien gegen das Langobardenreich.

um 750   Ende der oströmischen Präsenz in Italien.

756   Der letzte Omaijade, Abd ar-Rahman I., der aus dem Osten vertrieben worden war, gründet in der Hauptstadt des islamischen Spanien das Emirat Córdoba.

760–768   Wiederholte militärische Vorstöße der Franken nach Aquitanien.

768   Regierungsantritt Karls des Großen.

772   Erster Feldzug Karls gegen die Sachsen.

773–774   Karl erobert das Langobardenreich und zieht nach Rom. Der König der Franken wird zugleich »König der Langobarden und Patricius Romanorum« (Juli 774).

778   Scheitern der Belagerung von Saragossa durch die Franken; Katastrophe von Roncesvalles.

785   Beginn der Eroberung und Organisation der »Spanischen Mark« (Expansion in Richtung auf Barcelona).

789   Erlaß der »Allgemeinen Ermahnung« *(Admonitio generalis),* die die Reorganisation der karolingischen Kirche und die Renaissance der gelehrten Studien einläutet.

BIBLIOGRAPHIE

Vor der eigentlichen Bibliographie finden sich gesondert aufgeführt die jeweils konsultierten Ausgaben der spätantiken Autoren.

Aldhelm von Malmesbury: *De laudibus virginitatis (Vom Lob der Keuschheit)*
Alkuin: *De virtutibus et vitiis (Von den Tugenden und Lastern), De pontificibus et sanctis Eboracensis ecclesiae (Über die Bischöfe und Heiligen von der Kirche York)*
Ambrosius von Mailand: *De officiis libri tres (Drei Bücher von den Pflichten)*
Hymni (Hymnen)
Arator: *De actibus apostolorum (Apostelgeschichte)*
Aurelius Augustinus: *De civitate Dei (Der Gottesstaat), Confessiones (Bekenntnisse)*
De catechizandis rudibus (Über die Unterrichtung der Neophyten)
De doctrina christiana (Über die christliche Lehre)
De trinitate (Über die Dreifaltigkeit)
Avitus von Vienne: *De spiritalis historiae gestis*
Beda Venerabilis: *Historia ecclesiastica gentis Anglorum (Kirchengeschichte des englischen Volkes)*
De arte metrica et de orthographia (Über die Verskunst und die Orthographie)
De temporum ratione (Über die Zeitrechnung)
Vita sancti Cuthberti (Leben des heiligen Cuthbert)
Anicius Manlius Severinus Boethius: *De consolatione philosophiae (Trost der Philosophie)*
De disciplina scholarium
De differentiis topicis (Von den topischen Differenzen)
De syllogismo hypothetico
Aristoteles: *Categoriae (Bearbeitung der Kategorien des Aristoteles)*
Bonifatius: *Ars grammatica (Grammatik)*
Ars metrica (Verskunst)
Flavius Magnus Aurelius Cassiodorus: *Chronica (Weltchronik)*
De orthographia (Über die Orthographie)
De arte grammatica (Über die Grammatik)
In psalterium expositio (Kommentare zu den Psalmen)
Variae (Verschiedenes)

Institutiones divinarum lectionum (Anweisungen zur geistlichen und weltlichen Lektüre)
De anima (Über die Seele)
Aelius Donatus: *Ars grammatica (Grammatik)*
Ars maior/Ars minor (Größeres/Kleineres Lehrbuch)
Ennodius von Pavia: *Epistolae Panegyricae et Poemata*
Fredegarius Scholasticus: *Chronicon (Weltchronik)*
Fabius Planciades Fulgentius: *Expositio sermonum antiquorum*
Gildas von Wales: *De excidio et conquestu Britanniae (Über die Zerstörung Britanniens)*
Gregor der Große: *Dialogi de vita et miraculis patrum Italicorum (Dialoge über Leben und Wunder der italischen Väter)*
Moralia in Iob (Moralische Auslegung des Buches Hiob)
Regula pastoralis
Gregor von Tours: *Decem libri historiarum (Geschichte der Franken)*
Libri miraculorum (Die Bücher der Wunder)
Hieronymus: *De viris illustribus (Von berühmten Männern)*
Vita Martini (Leben des heiligen Martin)
Chronicon (Chronik)
Ildephonsus Toletanus: *De viris illustribus (Von berühmten Männern)*
Isidor von Sevilla: *Etymologiae (Ursprünge)*
Historia Gothorum, Vandalorum et Suevorum (Geschichte der Goten, Vandalen und Sweben)
De natura rerum (Über die Natur)
Libri differentiarum
Synonyma (Synonyme)
Lucius Coelius Firmianus Lactantius: *Phoenix (Über den Vogel Phönix)*
Martin von Braga: *Formula honestae vitae*
De correctione rusticorum (Über die Belehrung der Bauern)
Paulus Diaconus: *Historia Langobardorum (Geschichte der Langobarden)*
Clemens Aurelius Prudentius: *Contra Symmachum*
Hymni (Hymnen)
Salvianus von Marseille: *De gubernatione Dei (Über die Weltenlenkung Gottes)*
Sidonius Apollinaris: *Carmen*
Venantius Fortunatus: *Carmina (Gedichte)*
Miscellanea (Verschiedenes)
Vita Martini (Leben des heiligen Martin)

Silvio Avalle d'Arco: *Protostoria delle lingue romanze.* Turin, 1965.

Erich Auerbach: *Literaturgeschichte und Publikum in der lateinischen Spätantike und im Mittelalter.* Bern, 1958.

Kurt Baldinger: *Die Herausbildung der Sprachräume auf der Pyrenäenhalbinsel. Querschnitt durch die neueste Forschung und Versuch einer Synthese.* Berlin, 1958.

J. Balogh: »Voces paginarum. Beiträge zur Geschichte des lauten Lesens und Schreibens« in: *Philologus,* 8, 1927.

Michel Banniard: *Le Haut Moyen Age occidental.* Paris, 1986.

Michel Banniard: »Théorie et Pratique de la langue et du style chez Alcuin: rusticité feinte et rusticité masquée« in: *Francia,* 13, 1986.

Michel Banniard: »*Viva voce*«. *Communication écrite et communication orale du IVᵉ au IXᵉ siècle en Occident latin.* Paris, 1990.

C. Battisti: »Secoli illitterati. Appunti sulla crisi del latino prima della riforma carolingia« in: *Studi medievali,* 3/1, 1960.

Pierre Bec: *Manuel pratique de philologie romane.* Paris, 1970, 1971.

Henry Beck: *The Pastoral Care of Souls in South East France during the Sixth Century.* Rom, 1950.

Bartolomé Bennassar: *Histoire des Espagnols.* Bd. 1, Paris, 1985.

H. Beumann: »Gregor von Tours und der sermo rusticus« in: *Festschrift M. Braubach.* Münster, 1964.

Retto Bezzola: *Les Origines de la formation de la littérature courtoise en Occident.* Bd. 1, Paris, 1944.

Bernhard Bischoff (Hrsg.): *Anecdota novissima: Texte des 4. bis 16. Jahrhunderts.* Stuttgart, 1984.

Marc Bloch: *Die Feudalgesellschaft.* Frankfurt am Main, 1984.

Marc Bloch: *Les Rois thaumaturges.* Paris, 1983.

P. Boglioni: »Miracle et Merveilleux religieux chez Grégoire le Grand: théorie et thèmes« in: *Cahiers d'études médiévales,* 1, Montreal, Paris, 1974.

Pierre Bonnassie: »Survie et Extinction du régime esclavagiste dans l'Occident du haut Moyen Age (IVᵉ–IXᵉ s.)« in: *Cahiers de civilisation médiévale,* 28, 1985.

Max Bonnet: *Le Latin de Grégoire de Tours.* Paris, 1890.

Arno Borst: *Der Turmbau von Babel. Geschichte der Meinungen über Ursprung und Vielfalt der Sprachen und Völker.* Stuttgart, 1957, 1958.

W. Braunfels (Hrsg.): *Karl der Große. Lebenswerk und Nachleben.* Bd. 2: *Das geistige Leben.* Düsseldorf, 1965.

P. Brommer: »Die bischöfliche Gesetzgebung Theodulfs von Orléans« in: *Zeitschrift der Savigny-Stiftung für Rechtsgeschichte, Kanonische Abteilung,* 60, 1974.

P. Brommer: »Capitula episcoporum. Bemerkungen zu den bischöflichen Kapitularien« in: *Zeitschrift für Kirchengeschichte,* 91, 1980.

Peter Brown: *Augustinus von Hippo.* Frankfurt am Main, 1982.

Peter Brown: *Die Heiligenverehrung. Ihre Entstehung und Funktion in der lateinischen Christenheit.* Leipzig, 1991.

Peter Brown: *Die letzten Heiden. Eine kleine Geschichte der Spätantike.* Berlin, 1986.

T. J. Brown: »An historical Introduction of the Use of the Classical Latin Authors in the British Isles from the Fifth to the Eleventh Century« in: *Settimana.* 22. Spoleto, 1974.

Franz Brunhölzl: *Geschichte der lateinischen Literatur des Mittelalters.* Bd. 1: *Von Cassiodor bis zum Ausklang der karolingischen Erneuerung.* München, 1976.

Ferdinand Brunot: *Histoire de la langue française.* Bd. 1, Paris, 1966.

Arrigo Castellani: *I più antichi testi italiani. Edizione e commento.* Bologna, 1973.

Giovanni Cavallo: »Libro e pubblico alla fine del mondo antico« in: ders.: *Libri, editori e pubblico nel mondo antico.* Rom, 1975.

Pierre Cazier: *L'Eglise dans la société wisigothique au début du VIIᵉ siècle d'après les Sentences d'Isidore de Séville.* (Diss.) Paris, 1984.

Henry Chadwick: *Boethius, The Consolations of Music, Logic, Theology and Philosophy.* Oxford, New York, 1983.

Giuseppe Cocchiara: *Storia del Folklore in Europa.* Turin, 1953.

R. Collins: »Beobachtungen zur Form, Sprache und Publikum der Prosabiographen des Venantius Fortunatus in der Hagiographie des römischen Gallien« in: *Zeitschrift für Kirchengeschichte,* 92, 1981.

Yves Congar: *L'Ecclésiologie du haut Moyen Age.* Paris, 1968.

Pierre Courcelle: *Les Lettres grecques en Occident de Macrobe à Cassiodore.* Paris, 1948.

Pierre Courcelle: *Histoire littéraire des invasions germaniques.* Paris, 1964.

Giovanni Cremaschi: *Guida allo studio del latino medievale.* Padua, 1959.

Ernst Robert Curtius: *Europäische Literatur und lateinisches Mittelalter.* Bern, München, 1973.

Claude Dagens: *Saint Grégoire le Grand. Culture et expérience chrétiennes.* Paris, 1977.

Gilbert Dagron: »Aux origines de la civilisation byzantine: langue de culture et lange d'Etat« in: *Revue historique,* 241, 1969.

E. De Bruyne: *Etudes d'esthétique médiévale.* Bd. 1: *De Boèce à Jean Scott Erigène.* Brügge, 1946.

Jean Devisse: *Hincmar, archevêque de Reims.* Genf, 1976.

G. Devoto: »La bibbia e le forze di conservazione linguistica nell'alto medioevo« in: *Settimana,* 10. Spoleto, 1963.

Manuel C. Díaz y Díaz: »La Vie littéraire chez les mozarabes de Tolède, du VIIIᵉ au IXᵉ siècle« in: *Actes du premier congrès international d'études mozarabes (1976).* Bd. 3: *Arte y cultura mozárabe.* Toledo, 1979.

Manuel C. Díaz y Díaz: *Introducción general a san Isidoro de Sevilla. Etimologías*. Madrid, 1982.

Hans Diesner: *Isidor von Sevilla und das westgotische Spanien*. Berlin, 1977.

Georges Duby: *Krieger und Bauern. Die Entwicklung der mittelalterlichen Wirtschaft und Gesellschaft bis um 1200*. Frankfurt am Main, 1984.

Georges Duby: *Die drei Ordnungen. Das Weltbild des Feudalismus*. Frankfurt am Main, 1981.

Frederick Dudden: *Gregory the Great. His Place in History and Thought*. London, 1905.

Marcel Durliat: *Des barbares à l'an Mil*. Paris, 1985.

Gerald Ellard: *Master Alcuin, Liturgist*. Chicago, 1956.

Eugen Ewig: »Saint Chrodegang et la Réforme de l'Eglise franque« in: ders.: *Saint Chrodegang*. Metz, 1967.

Eugen Ewig: »Spätantikes und fränkisches Gallien« in: *Beihefte der Francia*, 3. München, 1976–1979.

Alonso J. Fernández: *La Cura pastoral en la España romanovisigoda*. Rom, 1955.

Jacques Flandrin: *Un temps pour embrasser*. Paris, 1983.

Joseph Fleckenstein: *Die Bildungsreform Karls des Großen als Verwirklichung der norma rectitudinis*. Bigge, 1953.

A. Fliche, V. Martin (Hrsg.): *Histoire de l'Eglise depuis les origines jusqu'à nos jours*. Paris, 1937–1948.

Robert Folz: *L'Idee d'Empire en Occident du Ve au XIVe siècle*. Paris, 1953.

Robert Folz: *Le Couronnement impérial de Charlemagne*. Paris, 1964.

Jacques Fontaine: *Isidore de Séville et la culture classique dans l'Espagne wisigothique*. Paris, 1983.

Jacques Fontaine (Hrsg.): *Vita sancti Martini*. Paris, 1967, 1968.

Jacques Fontaine: *L'Art préroman hispanique*. La Pierre-qui-Vire, 1973, 1977.

Jacques Fontaine: »Mozarabie hispanique et Monde carolingien. Les échanges culturels entre la France et l'Espagne du VIIIᵉ au Xᵉ siècle« in: *Anuario de Estudios Medievales*, 13, 1983.

J. Fontaine, R. Gillet, S. Pellistrandi (Hrsg.): *Grégoire le Grand. Actes du colloque (CNRS) de Chantilly (15.–19. Sept. 1982)*. Paris, 1986.

Robert Fossier: *Histoire sociale de l'Occident médiéval*. Paris, 1970.

Robert Fossier: *Enfance de l'Europe. Aspects économiques et sociaux*. Paris, 1982.

G. Fournier: »La Mise en place du cadre paroissial et l'Evolution du peuplement« in: *Settimana*, 28. Spoleto, 1982.

F. Ganshof: »Charlemagne et l'usage de l'écrit en matière administrative« ion: *Le Moyen Age*, 7, 1956.

R. Villoslada García: *Historia de la Iglesia en España*. Bd. 1: *La Iglesia en la España romana y visigoda (siglos I–VIII)*. Madrid, 1979.

Nancy Gauthier: *L'Evangélisation des pays de la Moselle. La Province de Première Belgique entre Antiquité et Moyen Age*. Paris, 1980.

Gunther Glauche: *Schullektüre im Mittelalter. Entstehung und Wandlungen des Lektürekanons bis 1200, nach den Lektüren dargestellt.* München, 1970.

Frantisek Graus: *Volk, Herrscher und Heilige im Reich der Merowinger.* Prag, 1965.

H. Grundmann: »Litteratus – Illitteratus. Die Wandlungen einer Bildungsnorm vom Altertum zum Mittelalter« in: *Archiv für Kulturgeschichte,* 40, 1958.

André Guillou: *Régionalisme et Indépendance dans l'Empire byzantin au VII⁴ siècle. L'exemple de l'exarchat et de la Pentapole d'Italie.* Rom, 1969.

Jean Guyon: *Le Cimetière aux deux lauriers. Recherches sur les catacombes romaines.* Paris, 1987.

Harald Hagendahl: *Augustine and the Latin Classics.* Stockholm, 1967.

Louis Halphen: *Charlemagne et l'Empire carolingien.* Paris, 1969.

L. M. Hartmann: *Geschichte Italiens im Mittelalter.* Bd. 1: *Das italienische Königreich.* Stuttgart, Gotha, 1923.

C. Hefele, H. Leclercq: *Histoire des conciles d'après les documents originaux.* Paris, 1907–1938.

Martin Heinzelmann: *Bischofherrschaft in Gallien.* München, 1976.

Carol Heitz: *Recherches sur les rapports entre architecture et liturgie à l'époque carolingienne.* Paris, 1963.

J. Herman: »La Différenciation territoriale du latin et la formation des langues romanes« in: *Actes du XVII⁴ congrès international de linguistique et de philologie romanes,* Bd. 2. Marseille, 1982.

Jocelyn N. Hillgarth: »Popular Religion in Visigothic Spain« in: dies.: *Visigothic Spain: New Approaches.* New York, Oxford, 1980.

Louis Holtz: *Donat et la Tradition de l'enseignement de l'art grammatical. Etude sur l'»Ars Donati« et sa diffusion (IV⁴–IX⁴ siècle) et édition critique.* Paris, 1981.

Louis Holtz: »La Redécouverte de Virgile aux VIII⁴ et IX⁴ siècles d'après les manuscrits conservés« in: *Lectures médiévales de Virgile. Actes du colloque organisé par l'Ecole française de Rome.* Rom, 1985.

P. Hübinger: *Zur Frage der Periodengrenze zwischen Altertum und Mittelalter.* Darmstadt, 1969.

Dominique Iogna-Prat (Hrsg.): *La France de l'an Mil.* Paris, 1990.

Josef Andreas Jungmann: *Missarum sollemnia. Eine genetische Erklärung der römischen Messe.* Wien, 1948.

H. und R. Kahane: »Decline and Survival of Western Prestige Languages« in: *Language,* 55, 1979.

George Kennedy: *Classical Rhetoric and its Christian and Secular Tradition from Ancient to Modern Times.* Chapel Hill, 1980.

François Kerlouegan: *Le De excidio Britanniae de Gildas. Les destinées de la culture latine dans l'île de Bretagne au VI⁴ siècle.* Paris, 1987.

R. Kontzi: *Die Entstehung der romanischen Sprachen.* Darmstadt, 1980.

S. Lancel: »Fin et Survie de la latinité en Afrique du Nord« in: *Revue des études latines.* 59, 1981.

A. Laugesen: »La Civilisation germanique au VIIIe siècle« in: *Settimana,* 20. Spoleto, 1973.

Christian Laurenson: *L'Auvergne et ses marges (Velay, Gévaudan) du VIIIe au IXe siècle. La fin du monde antique?* Le Puy-en-Velay, 1987.

Jean Leclercq: *L'Amour des lettres et le Désir de Dieu. Initiation aux auteurs monastiques du Moyen Age.* Paris, 1957.

Jacques Le Goff: *Die Intellektuellen im Mittelalter.* Stuttgart, 1986.

Jacques Le Goff: *Für ein anderes Mittelalter.* Weingarten, 1987.

Jacques Le Goff: *Kultur des europäischen Mittelalters.* München, Zürich, 1970.

Paul Lehmann: *Erforschung des Mittelalters.* Stuttgart, 1959–1962.

Paul Lemerle: *Le Premier Humanisme byzantin. Notes et remarques sur enseignement et culture à Byzance des origines au Xe siècle.* Paris, 1971.

Leopold Lentner: *Volkssprache und Sakralsprache. Geschichte einer Lebensfrage bis zum Ende des Konzils von Trient.* Wien, 1963.

Emile Lesne: *Histoire de la propriété ecclésiastique en France.* Bd. 4: *Les Livres,* »*Scriptoria*« *et Bibliothèques, du commencement du VIIIe à la fin du XIe siècle.* Lille, 1938.

Evariste Lévi-Provençal: *Histoire de l'Espagne musulmane.* Paris, Leiden, 1950–1952.

B. Löfstedt: »Rückschau und Aufblick auf die vulgärlateinische Forschung« in: *Aufstieg und Niedergang der Römischen Welt,* 2, 29, 1982.

Einar Löfstedt: *Late Latin.* Oslo, 1959.

Jean Longère: *La Prédication médiévale.* Paris, 1983.

Ferdinand Lot: *La Fin du monde antique et le début du Moyen Age.* Paris, 1968.

Henri de Lubac: *L'Exégèse médiévale. Les quatre sens de l'écriture.* Paris, 1959–1961.

Helmut Ludtke: »Auf dem Weg zu einer Theorie des Sprachwandels« in: ders. (Hrsg.): *Kommunikationstheoretische Grundlagen des Sprachwandels.* Berlin, 1980.

Rosamond Mac Kitterick: *The Frankish Church and the Carolingian Reforms.* London, 1977.

Max Manitius: *Geschichte der lateinischen Literatur des Mittelalters.* Bd. 1. München, 1965.

Raoul Manselli: *La Religion populaire au Moyen Age. Problèmes de méthode et d'histoire.* Montreal, Paris, 1975.

Raoul Manselli: »Resistenza dei culti antichi nella pratica religiosa dei laici nelle campagne« in: *Settimana,* 28. Spoleto, 1982.

Henri-Irénée Marrou: *Augustinus und das Ende der antiken Bildung.* Paderborn, München, 1982.

Henri-Irénée Marrou: *Geschichte der Erziehung im klassischen Altertum.* Freiburg, München, 1957.

Henri-Irénée Marrou: *Patristique et Humanisme*. Paris, 1976.
Henri-Irénée Marrou: *Décadence romaine ou Antiquité tardive?* Paris, 1977.
Henri-Irénée Marrou: *Christiana tempora*. Paris, 1978.
Henri-Irénée Marrou: *L'Eglise de l'Antiquité tardive, 303–604*. Paris, 1985.
Ramón Menéndez Pidal: *Historia de España*. Bd. 3: *España Visigoda*. Madrid, 1940. Bd. 6, 2: *España Cristiana*. Madrid, 1950.
Alain Michel: *La Parole et la Beauté. Rhétorique et estéthique dans la tradition occidentale*. Paris, 1982.
Christine Mohrmann: *Etudes sur le latin des chrétiens*. Rom, 1965–1977.
Arnaldo Momigiano: »Cassiodorus and the Italian Culture of his Time« in: PBA, 41, 1955.
Fernand Mossé: *Manuel de l'allemand du Moyen Age*. Paris, 1941.
Fernand Mossé: *Manuel de l'anglais du Moyen Age*. Bd. 1: *Vieil anglais*. Paris, 1945.
Henry François Muller: *L'Epoque mérovingienne. Essai de synthèse de philologie et d'histoire*. New York, 1945.
Joseph Murphy: *Rhetoric in the Middle Ages. A History of Rhetorical Theory from Saint Augustine to the Renaissance*. Berkeley, 1974.
Lucien Musset: *Les Invasions. Les vagues germaniques*. Paris, 1965.
Georg Nickl: *Der Anteil des Volkes an der Meßliturgie im Frankenreich von Chlodwig bis Karl dem Großen*. Innsbruck, 1930.
Dag Norberg: *Syntaktische Forschungen auf dem Gebiete des Spätlateins und des frühen Mittellateins*. Uppsala, 1943.
Eduard Norden: *Die antike Kunstprosa vom VI. Jahrhundert vor Chr. bis in die Zeit der Renaissance*. Leipzig, 1898.
M. Oldoni: »Gregorio di Tours e i Libri Historiarum. Letture e fonti, metodi e razioni« in: *Studi medievali*, 13/2, 1972.
François Paschoud: *Roma aeterna. Etudes sur le patriotisme romain dans l'Occident latin à l'époque des grandes invasions*. Rom, 1967.
Jacques Paul: *Histoire intellectuelle de l'Occident médiéval*. Paris, 1971.
Jacques Paul: *L'Eglise et la Culture en Occident, IXᵉ–XIIᵉ siècle*. Paris, 1986.
Charles Piétri: *Roma Christiana*. Paris, 1976.
Henri Pirenne: *Mahomet et Charlemagne*. Paris, 1970.
Henri Pirenne: »L'Instruction des marchands au Moyen Age« in: *Annales d'histoire économique et sociale*, 1, 1929.
Henri Pirenne: »De l'état de l'instruction des laïcs à l'époque mérovingienne« in: *Revue bénédictine*, 46, 1934.
Georg Reichenkron: *Historische Latein-Altromanische Grammatik*. Bd. 1: *Das sogenannte Vulgärlatein und das Wesen der Romanisierung*. Wiesbaden, 1965.
Roger Remondon: *La Crise de l'Empire romain de Marc Aurèle a Anastase*. Paris, 1964.
Marc Reydellet: *La Royauté dans la littérature latine de Sidoine Apollinaire à Isidore de Séville*. Paris, 1981.

L. Reynolds, N. Wilson: *D'Homère à Erasme*. Paris, 1984.

Pierre Riché: *Education et Culture dans l'Occident barbare, VIᵉ–VIIIᵉ siècle*. Paris, 1973.

Pierre Riché: *Ecoles et Enseignement dans le haut Moyen Age*. Paris, 1979.

M. Richter: »Kommunikationsprobleme im lateinischen Mittelalter« in: *Historische Zeitschrift*, 222, 1976.

Maurice Roger: *L'Enseignement des lettres classiques d'Ausone à Alcuin*. Paris, 1905.

Michel Rouche: *L'Aquitaine des Wisigoths aux Arabes (418–781)*. Paris, 1979.

Michel Rouche: *Les Mondes nouveaux (350–950)*. In: R. Fossier (Hrsg.): *Le Moyen Age*. Paris, 1982.

F. Sabatini: »Dalla ›scripta latina rustica‹ alle ›scriptae romanze‹« in: *Studi medievali*, 3, 9, 1968.

P. Salmon: »Le Texte biblique des lectionnaires mérovingiens« in: *Settimana*, 10. Spoleto, 1963.

C. Sánchez-Albornoz: »Pervivencia y crisis de la tradición jurídica en la España goda« in: *Settimana*, 9. Spoleto, 1961.

Martin Schanz: *Geschichte der römischen Literatur*. München, 1959.

Theodor Schiefer: *Europa im Wandel von der Antike zum Mittelalter*. Stuttgart, 1976.

M. Simon, A. Benoît: *Le Judaïsme et le Christianisme antique*. Paris, 1968.

Francisco Simonet: *Historia de los mozárabes de España*. Madrid, 1897, 1967.

M. Sotomayor: »Penetración de la Iglesia en los medios rurales de la España tardorromana e visigoda« in: *Settimana*, 28. Spoleto, 1982.

D. und J. Sourdel: *La Civilisation de l'Islam classique*. Paris, 1983.

Ernst Stein: *Geschichte des Spätrömischen Reiches*. Wien, Paris, 1928–1949.

Georges Straka: *Les Sons et les Mots*. Paris, 1979.

Karl Stroheker: *Der senatorische Adel im spätantiken Gallien*. Darmstadt, 1970.

Suzanne Tellet: *Des Goths à la nation gothique. Essai sur les origines de l'idée de nation*. Paris, 1984.

Pierre Toubert: *Les Structures du Latium médiéval*. Paris, 1973.

Ludwig Traube: *Vorlesungen und Abhandlungen*. München, 1965.

Marc Van Uytfanghe: »Le Latin des hagiographes mérovingiens et la Protohistoire du français« in: *Romanica Gandensia*, 16, 1976.

Marc Van Uythfanghe: *Stylisation biblique et Condition humaine dans l'hagiographie mérovingienne, 600–750*. Brüssel, 1987.

Veikko Väänänen: *Recherches et Récréations latino-romanes*. Neapel, 1981.

C. Violante: »Le strutture organizzative della cura d'anime nelle campagne dell'Italia centrosettentrionale, secoli V–X« in: *Settimana*, 28. Spoleto, 1982.

J. Vives, T. Marín: *Concilios visigóticos e hispano-romanos*. Barcelona, Madrid, 1963.

Cyrille Vogel: *Introduction aux sources de l'histoire du culte chrétien*. Spoleto, 1965.

Cyrille Vogel: »Les Echanges liturgiques entre Rome et les pays francs jusqu'à l'époque de Charlemagne« in: *Settimana, 7*. Spoleto, 1960.

Luitpold Wallach: *Alcuin and Charlemagne. Studies in Carolingian History and Literature*. New York, 1959.

Walter von Wartburg: *Die Ausgliederung der romanischen Sprachräume*. Bern, 1950.

Karl Weitzmann: *Age of Spirituality*. New York, 1979.

Karl Ferdinand Werner: *Vom Frankenreich zur Entfaltung Deutschlands und Frankreichs. Ursprünge, Strukturen, Beziehungen*. Sigmaringen, 1984.

Philippe Wolff: *L'Eveil intellectuel de l'Europe*. Paris, 1971.

Philippe Wolff: *Les Origines linguistiques de l'Europe occidentale*. Toulouse, 1982.

Roger Wright: *Late Latin and Early Romance in Spain and Carolingian France*. Liverpool, 1982.

Michel Zink: *La Prédication en langue romane avant 1300*. Paris, 1976.

Paul Zumthor: *Langue et Technique poétique à l'époque romane (XIᵉ–XIIIᵉ siècle)*. Paris, 1963.

PERSONENREGISTER

Abd ar-Rahman I. 114
Adelperga, Herzogin von Bene-
vent 168, 170
Aelbert 171
Aetius, Flavius, röm. Feldherr 71,
75, 109
Agapet, Papst 144
Agobard von Lyon 209
Albuinus, Konsul 140
Aldhelm von Malmesbury 128,
133, 176
De virginitate 128
Alfred der Große, König 151
Alkuin (Alcuinus) angelsächs.
Theologe 35, 63, 105f., 111,
114, 124, 128f., 133–135,
171–176, 177, 192, 205f., 224
De orthographia 172, 205
De virtutibus et vitiis 173
Ambrosius, lat. Kirchenlehrer 38,
56, 62, 66, 129, 162, 182, 195
Ammianus Marcellinus, röm. Ge-
schichtsschreiber 43, 64, 155, 193
Res gestae 43
Andreas, hl. 150
Anthemius, Kaiser 69
Antonius, hl. 80
Apollinaris, hl. 116
Apuleius (Appuleius) Lucius,
Schriftst. 43
Arator, lat. Dichter 133
Aravandus, Senator 74
Arichis, Bruder des Paulus
Diaconus 168
Aristoteles, grch. Philosoph 53,
140–142
Analytik 142

Asterius, Konsul 49
Athaulf, gotischer König 75
Attila, Hunnenkönig 71
Audoenus, Kanzleibeamter 102
Augustin, Bischof von Canterbury
124, 126
Augustinus (Augustin), Aurelius,
lat. Kirchenlehrer, Bischof von
Hippo 14, 23, 28, 30, 33–36,
38, 42, 44f., 51, 56–63, 67, 78,
88, 91, 96f., 111, 119, 135–139,
143f., 146f., 148, 159, 161,
163, 165, 170, 173, 182, 192,
194, 196, 199
De catechizandis rudibus 57
De civitate Dei 33, 61, 137
Confessiones 44, 138
De doctrina christiana 34, 57,
60, 78, 88
Augustus, röm. Kaiser 191
Ausonius, Decimus Magnus, lat.
Dichter 91
Avitus, weström. Kaiser 74
Avitus, Bischof von Clermont 154
Avitus, Bischof von Vienne 75, 93f.,
128, 133, 141, 153, 176, 198
De spiritalis historiae gestis 94
Beda, gen. Venerabilis, engl. Bene-
diktiner 124f., 127f., 133,
164–167, 171, 173, 174f., 177,
205, 209, 211
*Historia ecclesiastica gentis
Anglorum* 166, 170
De orthographia 165
Vita sancti Cuthberti 166
Belisarios, Feldherr Kaiser Justi-
nians I. 69, 106, 144

SACHREGISTER

INHALTSVERZEICHNIS

Guy Sorman

Denker unserer Zeit

448 Seiten. Gebunden mit Schutzumschlag.

In Gesprächen mit 28 Wissenschaftlern untersucht Guy Sorman die Theorien und Denkmodelle, die für unsere Zeit charakteristisch sind – vom Big-Bang bis zur chinesischen Philosophie, von der Semiotik bis zur Ökonomie, von der Chaostheorie bis zur Evolutionsforschung, von der Raumfahrt bis zur Genetik und von der Psychoanalyse bis zur künstlichen Intelligenz. Zu seinen Gesprächspartnern gehören unter anderen Isaiah Berlin, Bruno Bettelheim, Milovan Djilas, Ernst Gombrich, Friedrich von Hayek, Claude Lévi-Strauss, Octavia Paz, Karl Popper, Edward Teller.

»Dieses Buch liest sich wie ein Roman, denn das Denken ist ein Abenteuer.«

Le Figaro Magazine